U0085287

TAIWAN

臺灣開發史

增訂七版

薛化元——編著

三民書局

編寫要旨

一、本書乃參考臺灣史領域諸多前輩的研究，編纂而成。因非學術性著作，且囿於篇幅，故正文中不一一註明出處，而於書後參考書目中列明所參考的著作，以示不敢掠美之意。

二、其中張勝彥等、隅谷三喜男等、黃昭堂、若林正丈、許雪姬、張炎憲（等編）、翁佳音、吳密察等人的著作，是重要的參考書籍，特此說明。

三、有關本書的體例部分，清帝國統治時期及戰後採中國紀元，附上西元紀元。臺灣納入清帝國版圖之前及日本領臺期間則採用西元紀年。

臺灣開發史 目次

編寫要旨

第一章

考古與
原住民社會

第一節　考古與史前史

就歷史的分期而言，有文字記載的時代稱為歷史時代，反之則稱為史前時代。臺灣本島進入歷史時代，一般而言是以十七世紀初明朝末年海盜（商）集團（其中以顏思齊、鄭芝龍集團最著名）在本島建立基地，或是荷蘭人與西班牙人相繼入主臺灣開始❶。至於澎湖則最晚在元帝國時代即曾在此設巡檢司，相關的文字記載在宋代即已相當明確。換言之，其較臺灣本島歷史時代的開始，要早不少年。

根據前述說明，可以發現如果從歷史時代算起，臺灣的歷史約有四百年左右。此一角度容易偏重從西方國家進入海洋時代以後，整個世界海洋史的發展脈絡，或是從漢人往臺灣移民的歷史脈絡來理解臺灣歷史，卻忽略了臺灣島在整個人類歷史發展中，曾經擁有的關鍵性地位，而且也不利於我們了解臺灣在歷史時代之前的住民文化及其發展。

在有文字記載之前，漫長的臺灣歷史，基本上是必須仰賴考古資料重建的史前史。從此一角度切入，臺灣便不只是漢人及荷蘭、西班牙人的入墾區域而已。相對的，早在進入歷史時代之前，臺灣與東南亞、大洋洲的歷史發展便密切相關，甚至有的研究認為臺灣是當地南島語（族）(Austronesian Language Family) 的移出地❷。

---

❶ 顏思齊集團移入臺灣的時間，說法不一，但學者研究以明天啟元年 (1621) 較為可信。不過，鄭芝龍與顏思齊的關係仍有待進一步釐清，根據目前的研究，鄭芝龍應該是與另一位海盜（商）集團的李旦關係較為密切，到日本發展後才和顏思齊集團逐漸建立關係。

　　至於以考古重建臺灣的史前史，則以 1896 年日本人發現臺北芝
山岩遺址❸，進行科學的考古開始。不過，一直到 1945 年日本結束對
臺灣的統治為止，臺灣的考古以及重建的臺灣史前文化，皆屬於新石
器時代以來的文化，並未包括舊石器時代的遺址。

澎湖原人的發現

　　民國一〇四年 (2015) 年一月國際頂尖期刊 《自然通訊雜誌》
(*Nature Communications*) 登載由臺灣、日本、澳洲研究團隊發表在澎
湖水道海底發現的「澎湖原人」，距今十九萬年前，是臺灣發現最早的
原人❹。

---

❷　南島語族目前分布區域，北起臺灣，南抵紐西蘭，東達復活島，西達馬達加
　　斯加島，主要活躍於印度洋、太平洋。他們有著相近的文化傳統，如食用芋
　　頭、檳榔；以獨木舟或拼板舟作為交通工具；居住於干欄式住屋等。

❸　芝山岩遺址是多文化層遺址，包括清代漢人文化、植物園文化、圓山文化，
　　芝山岩文化、訊塘埔文化與大坌坑文化等，其中芝山岩文化是在 1979 年在
　　芝山岩附近的雨農國小考古發現，以文化地命名。

❹　澎湖原人是臺灣目前發現最古老的人類化石，有研究者認為甚至可能是亞洲
　　最早的「直立人」，最早可能是四十五萬年前。不過，目前一般認為是十九
　　萬年前左右。而國外的報導指出：澎湖原人與已知的中國大陸和爪哇直立原
　　人不同，可能是至今還不知道的人種。
　　http://news.ltn.com.tw/news/life/breakingnews/1216708，2016/9/18 瀏覽；http:
　　//beta.nmp.gov.tw/enews/no292/page_01.html ，2016/9/18 瀏覽 ；http://www.
　　cna.com.tw/news/firstnews/201501290395−1.aspx，2016/9/17 瀏覽。

舊石器時代晚期的文化遺址

民國五十七年 (1968)，在臺東縣長濱鄉八仙洞發現新石器文化遺址，更深入底層挖掘的結果，發現了舊石器時代晚期的遺物，這是臺灣最早發現的舊石器文化，稱為長濱文化，其主要的分布點是臺灣的東部及恆春半島海岸。第二個舊石器時代的文化類型，則是苗栗發現的網形伯公瓏遺址。網形文化主要分布在臺灣西海岸的中北部丘陵地。

整體來說，臺灣舊石器文化遺址，過去認為主要有下列五種：其中屬於長濱文化系列的，包括長濱文化及臺南市左鎮區發現的左鎮人❺、屏東鵝鑾鼻遺址發現的舊石器時代遺址及臺東縣成功鎮發現的小馬洞穴遺址等四處。而網形文化則以苗栗縣大湖鄉網形伯公瓏遺址最為著名。大體上，長濱文化的時代大約距今約五千五百年至五萬年之間，相對的，同屬於舊石器晚期的網形文化，距今約六千年至四萬七千年之間。

新石器時代早期文化

在舊石器時代，人類以打製的石器作為主要的工具。到了新石器時代，人類開始學會磨製石器。作物的栽培、陶器的使用等等，遂成為新石器文化的特徵。根據目前考古學的研究，臺灣新石器時代及各階段文化與舊石器時代，並沒有延續發展的關係，可能是由海上傳入

---

❺ 有關左鎮人的時代及文化新的考古報告已經有修正的意見，有研究者認為左鎮人化石為三千年前，而非過去所知兩萬年前。

的文化。而原本舊石器的人類與文化,則在距今約五千年前左右消失。臺灣新石器文化根據時間先後,大體上可分為初期、中期及晚期三個不同的時代。

臺灣早期的新石器文化遺址,以新北市八里區大坌坑命名的大坌坑文化作為代表。從遺址的考古可以發現,當時已有定居的聚落,主要分布在海邊、河邊及湖岸階地,年代大約距今六千年到四千二百年左右。由出土的石製生產工具如石鋤、石斧可知,當時的人已從事農耕。不過,狩獵、漁撈和採集可能才是他們主要的生產活動。

由於大坌坑文化和前述的舊石器晚期文化之間,存在相當大的差距,而臺灣海峽又大約在距今一萬年前形成,因此,此型的文化可能是由外移入,與目前發現的臺灣舊石器文化並沒有明顯的傳承關係。也有學者認為,大坌坑文化的主人可能是南島語族的祖先,出土的考古遺址也可能是目前若干原住民的祖先文化的遺蹟。不過,大坌坑文化與其後臺灣許多新石器文化的關聯,則直到今天仍然沒有定論。

新石器時代中期文化

新石器時代中期的史前文化,雖然相當多樣。不過包括中南部的牛罵頭、牛稠子文化及北部的訊塘埔文化等,大抵上是大坌坑文化晚期逐漸演化發展而來的地方性文化,存續時間約距今三千五百年至四千五百年之間。這個階段文化遺址的聚落規模較大,已屬長期定居性質的聚落,促進農業進一步的發展,但狩獵、漁撈的活動仍占有重要地位。

至於以臺中市清水區為代表的牛罵頭文化,是目前臺中地區發現最早的新石器文化遺址。它和臺南市仁德區牛稠子遺址代表的牛稠子文化相類,都是大坌坑文化繼續演進發展的結果。其中牛稠子文化中

有來自澎湖的橄欖石、玄武岩製造的石器，說明當時澎湖與臺灣本島之間有一定程度的往來關係。至於在恆春半島西側墾丁為代表的墾丁文化，它存在的時間距今四千五百年到四千年左右，墾丁文化最重要的發現在於陶片上發現的穀痕，是目前臺灣最早稻米栽培的證據。

新石器時代晚期文化

過去圓山文化被認為是大坌坑文化之後，臺灣北部新石器時代中期的代表，距今兩千三百年到三千三百年之間，文化層是貝塚❻。此型的文化遺址主要以臺北盆地北側為中心，新店、淡水及基隆河岸的臺階地及其周圍的山丘上。圓山文化並非大坌坑文化的發展，具有許

圖 1　圓山文化遺址

---

❻　貝塚：原住民以貝類為食物，吃完貝肉後，隨手丟棄貝殼，時間一久，這些貝殼積累成堆，形成所謂的貝塚。

多外來文化的特質。其石器的種類與芝山岩文化不同，而骨器的製品則以魚叉的數量最多。從墳墓的遺址中發現，其埋葬的方式為仰身直肢葬，與後來的北部十三行遺址的屈肢葬有相當大的差異。

芝山岩文化是在原本芝山岩遺址之下層發現的，它的時間距今約三千到三千六百年左右，不僅與早期大坌坑文化不同，而且亦與距離相近的圓山文化相異。大體上，芝山岩文化屬於小型聚落的性質，居民過著漁撈、狩獵及農耕的生活，製陶業相當的發達。而芝山岩文化的文化層則與圓山文化相類，也是貝塚，遺物相當的豐富。

整體而言，這個時期陶器已經出現了精美的彩陶、黑陶，種類相對增加。平原地區持續中期文化遺址以農業為主的生產型態，而山區及恆春半島，則以狩獵及漁撈為主要的生產事業。在此時期的遺址中，臺中市大肚區所發現的營埔文化，是由牛罵頭文化晚期逐漸發展而來，考古挖掘出土的陶片中發現有稻穀的遺痕，顯示了當時臺灣中部已經有稻作的文化，距今約兩千年到三千五百年。至於分布在東部海岸山脈、花東縱谷南段的卑南文化，石器中出現的石刀、石鐮及石鋤，可能跟農作有關，而石矛、石鏃、石針、石鑽則可能跟狩獵有關。其文化來源尚無法推定，距今約兩千三百年至三千五百年，一般認為，此一文化遺址與阿美族 (Amis) 文化有一定程度的存續關係，甚至卑南文化的主人可能往山地遷移而成為後來排灣族 (Paiwan) 的祖先。

全臺性交換網絡的出現

約三千五百年前開始，交換、貿易盛行於聚落與人群，其中以玉器交換關係網絡的出現，最受矚目。此一交換關係網絡遍及全臺，其原料來源可能是花蓮的玉材產地，製造中心則是臺東的卑南遺址。而

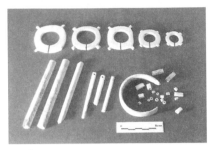

圖 2　卑南文化遺址

且此一玉器交換網絡，還超越了海洋的限制，流傳至中南半島等地，在世界史前史中有重要的地位。

民國一〇一年 (2012) 年因為進行「蘇花改」工程，「漢本遺址」在宜蘭南澳出土。根據劉益昌的研判，漢本遺址史前文物有不同年代文化層，最久可追溯到兩千四百年前，出土文物有玉器、石器、鐵器等，此處應是當年海外貿易據點，規模不亞於臺東卑南遺址❼。

鐵器時代的開端

臺灣由新石器時代進入以鐵器為主的金屬器文化時代，是以十三行文化作為開端。在這個時代，重要的文化遺址，包括了十三行文化、番仔園文化、崁頂文化、蔦松文化、龜山文化、靜埔文化等等，文化時間大約距今兩千年到四百年之間。其中以十三行文化遺址及番仔園文化最具代表性。

十三行文化以新北市八里區十三行遺址最著名，十三行遺址出土的鐵渣、礦石、煤以及煉鐵作坊，證實了這個文化的主人不僅已經知

---

❼　有關「漢本遺址」學界目前仍無定論，此處是參考劉益昌的研判，http://news.ltn.com.tw/news/life/paper/955005。

圖3　十三行遺址所出土的金屬器

道煉鐵的技術，並且在聚落中進行煉鐵，他們的生活型態以農業為主，漁業也相當發達。而且十三行文化的商業行為也十分熱絡，與東南亞及中國大陸都有一定程度的往來，因此在遺址中也發現包括瓷器及中國大陸錢幣等考古資料。

　　番仔園的代表遺址，在臺中市的大甲區，是臺灣中部最早的鐵器文化遺址。在遺址中除了發現鐵刀之外，其墓葬方式為俯身葬，與十三行之屈肢葬不同。

　　至於分布在臺灣東部海岸地帶的阿美文化，可能是受到菲律賓鐵器時代晚期文化的影響，傳入臺灣時間約在距今一千四百年到一千年之間。遺址中的紅陶、玻璃、手鐲、倒勾槍等製品，都顯現此一文化與菲律賓文化的關聯。

考古遺址與原住民族群的關係

　　基本上，臺灣史前文化常常被認為是臺灣原住民族的祖先之歷史殘留，但是如前所述，舊石器時代晚期及其持續型文化，距今仍無法確定其原始主人為何。不過，新石器時代文化以來的史前文化，則大

部分約可斷定為南島語系民族的遺留。其中，最早的大坌坑文化便是臺灣南島語族在西元前二千年至西元前五千年之間的具體表現。透過考古及對臺灣原住民族的研究，大體上臺灣被認為是古南島民族遷徙及南島語系傳播的關鍵移出地，有的學說甚至認為南島語乃是以臺灣作為發源地，進而再擴散分化到東南亞及大洋洲的。這雖然只是一種學說，卻正好說明了臺灣史前史不僅攸關了臺灣本身歷史的發展，而且與整個南洋、大洋洲的歷史發展有相當密切的關係。

考古遺址的發現與保存

由於考古遺址的持續發現，豐富了臺灣歷史的內涵，也發生遺址的保留與建設發展的衝突，包括之前新北市的十三行遺址和臺中市的惠來遺址都是案例。

圖4　十三行博物館

　　民國七十八年 (1989)，臺灣省住都局計畫在十三行遺址興建八里污水處理廠，引發中研院考古學者的不滿，由中研院發文要求內政部依《文化資產保存法》處理遺址遭到破壞問題。學者又發起「十三行古蹟搶救」行動，引發了第一次文化保存與工程建設間的衝突事件，受到政府的重視。最後十三行遺址保留了小部分三千平方公尺的範圍，民國八十七年 (1998)，當時的臺北縣政府也在遺址興建了十三行博物館。

　　而最近考古遺址保留與都市開發衝突事件，則以臺中市的惠來遺址最受矚目。民國九十一年 (2002) 被發現的惠來遺址，位於臺中市七期重劃區的精華地段，是中部地區首次發現的大型村落。結果發生了臺中市政府指定而不公告遺址的爭議，最後在文史團體多次抗議及監察院調查提出糾正後，民國九十九年 (2010) 公告為臺中市第一個市定遺址。此一案例也凸顯縱使有法律保障，歷史遺跡在經濟開發考量下，保存仍然不易。

傳說、考古與史前史

　　在考古遺址發現之前，人們往往透過傳說認識史前史。傳說是透過口耳相傳，經過世代傳遞和漫長的歲月，傳說的內容與事實之間，往往存在相當的落差。但是，傳說卻傳達了先人對史前史的記憶與認識，雖未必是史實，在歷史研究上仍有其意義。在沒有其他資料佐證前，便成為認識傳說族群先民歷史的可能依據。如族群傳說中沒有大海的記憶，可能是其從海上遷徙的時間較為久遠，或是其族群沒有海上遷徙經歷。如臺灣原住民口傳的矮黑人，便可能曾經在史前時代居住過臺灣。

　　相較於傳說，考古遺址的發現，由於有實物，對於認識遺址文化的內容，及史前史的重建，則有確切的依據。但是考古遺址的文化，

涵蓋的時間與空間究竟有多大，則是另一個問題。以臺灣新石器晚期的芝山岩文化與圓山文化遺址為例，二者的空間相當近❽，但屬於不同的文化類型。而當考古遺址時間較短的狀況，部分考古年代測定方式如「碳十四年代測定」的時間誤差較大，往往必須配合遺址的其他實物做時間鑑定。如十三行遺址發現錢幣的遺址，由於錢幣自發行地流通至此，有時間的落差，遺址時間應該較錢幣發行的時間晚。

習　題

1.臺灣舊石器文化的遺址，主要有那些？試說明之。

2.臺灣與南島語族有何關係？試說明之。

---

❽　約臺北捷運三站的距離，小學生的遠足範圍。

第二節　原住民的社會

原住民的族群

在漢人大量移民來臺之前，原住民是臺灣歷史空間活動的主體。雖然原住民被外來者分類為高山（高砂）族和平埔族，但他們都是屬於所謂南島語系，歸屬於馬來玻利尼西亞文化的族群。某些原住民族群的祖型文化，已經在臺灣史前史的金屬器時代出現，如十三行遺址的十三行晚期文化，便有可能是馬賽人八里坌社的遺留❾。

在清帝國統治期間，官府根據與各原住民部落的關係，將臺灣的原住民主要分為所謂的生番、熟番兩種；而就官府的角度來看，接受教化、歸附與納餉的稱為熟番，反之則稱為生番。至於介於生番與熟番之間，只繳納稅餉的化番，官文書多以「歸化生番」稱之。這些分類並非恆久不變，如果同一部落和官府的關係變好，也有可能從「化番」轉變為「熟番」。原住民也就「被動的」依對官府的服從程度被分類❿。

日治時期之初，日本人將原住民統稱為「蕃」，先依循清帝國的

❾　學者研究多將馬賽人視為凱達格蘭人下的一個分支。

❿　由於是以帝國統治的狀況作為分類標準，因此同一番社部落，會因與官府關係的轉變，而變更分類。如清帝國在噶瑪蘭設廳，納入版圖後，宜蘭平原三十六社便成為熟番。另一方面，在官方統治力量撤出，或是因為部落遷徙，原本熟番的分類也可能改變。

分類，粗分為「生蕃」、「化蕃」、「熟蕃」。1900 年，臺灣總督府將熟蕃改稱平埔族，強調「平埔族百年前即漢化，在平地定居，對國家主權服從，服從狀態與其他本島人無異」，故不需要有特別的統治方針，其餘的原住民族則接受特殊統治，所以有「理蕃」政策和「蕃地」警察等出現。1923 年，日本皇太子（日後的昭和天皇）來臺巡視，覺得「蕃」有歧視之意，建議改稱「高砂族（高山族）」，但直到 1935 年才真正落實在官方文書中⓫。

另外，日本的人類學者開始來臺調查原住民，則將原住民區別為平埔番／族，高山（砂）番／族兩種。此種分類自日治時期開始廣泛採用，並且系統化，成為日治時代到今天一直在沿用的學術分類。值得注意的是，此一學術分類並非單純以分布空間為依據，所以固然大多數的高山族居住於山地，平埔族居住於平地，但也有居住於山地的平埔族（如猴猴族），以及居住於平地的部分高山族（如阿美族的一些聚落）。人類學者深入高砂族部落蒐集資料，從居住地區、語言、風俗文化來劃分高砂族各族，學者對於怎麼分類原住民各有見解，逐漸確立為「九族」⓬。

戰後，國民政府延續日治時代的「九族」的概念，將「九族」以「高山族」稱呼，由於原住民的要求，民國三十六年 (1947) 改稱「山地同胞」，直到八十六年 (1997) 再改稱「原住民族」。

⓫　臺灣總督府在 1935 年第四次國勢調查中，將「生蕃」改稱「高砂族」、「熟蕃」改稱「平埔族」。

⓬　即泰雅、賽夏、布農、鄒、排灣、魯凱、卑南、阿美、雅美（達悟）。人類學者亦對平埔族群進行研究分類，例如伊能嘉矩 (Inō Kanori) 將平埔族群分為凱達格蘭族、噶瑪蘭族、西拉雅族等十族。

原住民的自我認同

原住民傳統上以「部落」作為政治、經濟的單位，以部落進行交流、互動。例如同樣是阿美族，在不同地區的部落，有著各自不同的起源傳說，像是有的部落認為自己的先祖是在經歷一場大地震後從裂開的石頭中誕生；有的部落則認為先祖是從外島橫渡海洋而來。從這個例子不難發現，最初阿美族族人以部落來區分彼此❸。

當某個部落的勢力夠大，許多鄰近的部落就會選擇依附在它的保護下。早在荷蘭人殖民臺灣之前，原住民部落便發展出部落共主的政治型態，如臺灣中部的大肚王 (Formosan King Middag)❹，即包括了不同的族群。

除了跨族群的部落合作，同一族群中也有不同部落各自行動的情形，像是日治時期的霧社事件（1930 年）中，同為賽德克族【Seediq，當時被歸類為泰雅族 (Atayal)】，有的部落選擇抗日，也有的部落選擇中立，或是選擇協助日本當局鎮壓反抗部落。

代代相傳的記憶

長久以來，原住民習慣以口耳相傳的方式，將部落記憶代代傳承下去。不同於文字記錄，口傳獨有的語調變化、聲音模擬、搭配手勢與眼神等，使聽者更易感同身受。這些口傳故事，多方展現各族特有

---

❸　不同的部落除了有不同的先祖傳說，豐年祭舉行的時間、天數和細節都略有不同。

❹　詳見本節及第二章第一節、第二節的討論。

的生活哲學，經過當代學者採集資料後，成為我們了解原住民的重要
來源之一。

　　歲時祭儀與原住民的生活息息相關，是另一項可以認識原住民的
方式，從日常禁忌、祭典特色都能充分顯現各族獨特的文化。各族特
色難以逐一仔細的敘述，我們試著以高山族與平埔族群簡單說明。

㈠高山族的文化特色

　　高山族主要居住在臺灣山區及東部一帶，由於對外接觸較晚，仍
保存較多的傳統文化面貌。同時因為山區交流不便，各族之間在政治、
社會組織及語言文化都存有極大的差異。

　　目前高山族❺有泰雅、賽夏 (Saisiyat)、布農 (Bunun)、鄒 (Tsou)、
排灣、魯凱 (Rukai)、阿美、卑南 (Puyuma)、達悟（Tao，原稱雅美）、

圖 5　布農族

邵 (Thao)、太魯閣 (Truku)、撒奇萊雅 (Sakizaya)、賽德克、拉阿魯哇 (Hla'alua)、卡那卡那富 (Kanakanavu) 等十五族❶。由南而北、由西到東的分布依序是，排灣族北起大武山、南至屏東；魯凱族在屏東縣霧臺鄉、高雄市茂林區、臺東縣卑南鄉；鄒族分為南北兩部，北部以阿里山區為中心、南部以荖濃溪、楠梓溪上游為中心；拉阿魯哇族在高雄市桃源區和那瑪夏區；卡那卡那富族在高雄市那瑪夏區楠梓仙溪流域兩側；布農族由今南投縣往東、南遷移，目前除南投外，亦居於高雄、花蓮、臺東境內；賽夏族分布在今新竹、苗栗南庄；泰雅族是原住民中分布面積最廣的，由南投縣往北遷移，分布在今臺北、桃園、新竹、臺中、南投、花蓮、宜蘭；阿美族分布在東部海岸與縱谷；撒奇萊雅族則分布在今花蓮縣的北部；卑南族分布在今臺東縣卑南鄉；達悟族分布在臺東縣蘭嶼鄉；邵族則分布在南投縣日月潭一帶；太魯閣族則主要分布在花蓮一帶；賽德克族以中央山脈為界，散居花蓮秀林、萬榮、

---

❶ 目前為官方承認為原住民族的噶瑪蘭族源自宜蘭，其後有部分族人移往花蓮地區，先形成以加禮宛社為核心的大、小六個部落。而後為了反抗清帝國「開山撫番」政策的壓迫，在「加禮宛戰役」後，與阿美族混居。取得原住民族地位後，由於目前原住民身分認證的相關規定，世居宜蘭的噶瑪蘭族後裔，發生無法取得原住民身分的問題。

❶ 其中撒奇萊雅原被視為阿美族的一支，但其名稱可上溯至西班牙的文獻，在語言、宗教、民俗與阿美族皆有差異，且自我認同強烈，因而被承認為新的原住民族。太魯閣與賽德克兩族，過去被視為泰雅族的一支，由於語言、生命禮俗與泰雅族不同，而要求獨立為新的原住民族。太魯閣與賽德克兩族系出同源，有共同的發源地、傳說、禮俗，太魯閣是從南投的祖居地遷移到花蓮。而在從泰雅族分離的過程中，太魯閣先被承認為獨立的原住民族，而後賽德克才被政府承認。兩個原住民族的分別，主要建立在認同的差異，因此有部分花蓮的太魯閣族人認為自己應該重回賽德克族。

卓溪等鄉的稱為東賽德克族，分布於南投仁愛鄉的稱為西賽德克族。
原住民各族群的外觀、語言、文化存在相當大的差異，因此他們移入
臺灣的年代不但有先後，甚至是否同出一源，也有進一步研究的必
要❶。但是，囿於資料限制，往往又必須以少數部分的個例來介紹原
住民的社會。因此，有關原住民歷史社會的重建，還有相當大的空間。

1.與自然共存的生活哲學

　　原住民的生活，反映與自然共存的精神。從現存的神話傳說和歲
時祭儀中，不僅看見小米舉足輕重的地位，也顯示出原住民對重要糧
食的崇敬；而打獵、捕魚時的禁忌，其實也與今日生態護育、永續利
用的理想不謀而合。

　　許多高山族的共同傳說「一粒小米能煮一鍋飯」，顯示小米是餵
飽族人的重要糧食。

　　從現存的神話傳說與歲時祭儀也能看出小米的地位，例如布農族
在一年三百六十五天中，有九十天會舉行和小米有關的祭典和儀式。

　　泰雅族雖沒有限制狩獵的期間，但多會在每年十一月至次年三月
進行狩獵。四～六月因為是動物繁殖的高峰期，為了讓幼獸存活率高
所以盡量避免狩獵。

　　三～七月是達悟族的飛魚季，此時正值深海魚類繁殖期，故限定
只能捕捉飛魚，有效保護深海魚類。當七月過後則禁止捕捉飛魚，讓
飛魚能順利復育。

　　達悟族還發展出許多護魚準則，例如使用不帶釣鉤的魚鉤，強調
「吃多少，捕多少」不過分捕撈等。

---

❶　臺灣基督長老教會很早就注意到太魯閣族、賽德克族與原本被歸類的泰雅族
　　之間的文化乃至認同差異，或許與傳教士的出身和認知有關，最遲 1960 年
　　代就有太魯閣族教會聖詩之稱。

2.家族與社會組織特點

以家族與社會組織來說,原住民呈現多元、多樣的特色,例如有的族群以父系傳承為主,如賽夏族、布農族、邵族、鄒族;有的族群則以母系傳承為主,如阿美族、卑南族;有的族群以祭團為核心,來維持部落秩序,如泰雅族;有的族群則以世襲貴族為部落核心,呈現階級分明的社會制度,如排灣族、魯凱族。

3.宗教信仰與祭典

泛靈信仰是許多原住民共通的信仰型態,不論是天地萬物、各種自然現象、歷代祖先皆有其靈存在,即萬物皆有靈。例如祖先死後成為祖靈,祖靈會照看後代的子子孫孫,保佑族人平安順利,所以族人會透過各種祭典表達對祖靈的感謝,如泰雅族的祖靈祭。

高雄桃源布農族有耳祭 (Manaqtainga),布農族長老以弓箭指導布農族孩童射箭技巧,打耳祭具有鍛鍊部落內少年、象徵薪火相傳的重要意義;卑南族聯合年祭,由耆老手執牧草,向上天及祖靈祈福,讓祭典順利圓滿;排灣族人於祭典中以長竿刺「福球」,相傳刺中的人可以獲得祖靈庇佑;嘉義阿里山鄉鄒族特富野社則舉辦戰祭 (Mayasvi),族人在庫巴(Kuba,會所)前圍圈跳舞直到天亮。

(二)平埔族群

生活於北海岸、蘭陽平原、西部平原的平埔族群,由於其居住地離海岸近,與島外移民交流密切,容易遭受外來文化的衝擊,導致傳統文化保存不易。清治以來又長期受漢人文化影響,使其與漢人的差異漸不明顯,過去還常被視為漢人。

在平埔族群與外界接觸的過程中,留下不少互動的歷史文獻,可作為今日我們了解當時平埔族群活動的線索。

圖 6　平埔族婦人

　　不過在閱讀這些文獻時，我們必須謹慎以對，文獻中的平埔族群，僅是記錄廣大平埔族群的一小部分，不同區域、不同族群的生活型態，存在著相當大的差異。而寫下文獻的觀察者也可能會帶有主觀立場，內容常有出入，未必完全正確，仍需多加考證。如明帝國隨軍來臺陳第的《東番記》、荷治時期牧師甘治士 (Rev. George Candidius) 的記錄、清治郁永河的《裨海紀遊》❸中都有西拉雅族的相關文獻記載，就有類似的狀況。

　　平埔族，一般又被分為凱達格蘭 (Ketagalan)、噶瑪蘭 (Kavalan)、道卡斯 (Taokas)、拍瀑拉 (Papora)、巴則海 (Pazeh)、貓霧捒 (Babuza)、洪安雅 (Hoanya)、西拉雅 (Siraya) 等族❸。根據研究成果，過去平埔

❸　甘治士是荷治時代首位來臺的傳教士，其主要記錄熱蘭遮城 (Zeelandia) 附近的原住民聚落。郁永河來臺採硫，自府城上岸，一路北上到淡水，將沿途所見寫成《裨海紀遊》。

族由南而北、由西到東的分布依序是，西拉雅族主要在臺南附近的南部平原；洪安雅族在嘉義、草屯、南投、斗六；猫霧捒族在彰化、西螺一帶；拍瀑拉族在臺中梧棲、沙鹿、清水；巴則海族在豐原、東勢；道卡斯族在新竹、苗栗平原；凱達格蘭族則分布在北臺灣；噶瑪蘭族主要在蘭陽平原。基本上，平埔族的分類並不明確，根據李王癸的歸納，各家說法大致如下表（參見表一）所示。

1.西拉雅族

西拉雅族主要分布於西南平原，是平埔族群中最大的一支。

西拉雅族基本上是母系社會，由女性負責大部分的農耕及漁撈工作，以粗放的刀耕火種方式種植小米、旱稻、芋薯等作物。在宗教事務上扮演重要角色的祭司多半也是由女性擔任[20]，西拉雅族語以「尪姨 (Inibs)」稱呼，她們不但要溝通神靈主持部落內的祭祀活動，還需要擔負治病去邪、占卜預言等工作。

男性主要負責狩獵，多採集體行動，先以火驅趕獵物，再用矛或箭獵捕。同時男性也要擔負部落的政治事務和對外作戰，一般由長老負責召集成員在公廨[21]議事討論。

日常生活習慣上，因居住地區多半氣候潮濕，故住屋多利用茅草和竹子搭建在高臺上或是以干欄式架高。飲食上有生食的習慣，不論是將鹿的內臟醃藏於甕中，又或是將整條生魚不去鱗直接醃漬，在西拉雅族人的文化中都相當常見。在穿著打扮上，西拉雅族男子剪短髮，

---

[19]　「洪安雅」族是否存在，目前有研究者提出質疑，認為 Hoanya 應為 Hoanga，即是閩南語中的「番仔」。至於原有的邵族在分類上也有爭議，目前已被列入高山族的第十族。

[20]　不是所有的平埔族群皆以女性為祭司，也有以男性為祭司的。

[21]　公廨是西拉雅族祭祀的場所，也是男性族人聚會的地方。

表一　平埔族群分類對照表

年代	研究者	Kavarawan	Basay	Ketagalan	Kulon	Taokas	Vupurans	Poavosa	Ikun	Lloa	Pazzehe	Sao	Siraiya	Makattao	族數
1904	伊能嘉矩	Kavarawan		Ketagalan	—	Taokas	Vupurans	Poavosa	Ikun	Lloa	Pazzehe	—	Siraiya	Makattao	十族
1930	移川子之藏	Kavarawan		Ketagalan	—	Taokas	Vupuran	Babuza		Hoanya	Pazeh	Sao	Siraiya	Tao	十族
1935	小川尚義	Kavarawan		Ketagalan	—	Taokas	Vupuran	Babuza		Hoanya	Pazzehe	Sao	Siraiya		九族
1944	小川尚義	Kavalan		Ketagalan / Luilang	—	Taokas	Papora	Babuza		Hoanya	Pazeh	Sao	Siraiya		十族
1951	張耀錡	卡瓦蘭 Kavalan		凱達格蘭 Ketagalan	—	道卡斯 Taokas	拍瀑拉 Papora	巴布薩 Babuza		洪雅 Hoanya	拍宰海 Pazzehe / Pazeh	—	西拉雅 Siraiya	四社熟番 Taivoan	九族
1955	李亦園	噶瑪蘭 Kavalan		雷朗 Luilang / 凱達格蘭 Ketagalan	—	道卡斯 Taokas	巴布拉 Papora	貓霧捒 Babuza		和安雅 Hoanya	巴則海 Pazeh	水沙連	西拉雅 Siraiya		十族
1970	臺灣省通志卷八同冑志第一冊	卡瓦蘭 Kavalan		凱達加蘭 Ketagalan	—	道卡斯 Taokas	拍瀑拉 Papora Paposa	巴布薩 Babuza Poavosa		洪雅 Hoanya (Lloa Arikun)	拍宰海 Pazeh Pazex	—	西拉雅 Siraiya（西拉雅 馬卡道 四社熟番）		八族
1991	土田滋	Kavalan	巴賽 Basay	凱達格蘭 Ketagalan	Kulon / Galan	Taokas	Papora	Babuza		Hoanya	Pazeh	Sao	Sir.	Mak. / Taiv.	十二族
1992	李壬癸	噶瑪蘭 Kavalan	巴賽 Basay / 哆囉美遠 Trob.	凱達格蘭 Ketagalan	雷朗 Luilang	道卡斯 Taokas	巴布蘭 Baburan（拍瀑拉 Papora	貓霧捒 Babuza 費佛朗 Favor）		洪雅 Hoanya	巴則海 Pazeh	—	西拉雅 Siraiya / Sir.	Mak. / Taiv.	八族 十五支

（出處：李壬癸，《宜蘭縣南島民族與語言》，宜蘭：宜蘭縣政府，1996，頁 253～254。）

只留數寸披垂在兩側，以飾物穿過耳垂；女子留長髮，在十五、六歲時會鑿斷唇旁的兩顆牙齒作為裝飾，認為是成年及美麗的象徵。

西拉雅族崇拜祖靈（阿立祖）信仰，族人會將裝有祖靈力量之水的壺罐供奉於公廨，最初沒有牌位、塑像，但受漢化影響，今日有些會立上寫有「阿立祖」的牌位，不過仍尊崇阿立祖忌火的特點，不燒金紙、不焚香。

2.凱達格蘭族

凱達格蘭族主要分布於北臺灣，從沿海到臺北盆地皆有，在西班牙、荷蘭的文獻中亦有相關記載，其中一支分布於沿海的馬賽人，語言學習力強，可與西方商人及其他部落溝通交易商品。他們不從事農作生產，而以捕魚和交換商品維生。

從以上兩個例子，我們可以認識到不同區域的平埔族群會因生活環境的不同，發展出特色各異的生活方式。

3.官方圖像背後的意義

清代來臺官員曾請畫工繪出自己的所見所聞，例如乾隆年間的巡臺御史六十七（1744～1747 年來臺）命人繪製「番社采風圖」，從中可以反映平埔族群的社會生活和風俗民情。

但委託製作這些圖像的人是政府官員，多半有官方色彩，希望展現平埔族群對清帝國的服從畫面，例如協助官員渡溪、為官員駕車等，在觀看這些圖像時，我們應多加思考圖像背後的意義。

圖 7　番社采風圖——捕鹿（左上）、
迎婦（左下）、猱採（右）

原住民的社會

雖然就有限的資料來看，所謂的平埔族，其社會文化內涵有母系制度的可能性；然而，由於各族之間仍有相當大的差異，所以難以妄下斷言。我們只能推知某些族群——如西拉雅族在臺南平原的四大社，就有可能是母系社會❷。

至於高山族十五族之間，社會組織有相當大的差異。就氏族本身的組成而言，阿美族及卑南族屬於母系社會，財產跟家系的繼承都是由女性繼承。至於賽夏族、布農族與鄒族則是以父系氏族社會作為主體。而排灣族與魯凱族則是屬於貴族社會，土地屬於貴族所有，不過在繼承上則各有不同。排灣族基本上是以長嗣繼承，不論男女，而魯凱族則以男性優先。至於泰雅族的親族組織較為鬆散，以部落的近親作為核心，加上遠親和友人組成的祭團 (gaga) 是泰雅族的主要組織。至於達悟族最重要的組織，是與經濟生活關係相當密切的漁團，漁團的成員共同造船、修船，也平等分享漁獲。

在政治組織方面，阿美族及卑南族的公共事務都是以男性為中心，會所是部落的政治與防禦中心，其領導權則由選舉推選年齡較高的成員組成領袖會議，再由部落的領袖中推選部落首長。至於賽夏族、布農族及鄒族，部落的公共事務，則由氏族族長會議主導，族長會議之上另有部落首長執行族長會議決定之事項。在泰雅族，部落首長由部落中主要的祭團領袖推選擔任，部落的公共事務則由首長與部落長老會議處理。

---

❷　母系社會並非一定是由女性掌控政治權力，女性繼承家系才是其構成要件。

經濟生活

　　原住民的經濟生活，主要依賴自然資源，而以狩獵、捕魚和粗放農作為主要的生產活動。

　　平埔族的粗放農作，使他們常常採取放火焚燒草木的方式開墾農地，而以游耕或者輪耕進行農業生產。至於農業的主要勞動力則是女人。在狩獵方面，鹿是平埔族非常重要的生活資源。平埔族不僅常常以集體方式圍捕鹿群，也因此產生一些儀式與社會生活。由於需要大規模的土地才足以繁衍龐大的鹿群，所以廣大的鹿場對平埔族的經濟生活而言，是一個相當重要的條件。

　　至於高山族部分，大體上是以粗放農業的火耕、輪耕方式進行，並沒有固定的耕地，小米是最重要的農作物。與平埔族不同的是，女子雖然擔任農業的主要勞動力，不過在開墾播種及收穫方面，男性也會加入共同勞動。漁獵活動則主要由男性負責，在重要的漁獵活動前會舉行儀式，祈求順利平安，漁獵進行時也需遵循部落傳統的守則。

原住民的商業活動

　　過去對臺灣原住民的了解，只注意到他們的農業、漁獵活動，但是近來新的研究成果，對於原住民的商業活動有相當程度的描述。我們可以北臺灣的馬賽人作為例子，來說明臺灣原住民的商業活動。西班牙及荷蘭的資料都記載他們能夠掌握貨品的交易價格，清朝郁永河對當時馬賽人金包里社的記載，也明白指出說他們「知會計」，「社人不能欺」。

　　馬賽人也富有語文能力，除了馬賽語及漢語、葡萄牙語之外，西班牙占領臺灣北部後，馬賽人在短時間內便學會了西班牙語。因為富有語言能力正是進行商業行為的良好條件，這對馬賽人的商業發展而言，有相當正面的助益。

　　同時，臺灣北部的原住民也精於操舟航行，進行交易。西方文獻曾記載，傳聞北部的原住民駕舟到中國沿海進行交易，此舉固然沒有進一步資料可以佐證，但是馬賽原住民曾經從事海盜行為，正說明其具有「以海為業」的文化。當時，除了有以貨幣交易改變原來以物易物的商業習慣之外，交易過程中也看到了原住民扮演掮客的角色，乃至有壟斷交易的現象，其中最著名的便是金包里社。金包里人常到宜蘭交易鹿皮和米，而宜蘭與花蓮的原住民，則從金包里人手中取得醃製魚、印花布、醬油等等。而這些貨物則是漢人在基隆賣給金包里人，由金包里人再駕舟沿著海岸航行到後山與原住民交易。大體上在鄭氏政權時代之前，臺灣從北海岸沿淡水、基隆、宜蘭到花蓮北部沿海的交通路線與貿易路線已然形成，這也是我們了解原住民社會生活的一個重要層面。

原住民宗教信仰之發展

　　臺灣原住民各族群的祭祀及宗教信仰，雖然有所不同，但是由於相信靈魂的存在，普遍而言，祖靈崇拜最為發達。在面對西方文化進入及漢人移墾的歷史脈絡中，各族群信仰面對外力時遭遇的衝擊是相類的。最早影響平埔族宗教的是荷蘭人、西班牙人帶來的基督新教和天主教信仰。後來基督教信仰再次帶來衝擊，則以清季臺灣開港後基督教長老教會的傳播為主。另一方面，當漢人移墾社會日漸擴大時，漢人民間

信仰也成為平埔文化的一環。高山族的宗教信仰也受到基督教很大的影響，特別是二次大戰結束後基督教、天主教等各教派深入原住民部落，進行持續且大規模的傳教，而成為臺灣高山族最重要的信仰。

　　雖然歷經漢人宗教及基督教的洗禮，仍有少數平埔後裔維持其傳統宗教信仰，最著名的便是西拉雅族的祀壺傳統，這也成為平埔族重新尋找自我族群認同的一項重要指標。而高山各族群傳統的祭典，在外來宗教信仰的衝擊下，也仍然有相當程度的延續，時至今日仍繼續舉行的豐年祭，即是其中一端。

跨部落的準王國組織

　　根據人類學及歷史學的研究，臺灣原住民中的卑南族、排灣族在歷史上都曾經出現過跨越其原有族群及部落的「王」。至於在臺灣歷史發展中，受到重視的包括臺灣中部平埔族建立的「大肚王國」（跨部落政治聯盟）。根據目前文獻的考證，由大肚王所建立的政治體制，在荷蘭人 1624 年領有臺灣之前即已存在，後歷經荷蘭當局、鄭氏政權及清帝國等入侵的外力，大肚王雖然一再反抗失敗，但仍然持續存在。直到清廷採取「以番治番」的方式，利用岸裡社及附近原住民族群對大肚王進行武裝壓制後，大肚王家族才在雍正時期以後完全衰亡。

　　在歷來的大肚王中，最著名的是甘仔轄。他統轄的族群，包括本身所屬的拍瀑拉族之外，至少還包括猫霧捒族、洪安雅族和岸裡社所屬的巴則海族❷。根據荷蘭文獻的記載，在 1630 年代到 1650 年代，

---

❷　「大肚」荷蘭文為 Middag，為「白天」之意。而過去的研究亦有將道卡斯族納入大肚王統轄之下，惟目前新的研究已有所修正。

大肚王統轄的區域大約有十五至十八個社之多，其中明白記載的有十五個社，涵蓋的範圍包括：臺中、彰化、南投的一部分。而根據十七世紀在臺灣的蘇格蘭人萊特 (David Wright) 的記錄，大肚王最多曾經管轄過二十七個村社，統治的範圍可以北達大安溪南岸，其統治區域規模可以想見一斑。目前臺灣中部地區最為人所熟悉的岸裡社，其勢力所及的範圍和政治體的運作，難以和大肚王全盛時期相提並論。

原住民正名運動及原住民族

「原住民」一稱主要透過原住民運動爭取而來的，民國八十三年 (1994) 透過修憲正名為「原住民」，八十六年 (1997) 再修憲採用「原住民族」，更強調各別民族的權益。目前行政院原住民族委員會認定的原住民族，包括原屬高山族各族和噶瑪蘭族 (Kavalan)。近年來受到世界原住民運動的帶動下，臺灣各地的原住民族展開各自的尋根之旅，像是部分噶瑪蘭族，因為曾南遷花蓮定居，一度被認定為阿美族，但他們以祭典、語言文化的根源不同，積極爭取正名，九十一年 (2002) 成為第一個被官方認定為原住民族的平埔族群。往後如撒奇萊雅族之於阿美族；拉阿魯哇族、卡那卡那富族之於鄒族，都因為語言、文化風俗不同而獨立出來。在世界潮流和自我認同覺醒的影響下，愈來愈多的原住民族不再以「他者」的分類，更正視自身的族群根源及認同。

官方認定的原住民族係目前行政上的分類，過去行政上注重包括原本原住民語言、文化延續的認定問題。而臺灣歷史中的原住民，則包括全部的高山族及平埔族在內。由於平埔族原住民的身分未被官方承認，屬於平埔族的西拉雅族、凱達格蘭族也積極要求正名，成為體制內原住民族的成員。其中西拉雅正名運動聲勢最大，原來的臺南縣

政府時代就成立西拉雅原住民委員會。原住民族數目的增加，與各民族自我認同密切相關。而是否被官方認可，也影響原住民族委員會相關資源的運用與分配。

　　民國一〇五年 (2016)，蔡英文總統政策指示協助平埔族群正名，總統府原住民歷史與轉型正義委員會成立時，除原有原住民族十六族代表外，也納入平埔族群代表三人。一〇六年 (2017) 行政院通過納入承認平埔族為原住民的《原住民身分法》修正案，不過，由於意見不一，立法院在一〇八年 (2019) 未能完成修法，平埔族的正名問題仍未解決。

習　題

1. 臺灣原住民的宗教信仰，最早面對的外來挑戰為何？
2. 試以馬賽族為例，討論你對原住民歷史形象的認知。
3. 母系社會的原住民族群中，政治權力為誰掌握？試討論之。

第二章

荷鄭時期
的臺灣

第一節　政治的變遷

漢人的歷史傳說

　　臺灣位居中國大陸東南方，地理上與中國大陸十分接近。因此，傳說三國時代的孫權以及隋煬帝都曾經派兵至臺灣。不過，在清朝以前的中國歷朝都未曾在臺灣本島設官治理，只有元帝國及明帝國曾斷斷續續在澎湖設巡檢司。

　　《三國志‧吳書‧孫權傳》中指出，在吳大帝黃龍二年 (230)，派將軍衛溫、諸葛直帶兵「浮海求夷州及亶州」，「得夷州數千人還」。而據《三國志‧吳書‧陸遜傳》及相關記載，出兵的目的地則是夷州及海南島珠崖。因此，雖有學者仍認為夷州是指臺灣，但是與相關史料對照之下，又無有力證明，列為歷史傳說似乎較為審慎。

　　隋代歷史中與臺灣有關的記載，主要是《隋書‧煬帝紀》與《隋書‧東夷列傳‧流求國傳》。根據學者的研究指出，隋帝國與流求國有三次接觸。第一次是在隋大業三年 (607)，派羽尉朱寬和海師何蠻入海求訪異俗，結果到達流求國，因為言語不通，「掠一人而返」。次年，命朱寬至流求國進行撫慰，希望流求能內附，但未成功，朱則「取其布甲而還」。對此結果隋煬帝並不滿意，大業六年 (610)，再派武賁郎將陳稜率兵萬餘人，自義安（廣東潮州）出海對流求國展開大規模的軍事行動。流求國大敗，陳稜俘虜數千人（或一萬多人）而還。或許為了紀念這一個歷史傳說，彰化市至今仍有陳稜路。

整體而言，三國時代與隋帝國有關臺灣的記載，未能脫離傳說的色彩。其中文獻所稱之「瀛洲」、「東鯷」、「夷洲」及「流求」等地是否確指臺灣不無疑問。原因還是在於中國東南方外緣的島嶼頗多，實在很難光憑這些片斷零碎的記載肯定這些地點就是指臺灣。而且吳國或是隋帝國，出兵的結果是在當地擄掠燒殺，也未設官統治，納入版圖。直到元帝國由於在澎湖設官治理，透過澎湖，對於臺灣地理位置才有進一步的掌握與了解。

雖然如此，當元世祖至元二十八年 (1291) 派人前往招撫「瑠求」之時，使者出發後仍為了何處是「瑠求」的真正所在發生爭議。元成宗大德元年 (1297) 再由福建直接出兵征討「瑠求」，結果俘虜了一百多人而還，並沒有完成征服「瑠求」的任務❶。

澎湖的經營

元帝國真正經營的，乃是後來成為臺灣的一部分，而當時在政治上則與臺灣全然分離，屬於兩個不同世界的澎湖。就信史的審慎角度而言，直到元、明為止，中國對臺灣的經營，無寧說是對澎湖的經營，更為妥切。

經過五代十國的變亂與經營，福建人口大幅增加，原有的農業規模逐漸無法容納大量的人口，使得海洋成為閩南人發展的一個方向。澎湖位處黑潮、親潮交會的臺灣海峽，漁產豐富，遂逐漸成為閩南漁民的漁場，甚至還有漁戶在此居住。根據學者研究，南宋的泉州知府汪大猷為了防衛當地的漢人免受（可能）自臺灣出發的「毗舍耶人」

---

❶　至於「瑠求」是否即為臺灣，必須將文獻中敘述「瑠求」人民生活狀況納入考量。對此，研究者中亦有爭議存在。

(Bisaya) 的侵擾，曾經臨時性的派兵戍衛，這也是中國官方力量進入澎湖的開端❷。

　　其後，漢人在澎湖及其附近海域活動更為頻繁，元帝國至元年間，於澎湖設立「巡檢司」，負責行政管理及課稅事宜，將澎湖納入元帝國的版圖。不過，與澎湖一水之隔的臺灣，則仍是原住民活動的樂園。而明帝國驅逐蒙古人的元帝國後，一開始並沒有直接繼承澎湖作為其領土的一部分。

　　明洪武五年 (1372)，湯信國（即湯和）奉派攻略海島，可能是明帝國與澎湖發生統治關係的開始。但是，由於元末被朱元璋消滅的張士誠、方國珍餘黨有不少入海成為海賊，而且和日本的海賊勾結，成了明帝國初年的倭寇。明太祖朱元璋採取禁止民間出海的海禁政策，來對付倭寇。而湯信國又以澎湖島民叛服無常為由，建議遷徙澎湖住民。洪武二十一年 (1388) 明帝國遂決定強制澎湖住民全部移往中國大陸，廢止巡檢司。一時之間，澎湖因為住民的全數撤出而荒蕪。但是，由於澎湖位臺灣海峽的要衝，官方的政策並不能遏止人民私自的經營，所以明帝國「墟澎」後的兩個世紀期間，澎湖遂成為漢人及日本海盜（商）集團的據點。

　　明世宗嘉靖年間，倭寇大熾，明帝國雖屬行海禁，但無法收效。嘉靖三十六年 (1557) 胡宗憲擒獲倭寇首領王直等人，嘉靖四十二、四十三年 (1563、1564) 俞大猷與戚繼光在福建平海衛大破倭寇主力，海賊勢力大衰。明帝國也同時檢討海禁政策的可行性及效果，而於明穆宗隆慶元年 (1567) 解除海禁。

　　平定倭寇的過程中，明帝國再度於澎湖設立巡檢司，以後則設、廢無常，顯示明帝國對於澎湖的經營並不積極，但是，這並不代表其

---

❷　有學者認為毗舍耶人係居住於菲律賓，而菲律賓至今仍有此地名。

可以容忍他國占領澎湖，這也是後來明帝國對企圖占領澎湖的荷蘭人用兵的原因之一。

荷蘭領臺前的外來活動

荷蘭領有臺灣之前，臺灣本島除了原住民之外，主要的外來活動者，便是來自中國大陸的漢人與日本人。

宋帝國以來，就有漢人居住澎湖，據說也有到臺灣本土活動的記載。到了明帝國實施海禁，澎湖與臺灣等島嶼就成為貿易走私與海盜活動的場所。明神宗萬曆十五年 (1587) 官方加強澎湖的防備力量後，海盜（商）及走私貿易的活動由澎湖移轉到臺灣。當時在臺灣最具有活動力的海盜（商）集團，是顏思齊和鄭芝龍集團❸，他們以臺灣作為重要的基地，進行補給及貿易，是臺灣海峽貿易的重要操控者。顏思齊過世後，鄭芝龍受明廷招撫，轉往中國大陸沿海活動。

除了漢人之外，日本人也開始在臺灣有規模的活動，而且除了商人和海盜（商）外，日本官方也希望擴展其在臺灣的影響力。1593年，統一日本的豐臣秀吉，便曾經派原田孫七郎攜書來臺，希望臺灣的「高山國」能夠入貢，未能實現❹。德川家康取代豐臣家之後，先於 1609 年派有馬晴信要求原住民向日本朝貢，未能如願。1616 年甚至派長崎代官村山等人負責侵臺工作。當時日方派遣由十三艘船組成的船隊向臺灣出發，企圖進行武裝侵略，由於遭遇颱風，最後僅有一艘船到達臺灣，而為原住民所殲滅。此後，日本官方雖沒有進一步侵臺的行動，但日本人在臺灣的活動仍相當的活躍，直到 1635 年德川幕

---

❸　鄭芝龍原本是隨李旦到日本，之後再和顏思齊集團建立關係。

❹　有學者指出，原田孫七郎實際上直接至菲律賓，並未到達臺灣。

府嚴禁日人、日船外航後，日本人在臺灣的活動才告一段落。不過，日本經營臺灣的企圖，十分意外的卻為後來中國的官方留下了深刻的印象，連《大清一統志》都曾經出現臺灣過去屬於日本的記載。

荷蘭領臺

十五世紀末，葡萄牙「發現」新航路，歐洲各國陸續往東亞前進，並在商貿利潤的考量下，建立殖民地，大航海時代於是來臨。位於東亞航線上的臺灣便在此國際背景下，躍入世界舞臺。

開啟大航海時代的葡萄牙、西班牙兩國，憑藉著航路先鋒者的優勢，葡、西兩國分別在澳門（1557 年）、菲律賓馬尼拉（1571 年）建立殖民地，作為其在東亞海域的貿易據點和轉運站。1600 年，英國東印度公司成立，前進東南亞。

荷蘭原本在西班牙統治下，十六世紀中葉各省合組共和國爭取獨立。1602 年荷蘭各省合資成立東印度公司（荷蘭聯合東印度公司），得到荷蘭政府好望角以東、麥哲倫海峽以東的獨家貿易特權外，特別是公司可以代表荷蘭政府，以國家名義對外作戰、媾和、維持軍隊、設立殖民地並任命官吏治理等權力。荷蘭東印度公司成立後，積極向東方發展，並多次攻擊澳門、金門、廈門、澎湖等地。1604 年荷蘭將澎湖視為其東亞轉運站的目標據點之一，第一次出兵占領，但旋被明將沈有容擊退。1619 年荷蘭東印度公司在爪哇巴達維亞（今印尼雅加達）建立總部，1622 年與英國聯合襲擊澳門，被葡萄牙擊敗。荷蘭艦隊旋占領明帝國沒有持續駐守的澎湖，並在媽宮風櫃尾建造「紅毛城」。明熹宗天啟四年 (1624) 明帝國派艦隊至澎湖，要求荷蘭撤離，轉往臺灣發展。面對可能引發的武力衝突，經海商李旦斡旋，荷蘭也

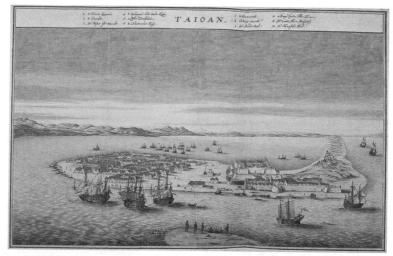

圖 8　荷治時期的熱蘭遮城

考量維繫與日本經貿利益及爭取與中國大陸貿易的需要，撤離澎湖，轉到明帝國版圖外的臺灣大員建立殖民地，這也是臺灣第一次被近代國家納入版圖❺。當時明帝國的官員除了支持荷蘭人移往臺灣外，還因此保證願意與荷蘭建立經貿關係。

　　從此時開始，傳統歷史記載荷蘭正式領有臺灣，直到 1662 年初被鄭成功擊敗，退出臺灣為止，共計三十九年。但在此一期間，直到

❺　參見翁佳音，《荷蘭時代臺灣史的連續性問題》。1624 年八月，荷方司令官宋克 (Dr. Martinus Sonck) 與明軍將領俞咨皋交涉後，十八日對大評議會諮文云：「如離開澎湖島，而以福爾摩沙島臺窩灣（安平）定為居處，則在該地及公司職員所駐在之其他場所准許貿易，由此可以領有比澎湖更肥沃而適於健康，且有豐富清水之島嶼。」又說：「再應考慮者，中國人已在臺窩灣與日本人盛行貿易，故余等若在該地定居，當可予以防止，倘若不為，則將失去所期待在日本之絹絲貿易之利益。」基於此等理由，荷蘭人決定遷往臺灣。郭輝譯，《巴達維亞城日記》第一冊（臺北：臺灣省文獻委員會，1970 年），頁 16–17。

擊敗西班牙人，使其退出臺灣之前，荷蘭人主要控制的區域是在臺灣
南部❻。

　　如前所述，雖然習慣說是荷蘭人領有臺灣，但實際上在臺灣建立
殖民地、行使統治權的則是荷蘭東印度公司。荷蘭在臺灣殖民地的最
高負責人，稱為「長官」(gouverneur)，他實際上是東印度公司駐臺的
代表，其上級則是荷蘭東印度群島的巴達維亞總督。

　　相對於荷蘭的殖民行動，西班牙及日本都曾挑戰其殖民事業。從
1626 年開始，西班牙人在臺灣北部建立據點，直到 1642 年被占優勢
的荷蘭武力逐出為止。另外，由於在荷蘭東印度公司建立臺灣殖民據
點前，即有日本商人在臺進行貿易，且當時荷蘭東印度公司在日本貿
易亦享有免稅待遇，因此，日本拒絕承認荷蘭在臺灣有課徵關稅之權。
1626 年日人濱田彌兵衛來臺貿易，與荷蘭當局發生衝突。1628 年濱田
再率船隊來臺，荷蘭當局以其來意不善，扣留其商品與軍火，濱田幾
經折衝，才取回物品返國。而後德川幕府關閉荷蘭商館以為報復，基
於在日本的商館是荷蘭東印度公司獲利最大的商業據點，為了維持商
貿利益，荷蘭東印度公司決定將臺灣長官引渡至日本，方才弭平此一
長達六年的事件。其後，由於日本實施鎖國政策，便不再有日本商人
（合法）來臺灣進行直接貿易，雙方衝突的問題才完全解決。

----

❻　西方文獻對臺灣原住民的記載，目前已知最早的是 1582 年葡萄牙的文獻。
　　至於荷蘭方面，1622 年船舶來臺灣測量港灣時，開始提及原住民。次年，
　　來臺的荷蘭東印度公司商務員到蕭壠社作客，留下被稱為《蕭壠城記》的記
　　錄。至於荷蘭領臺初期的記錄以甘治士的記錄最受重視。他是荷蘭時代來臺
　　的首位傳教士，他在 1627 年記錄了熱蘭遮城附近的原住民聚落，其所描述
　　的應為荷蘭人初至臺灣時所見臺南平原西拉雅族原住民的社會狀況。也是西
　　方人親歷臺灣早期有關原住民的文獻紀錄中，最為可觀的。

荷蘭的擴張與原住民控制

荷蘭人占領臺灣後，先在大員（Tayouan，臺南市安平）建立熱蘭遮城，稍後又在其對岸建立普羅文遮城（Provintia，臺南市），進行以臺南地區為中心的殖民活動。其後，荷蘭雖逐步擴大其在臺灣的統治區域，並於 1642 年驅逐西班牙人，使其在臺灣的統治區域大增，但是仍未能全面掌握臺灣西部海岸。 1642 年之前， 對原住民的武裝鎮壓，主要是麻豆（荳）事件❼。其後，則透過對原住民（如大肚王）的征討，荷蘭的控制區域才進一步擴張。

麻豆事件

荷蘭人來臺後，逐漸加強對原住民的控制，引起麻豆社原住民的不滿。1629 年，諾伊茲 (Pieter Nuyts) 派兵至麻豆社搜捕漢人海盜，並要求原住民協助。麻豆社人則假意協助，在麻豆河將荷蘭人全數推入水中溺斃。事發後，荷蘭疲於應付外來挑戰，並未立即處理。

1635 年，第四任長官朴特曼 (Hans Putmans) 親自率領荷蘭部隊及新港社原住民二千人攻擊麻豆社。麻豆社原住民戰敗，朴特曼則下令屠殺、焚村。麻豆社無力抵抗，向荷蘭投降。

在荷蘭當局展現強力軍事行動的威嚇下，歸順荷蘭的原住民部落迅速增加為五十七社，荷蘭人至此大致控制了臺灣西南部地區❽。

就統治制度而言，荷蘭人對原住民的控制，主要是從 1636 年開

---

❼　當時的記載為麻荳。

❽　http://www.taiwanus.net/history/1/26.htm，2016/9/18 瀏覽。

始。當年臺灣西半部南北社番在新港社舉行歸順集會，1641 年再於赤
崁召開一次番社集會，規模較前次為小。1644 年荷蘭當局要求已經征
服的原住民各社選出長老，每年集會，一方面聽取荷蘭當局的施政措
施，同時要求他們對荷蘭政府效忠。這種集會稱為地方會議
(Landdag)，其後隨著荷蘭勢力的擴張，地方會議並劃分為北部、南
部、東部和淡水四區，每年集會一次。除此之外，荷蘭當局在各地設
有傳教士以及由商人 (Koopman) 擔任的政務員，各社長老必須向他們
報告相關事宜，這也是荷蘭人控制原住民最重要的行政工具。但是以
人口數而言，直到 1647 年荷蘭人所控制的臺灣原住民人口，基本上並
沒有超過總人口一半。

西班牙的經營

　　西班牙人❾早在 1570 年就在菲律賓馬尼拉設有據點，荷蘭聯合東
印度公司在臺灣建立殖民地後，使航行在東亞航線上的西班牙船隻屢
屢遭到劫掠。馬尼拉總督考量經貿擴張和傳教目的，決定來臺建立殖
民地。

　　從 1626 年開始，西班牙人則在雞籠（今基隆和平島）、淡水附近
建立據點聖薩爾瓦多城 (San Salvador)。進而一方面沿著臺灣北部海
岸，安撫了金包里附近的部落；一方面則溯淡水河，使其勢力涵蓋八
里坌、北投、里族、大浪泵等臺北盆地各社。西班牙人與北部的原住
民族群多有互動，除了貿易、傳教，也有少部分通婚的情形。其間，

---

❾　1568 年以來，荷蘭人不滿在西班牙帝國下的統治，雙方相互爭戰，持續至
　　1648 年。對荷蘭而言，這是一場獨立戰爭，從歐洲境內，逐漸將戰場拉至
　　海外殖民地。荷、西競逐臺灣就是在此一背景展開。

西班牙人曾經企圖攻擊熱蘭遮城，結果無功而退。荷蘭人也一再向巴達維亞方面的上級反應，要求以武力占領西班牙人在北臺灣的據點。

　　和荷蘭聯合東印度公司在臺發展的策略一樣，西班牙亦採汲取殖民地資源、增加殖民母國商業利益的「重商主義」(mercantilism)❿方針，所以當時移動來臺的人群仍以經濟動機為多。根據資料，西班牙在臺灣北部透過貿易也曾獲取相當的商業利益，不過，殖民地治安與傳教是其殖民政策重要工作，成為臺灣殖民的沈重負擔。而且，荷蘭的艦隊也成為西班牙船隊航行運輸的重大干擾。

　　其後，由於日本宣布鎖國，西班牙不僅難以擴展在日本的商業、傳教活動，也不可能從日本招商來臺，北臺灣無法如西班牙當局所期

圖9　淡水紅毛城

❿　以富裕國庫為目標，手段則為搜刮殖民地的物資，尤其以金銀最為重要。為求保障「母國」的利益，政府還管制工商、鼓勵外銷，務求賺錢以蓄積國力。

待的成為國際貿易要地。對西班牙人而言，北臺灣的價值與地位大不如前，加上菲律賓回教徒反西班牙活動，亟待平定，因此縮小在北臺灣經營的規模，戮力經營菲律賓。至 1640 年，基隆守軍約僅四百人左右。相對而言，荷蘭則得到在日本貿易的特權，臺灣的經貿地位依然不墜。1642 年荷蘭方面以優勢的兵力進攻，西班牙方面卻僅得到來自呂宋微不足道的援助，而告投降。西班牙人在臺灣北部的殖民地，遂落入荷蘭人之手。

征討大肚王與荷蘭勢力在中部的擴展

1642 年，荷蘭出兵成功驅逐西班牙在臺灣北部殖民地的勢力，大幅擴張其統治區域後，大肚溪流域及其以北至淡水河以南的中北部地區，則仍是荷蘭當局政令所不及之處。直到 1644 年年中為止，荷蘭當局所管轄的臺灣勢力雖擴及於臺北的淡水、基隆及宜蘭、臺灣南部、東部的卑南，以及臺南北部直到今天彰化市附近為止的區域，但在臺灣中部以大肚王領導作為中心的政治體，依然未臣服於荷蘭當局。

1644 年及 1645 年，荷蘭當局兩次出兵攻擊大肚王。大肚王反抗失敗，最後在教會牧師 Van Breen 的協調下，於 1645 年四月七日南下臺南參加南部地方會議，在會議上並與荷蘭東印度公司訂約表示服從。此後，東印度公司已經能對原大肚王所屬的村社收稅，並讓漢人在當地從事獵鹿活動等等的承包。不過大肚王仍然維持半獨立的狀態，拒絕荷蘭政教合一的教會在其轄區內進行傳教。

郭懷一之亂

荷蘭人占領臺灣之後，為了推動在臺灣的生產以增加獲利，廣招漢人來臺，給予種種的優惠。但是除此之外，對於來臺開墾的漢人，則又課以各種苛捐雜稅，管制漢人的言論行動，特別是自 1642 年將西班牙驅逐之後，對於漢人的鎮壓有變本加厲的現象。因而引起漢人的反抗，其中郭懷一事件也是抗荷行動中最劇烈、犧牲也最慘烈的。

郭懷一據傳是油脂村（Smeerdorp，臺南市永康區境。一說為今之油車行村）的「頭人」，因為不滿荷蘭人的壓榨，於 1652 年九月計畫利用大宴賓客的習慣作為機會，襲殺荷蘭的長官富爾堡 (N. Verburgh)。然而由於他的結拜兄弟等人向荷蘭當局告密，迫使郭懷一提早起事。荷蘭當局除派出駐軍之外，並動員原住民兵士，鎮壓漢人的反抗。由於荷蘭軍隊裝備較佳，協助荷蘭當局鎮壓的原住民兵士又相當勇悍，相對的起事的漢人則裝備不良，多少乃是在荷蘭當局剝削下被迫揭竿而起，無法與之抗衡。因此，整個起事徹底失敗，並遭到血腥的鎮壓。起事失敗以後，不僅參加作戰的漢人慘遭殺戮，甚至連婦孺也不免遭受株連，估計被殺害者超過五千人以上[11]。

---

[11] 關於郭懷一之亂，漢人作戰死亡或遭株殺者，各家說法不一，約從五千到萬餘人之譜。

鄭成功驅逐荷蘭人

　　荷蘭當局雖然領有臺灣，取得龐大的貿易利益，但是，當時臺灣海峽兩岸的貿易主導權，操在以鄭芝龍為首的海上勢力手中。特別是鄭芝龍受明帝國招撫後，成為官方剿滅中國沿海海盜（商）勢力的主力，而在消滅其他競爭勢力後，鄭芝龍集團的貿易主導權更大。因此，為了進行與中國大陸的經貿往來，荷蘭當局亦與其達成協議。

　　鄭芝龍降清後，鄭成功抱持反清復明的壯志，不願投降，最後在家族的支持下，逐漸取得鄭芝龍原有的海上勢力，也依然控有臺灣海峽兩岸經貿的主導權。其後，由於北伐失敗，又遭到清軍不斷的攻擊，鄭成功決定採用原在臺灣擔任通事的何斌（何廷斌）的建議，於 1661 年出兵進取臺灣。次年荷蘭人在等不到援兵，又面對鄭成功的優勢兵力下，才投降退出臺灣。

圖 10　鄭荷談判圖

1662 年鄭成功逐走荷蘭人，統治臺灣以後，1664 年荷蘭企圖恢復在臺灣的統治權，便出兵再占領基隆。1665 年到 1666 年鄭經出兵驅逐荷蘭人失敗，但荷蘭人仍因為基隆的貿易狀況不佳，加上不斷謠傳鄭經準備再出兵攻打，而於 1668 年主動撤退，基隆遂由鄭經接管。

鄭氏政權的經營

鄭氏政權自鄭成功以降，歷經鄭經、鄭克塽三代，直到康熙二十二年 (1683) 才被施琅攻滅。鄭氏三代在臺皆奉明正朔，繼續使用永曆年號，並未稱帝，因此有人稱之「明鄭」。但是永曆帝死後，未擁立新帝，南明已經成為歷史，奉正朔形式大於實質。因此，鄭經曾經向清帝國宣示「遠絕於大海，建國東寧，于版圖疆域之外，別立乾坤」，並且時而與清帝國進行武力對抗，但是，這並不意味鄭經採取「反清復明」的政策。

鄭成功在驅逐荷蘭人的那一年就過世了。臺灣的部眾擁立其弟鄭世襲，而留守金廈的部眾則推其子鄭經繼位，雙方形成對峙。原本因為私通幼弟的乳母，被鄭成功下令處死未果的鄭經，從金廈出兵臺灣，擊敗其叔父鄭世襲，取得繼承權，再回師金廈，這是鄭成功之後，鄭氏政權內部第一次以武裝對抗，解決權力繼承的爭端。1664 年鄭經被清廷擊敗撤回臺灣，並任用陳永華，推動相關建設。其後，由於鄭經再次出兵，長年在中國大陸沿海進行軍事活動，企圖擴張勢力範圍。實際上主導臺灣行政，孜孜進行經營的，則是陳永華。

康熙十九年 (1680)，清廷展開軍事行動，趁著三藩之亂出兵擴張勢力範圍的鄭經戰敗，失去中國大陸沿海所有的據點，再次敗回臺灣，不久後即過世。之後，鄭氏政權又生內鬨，鄭經長子監國鄭克𡒜被殺，

年僅十二歲的次子鄭克塽繼位。

　　基本上，鄭氏政權在臺灣可以分為兩個階段。鄭成功出兵來臺後，雖擊敗荷蘭當局，其政權的行政中心仍設於廈門。直到鄭經於1664年退守臺灣，才正式將政治行政中心設於臺灣，這是第一個在臺灣建立的漢人政權。而面對清廷（官員）一再招降，他亦尋求與清帝國達成協議的可能。他曾提議希望能比照朝鮮，向清帝國進貢，以維持獨立王國的型態，「庶幾寢兵息民，相安無事」，讓人民休養生息。不過幾次談判，雙方往往因現實狀況調整協議的內容，終至談判未能達成具體成果。康熙二十二年(1683)，清廷接受施琅的建議，出兵攻打臺灣，東寧王國不敵，鄭克塽投降。

圖11　鄭成功畫像

政治體制的演變

鄭成功占領臺灣以後，除了改臺灣為東都外，並將熱蘭遮城改為安平鎮，普羅文遮城改為承天府，同時將臺灣南部已經開發的地區在北部設為天興縣，南部設為萬年縣，澎湖則設安撫司。在與荷蘭當局對峙期間，為了解決龐大的軍需問題及控制新占有的臺灣，鄭成功開始採取軍屯的方式，透過部隊赴各地屯田，進行勢力的擴張。鄭成功死後，鄭經領有臺灣之初，除將東都改為東寧外，並將天興、萬年兩縣改為州，同時除澎湖設安撫司外，另設南北路兩個安撫司。

如前所述，鄭氏政權在臺灣，自鄭成功以降固然是以反清復明做號召，但實際上整個政治體制的設計，是以其家族為中心所建立的政權（延平郡王／東寧王國）。明桂王死後，鄭氏並沒有擁立任何明朝的皇室繼位為天子，而是由鄭氏三代掌握最高權力。故當鄭氏政權內部因繼承問題發生權力鬥爭時，並非循朝廷的體制運作以建立權力繼承的秩序與正當性，反而多次以內鬥（武裝政變）的方式解決權力的歸屬問題。

習　題

1. 荷蘭領臺期間，其地位曾遭到那些外來的挑戰？
2. 西班牙人放棄積極經營臺灣的原因是什麼？試說明之。
3. 鄭氏政權的權力繼承，曾發生那些內在的動亂？

第二節　移墾與開發

大量漢人移民來臺

在荷蘭統治臺灣之前，臺灣除了原住民各族群的活動之外，主要的外人活動是以來自中國大陸及日本的海盜（商）及其進行走私貿易為主。因此，雖然有部分漢人來此開墾，規模並不大，且有許多是季節性移民。

臺灣海峽漁獲資源十分豐富，特別是冬至前後烏魚會隨著洋流來到臺灣西南沿岸產卵，靠海維生的中國大陸福建、廣東漁民紛紛為追捕烏魚而來。通常可以捕捉烏魚的時間有二、三個月，漁民們只好搭建暫時性的漁寮當作休息的據點。此時的漁民尚未把臺灣作為長期定居的據點，只是短暫性、季節性的暫居。

除了漁民外，東亞海域也有海盜（商）進行劫掠，並透過海洋交易貨品，成員有漢人也有日本人，他們往來於中國大陸（主要是廣東潮汕及福建漳、泉地區）、日本、越南、菲律賓等東南亞地區。因明帝國實施海禁的緣故，海盜（商）的活動受到限制，故有時選擇鄰近但不在明帝國統治範圍內的臺灣作為落腳休息的據點，但非長期性的定居。

前述 1621 年顏思齊、鄭芝龍等人率眾在臺灣南部約今日雲林、嘉義及臺南一帶建立據點，並招徠漳、泉的百姓來臺進行開墾。顏思齊過世後，鄭芝龍整併原有勢力，於 1628 年接受明帝國招撫，將主要

基地置於福建。但是他引進漢人來臺開墾，則為以後漢人在臺灣的農墾事業奠定了初步的基礎。

相對的，直到荷蘭統治臺灣以後，才有較具規模的漢人移民。

荷蘭聯合東印度公司在臺灣的職員不多，必須就地招募工人建城，除了徵用原住民，也有雇用中國大陸漢人參與，這些漢人大多屬於季節性移民，並未在臺灣定居，而是因應工作需要往來兩地。

隨著統治逐漸穩定，荷蘭聯合東印度公司為了提高米、糖產量，增加公司收益，需要大批的勞力從事生產，以供應在臺灣消費所需的農產品（以後並成為重要的出口商品）。由於原住民當時的生產力低於漢人，而中國大陸東南沿海謀生不易，想移居海外的漢人頗多，因此荷蘭人便設法吸引漢人來臺移民，或者以東印度公司的船隻運送，或者提供資金與牛隻等優惠條件吸引漢人前來定居開墾。使得漢人在臺南一帶的人口在 1638 年即增加到一萬人左右。

以後隨著荷蘭在臺灣控制的增強，開墾的擴大，大量漢人移民更隨之而至，荷蘭統治末期，臺灣漢人總數約有三萬五千人至五萬人左右[12]。大批漢人的移入帶動農產量的增加，荷蘭聯合東印度公司還曾以「福爾摩沙島上唯一能釀蜜的蜂群」來形容漢人。郭懷一之亂發生後，荷蘭當局嚴酷的鎮壓，漢人移民數量才隨之大幅減少，直到鄭成功來臺以後，才再度有大量漢人移民來臺。

---

[12]　此一人數基本上乃根據人頭稅資料估計，至於隱匿人口則不在其中。

荷蘭拓殖的發展

　　如前所述，1624 年荷蘭東印度公司從澎湖轉進臺灣的大員地區後，便開始於臺南附近展開其殖民工作❶❸，希望把臺灣打造成其在東亞海域的轉口貿易基地之一。雖然荷蘭是第一個領有臺灣的近代國家，但是臺灣原住民早在本島住居，且有政治、社會組織。因此一開始荷蘭當局對於該地區的原住民態度尚稱平和，未強硬的以殖民者的身分，遂行統治，1625 年更以十五匹布向新港社換得赤崁附近的土地。不過，稍後荷蘭便明白以臺灣為其殖民地，採取強硬的拓殖措施，利用武裝擴張其勢力範圍，如此自然引起部分原住民的反抗。荷蘭當局除了以自己的武力，對原住民進行武裝征服之外，也利用原住民各個部落之間的敵對關係，進行合縱連橫，藉助與其合作的原住民力量，作為進一步開拓臺灣領土的重要策略。

　　1636 年荷蘭人能控制的原住民部落，約有五十七社左右。驅逐西班牙之後，擴張更見迅速，根據其公司的檔案，1647 年管轄的原住民部落已達到二百四十六社，1650 年更達到三百一十五社之多。

　　我們可以從鹿皮來觀察荷治時期臺灣經濟活動的特色，鹿皮來自臺灣野生的梅花鹿、水鹿等，是原住民日常捕捉的獵物之一。進入荷治時期後，追求利潤是殖民者的重要目標。隨著拓殖的擴大，荷蘭當局鼓勵利潤高的鹿皮貿易，也增加對漢人商人的稅捐，1637 年除向漢

❶❸　荷治時期，土地多數為荷蘭聯合東印度公司所有，當時的漢文常稱臺灣長官或巴達維亞總督為「王」，所以又稱這些土地為「王田」，多數的漢人農民以佃農身分耕種「王田」。至於位居社會高層有財力的漢人商人與移民，則擁有私人田產。

人徵收鹿皮、鹿肉出口稅之外，也針對島內漢人與番人的獵鹿，以及鹿皮、鹿肉交易建立稅賦制度獲取利益。同年，荷蘭當局讓教會牧師負責獵鹿執照稅的徵收，再將新增加的收入，提供牧師與原住民教會經費之用。其後東印度公司在 1642 年實施「贌社」制度，將控制的番社分區招標，得標者取得各區番社買賣交易的壟斷權。漢人贌商通常以布匹、鹽、鐵器貨物，與原住民交易鹿皮、鹿肉等，並向荷蘭當局繳稅。贌社稅在荷蘭當局財政觀點中，明顯具備向漢人贌商徵收特許的漢番交易稅性質。但由於漢人贌商居間獲利，反而以此法為由剝削原住民，在荷蘭時代已顯露弊端。

荷蘭時代的土地制度

根據傳統的說法，漢人來臺從事耕種開墾，是由荷蘭東印度公司提供土地、牛隻、農具、種子和水利設施，漢人則扮演勞力及技術提供者的角色。名義上，土地所有權歸荷蘭王所有，稱為「王田」❹，而大部分的漢人農民則是以佃農的方式進行開墾。對於當時漢人的開墾組織，過去的說法是由數十佃合組一「結」，合作開墾耕作，推一曉事者主導，稱為「小結首」。再由數十個小結首合推首領，稱為「大結首」，而由大結首對荷蘭當局負責。不過，此一說法近來已有修正。首先，荷蘭時代漢人移民除了由東印度公司招募來臺開墾，在所謂的「王田」耕作外，原本東印度公司的職員與歐洲的移民就擁有部分田園的產權，也有將土地轉手給漢人「永佃」經營的現象，而且在荷蘭文獻

---

❹　但是荷蘭當時並沒有國王，臺灣的土地實際上屬於東印度公司所有。根據翁佳音的研究，當時文獻提及的「王」，往往是東印度公司巴達維亞的總督，有時連臺灣長官、司令官也被稱王，如「揆一王」、「出海王」。

中也有漢人擁有私人地產的記載。基本上，1654 年以後，為了鼓勵漢人投入更多工本進行土地開發、改良，巴達維亞當局同意給予部分漢人田園永業權的政策，並允許擁有土地所有權的漢人，可以合法出讓田產。其次，在結首制部分，所謂「蘭人結首」的說法，經過考證，乃是指噶瑪蘭（宜蘭）地方的墾殖型態，並非荷蘭時代臺灣的制度。基本上，當時由東印度公司招募來臺開墾的漢人，一般而言並未擁有土地所有權，甚至必須因應荷蘭當局的需要，進行新農地的開墾工作。而且除非經過荷蘭當局許可，在臺的漢人也不能直接和原住民進行交易。加上荷蘭當局後來以各種苛捐雜稅剝削漢人的所得，引起漢人移民的不滿，這也是發生前述郭懷一之亂的重要原因。

漢人與原住民的衝突

荷蘭當局鼓勵漢人大量來臺拓墾，以及其對原住民各部落的統治策略，皆是為了增加東印度公司在臺灣所能獲取的經濟利益。但是，同為荷蘭人財富製造者的漢人移民與原住民，卻在荷蘭人的統治策略之下，隨著漢人移墾規模的擴大，呈現緊張的關係，甚至發生衝突。基本上，荷蘭人當然不希望造成民眾的武裝衝突，以免影響其對臺灣的控制，但是不容諱言，其統治策略並不利於漢人移民與原住民的和諧相處。首先，就土地的開墾而言，荷蘭人利用武力及各種巧取豪奪的方式，掠奪了原屬於原住民活動的土地，而後再由（派）漢人前往開墾，形塑成漢人侵害原住民生活空間的印象。

隨著漢人進入原住民原有活動土地，一旦與原住民之間發生衝突，荷蘭當局便可以採用分而治之的方式增加其控制力。較明顯的例子就是前述提及荷蘭人往往給予漢人獵鹿的權利。不過鹿也是平埔族賴以

維生相當重要的物資，漢人如果獵捕過度，自然容易引起原住民的反感。當雙方利益發生矛盾、對立之時，荷蘭當局便曾經採取暫時性的禁獵措施，一方面緩和原住民的反彈，並加深其對荷蘭當局的支持；在另一方面則又造成漢人獵戶的損失，反而使其對原住民產生敵意。

　　無論是原住民與漢人之間，或是原住民各部落之間，在荷蘭拓墾臺灣的期間，荷蘭當局所採取的方式，就是避免其統治下的子民聯合起來，對抗其統治。相對的則利用彼此之間的衝突矛盾，一旦發生動亂，即利用反叛者的敵對力量迅速進行有效的鎮壓。

鄭氏時代的屯墾與移民

　　鄭成功出兵來臺初期，為了因應兩萬多軍民糧食不足的情形，便採取兵屯的方式，由部隊赴各地進行屯田、耕作。屯田政策的實施，至少有三大功能：首先，除了可以彌補兵糧不足的現象外，隨著開墾的完成，亦可增加賦稅收入；其次，也有以武力控制各屯墾地區的意義，兵屯的部隊可以監視鄰近的原住民，除了加強對其控制之外，也可保護漢人的拓墾；第三，大量的軍力投入農業耕作，隨著屯墾政策的推廣，臺灣的農業面積亦隨之擴大。後來鄭經也持續實施此一屯墾政策。在實施屯田制度的同時，雖然官方一再強調不可侵占原住民及原有漢人的耕地與漁區，不過實施的結果，原住民原有的活動空間在漢人移墾後，仍被迫縮小，因此造成部分原住民的不滿。

　　鄭成功取得臺灣以後，漢人來臺的數目，再度大幅成長。鄭氏政權統治臺灣期間，漢人移民的來源主要分為三種。第一，是隨著鄭成功、鄭經父子由中國大陸來臺的軍民，和他們自中國大陸搬遷來臺的眷屬；其次，是清帝國控制整個中國大陸後，不願受其統治，而遷移來臺

圖 12　鄭氏時期的漢人生活圖

的明朝遺民；第三，則是鄭氏父子招納來臺的大量漢人移民。大體上，鄭氏政權統治臺灣期間，根據估計，臺灣的漢人人口，大概在十二萬人左右，也有高達二十萬人的說法，總數約略超過當時的原住民。

住民的反彈與反抗

　　當時在南部的西拉雅人，或是由於郭懷一之亂以來遭到荷蘭人鎮壓的部分漢人，曾經對鄭成功揮軍攻臺，表示歡迎的態度。但是，這樣的現象並非全面性的，面對鄭成功的徵稅、屯墾措施❶，也有不滿

❶　荷蘭時代原屬交易稅的贌社，在鄭氏政權時代性質有明顯的改變。當時因戰
　　爭、軍需的需求，為了增加稅收，規定統治範圍內的原住民，除了與荷蘭時
　　代相同，必須負擔傜役外，還得「按丁輸納」，透過社商（贌商）代為繳交
　　餉稅。

與反抗的情形。

　　當時鄭成功的軍隊由於圍攻荷蘭當局的城堡，無法迅速將其擊敗，在缺乏兵糧的情況下，一方面向臺灣漢人徵糧，一方面又派軍隊前往各地屯墾取糧。由於鄭成功的軍隊需要的兵糧甚多，當時的文獻記載便曾經指出，漢人移民耕作收穫，便遭到較荷蘭人統治時更為嚴重的剝削；而以大肚王國為代表的原住民，則與侵入其勢力範圍的鄭成功軍隊發生大規模的武裝衝突。雖然根據漢人的文獻記載，1661 年鄭成功的部隊便曾初步平定大肚王國的抵抗，但是在過程中卻造成了鄭氏軍隊數以千計的傷亡，其後大肚王及其部眾在鄭氏政權統治期間，仍然持續的反抗，而遭到殘酷的鎮壓。1664 年到 1665 年，大肚王及其部眾又發生反叛鄭氏政權統治的事件，雖然鄭經派軍平定，不過隨即在 1670 年又再度發生叛亂事件。在反抗最強烈的沙轆番（臺中市沙鹿區），甚至遭劉國軒殺戮到只剩六人，差一點慘遭滅族。1685 年，鄭氏政權為了與清朝對抗，派臺灣平地原住民搬運糧食，導致各地原住民相率殺各社通事、搶奪糧餉的事件，北從竹塹，南到新港皆發生反抗的事例。最後，由於面對鄭氏軍隊強力的鎮壓，原住民才告投降。根據郁永河的記載，鄭氏政權在討伐原住民之時，甚至採取「誅夷不遺赤子，並田疇廬舍廢之」的嚴厲鎮壓方式。

鄭氏時代的土地制度

　　在鄭氏政權統治臺灣期間，臺灣的漢人土地大致分為三類：官田、私田與營盤田。

　　基本上，鄭氏政權政府接收荷蘭時代王田的土地，稱為官田。鄭氏政權的宗室、文武官員和有力人士，招來佃農開墾而成的土地，叫

做私田。駐防各地營丁在駐地附近開墾而成的田園，叫做營盤田。在此
種制度之下，大部分漢人的拓墾者以類似佃戶的身分，進行農業活動。

漢人移墾的範圍

　　如前所述，荷蘭人為減輕母國的負擔，尋求在臺灣糧食的自給與
進一步出口圖利，因此獎勵漢人來臺，隨著移民來臺人數的增加，墾
田的範圍也有相當的擴展。1645 年以赤崁為中心附近的農耕總面積，
已有三千甲左右（荷蘭單位 3,000 morgen），鄭成功入臺前後，全臺的
農地總面積已達到十二萬兩千五十二甲，農耕土地面積的擴張可見一
斑。鄭氏政權來臺，一開始便以荷蘭人原有的統治區域為基礎，進行
拓殖的工作。

　　鄭成功頒布屯田政策後，軍隊點狀集團性的開墾，大體上只到新竹
附近。鄭經占領基隆附近以後，將此地視為流放政敵和犯人的地區，當
時臺灣北部的開墾，多以違法犯紀的犯人的開墾為主，規模相當有限。

　　在鄭氏政權統治臺灣期間，漢人在臺灣的拓墾範圍有日漸擴張的
現象，以今天的臺南為中心，南至鳳山、恆春，北至嘉義、雲林、彰
化、埔里、苗栗、新竹、淡水和基隆等地，都可看到漢人的拓墾。但
是除了臺南附近之外，其餘各地的拓墾則呈點狀的分布。

　　鄭氏政權統治期間，漢人在臺的擴墾雖有相當的成果，但並非持
續擴張。由於鄭氏政權長期與清帝國對峙，需要強大的軍力，往往必
須抽調壯丁，因此在其統治的末期，勞動力較過去減少，原有開闢的
田野耕作面積，也有縮小的現象。

拓墾的界線與衝突

荷蘭時期來臺開墾的漢人，必須由荷蘭人指定耕種的地域，在荷蘭的統治策略下，因為開墾而與原住民起衝突的事件並不多。鄭氏政權統治臺灣期間，體認到原住民族是影響臺灣內部安定的重要因素，因此在進行屯田或官紳招民開墾之地，也要求不得侵奪原住民的土地，希望以此化解其入主臺灣後，與原有住民的衝突。但是實際開墾後，開墾者與原住民之間的衝突，仍然時有發生。為了有效鎮壓原住民的反抗，甚至如前所述造成必須出兵征討的現象。

為此，鄭成功曾頒布「開墾章程」，規定官員、軍隊的開墾「不准混侵土民及百姓現耕物業，如有違越，法在必究」。依照規定文武百官開墾田地，需先向鄭氏政權報明畝數後，方准開墾，至於百姓在開墾前也要向承天府報備。

生產的內容與性格

從荷蘭人招募漢人來臺開墾的目的來看，是為了解決糧食問題，甚至進而出口，稻米是其中相當重要的物資。在農產品方面，除了稻米之外，主要便是糖。砂糖最初是從中國大陸進口，在臺灣轉口出售，之後荷蘭殖民者考量自身利益，更直接招徠漢人來臺拓墾❶❻，鼓勵栽

---

❶❻ 荷蘭人也對來臺開墾的漢人農民，課以苛捐雜稅，引起漢人反抗，例如1652 年的郭懷一事件。由於荷蘭人事先防範，郭懷一以失敗收場，估計死者超過五千人。事件結束後，荷蘭人建造普羅文遮城防衛，城牆殘跡猶存於今臺南赤崁樓。

植甘蔗，並製造、輸出富商品價值的砂糖。由於米、糖這些農作物與出口有密切的關係，因而在此一時期農業的發展，即帶有濃厚的商品化性格。除了農作物之外，荷蘭時期另一種重要的出口物資，是以鹿為中心的生產，包括鹿肉、鹿皮等等。而鄭氏政權驅逐荷蘭人以後，固然仍以發展貿易為務，希望增強經貿實力，厚植國力，但為了維持與清廷對抗的龐大軍隊，以及大量增加的漢人移民生計，糧食生產的比重和重要性，則較荷蘭時代提高。

　　隨著漢人移民數目的增加與拓墾面積的增大，需要廣大土地才能構成的鹿場難以為繼，鹿的生活條件越趨惡劣，遂逐漸從臺灣主要的生產事項中消失。而清帝國領臺以後（直到開港之前），基於對臺灣控制與區域分工的考量，臺灣主要的生產物資便是以米和糖作為主軸，特別是稻米的生產最為重要。

荷鄭時期移民的性格

　　荷蘭時期，大部分的漢人之所以被招至臺灣開墾，雖然是迫於原鄉謀生不易與荷蘭當局優惠措施的利誘，但是比起一般安土重遷的農民，在性格上則較富有冒險的精神。鄭氏政權來臺後，其招致來臺的移民，性格上大概與荷蘭時代相似。相對於此，與清帝國對抗而入臺的漢人移民心境則有所不同。追隨鄭成功父子大量搬遷的軍民人口，在本質上仍以企圖重返中國大陸作為長期的出路，但是無論是鄭氏政權的官、兵、眷屬，或是為了逃避清帝國的統治而遷居的士紳百姓，面對中國大陸處於清帝國有效統治的情況下，卻不可能返回中國大陸，而選擇在臺灣定居下來。

習　題

1.何時第一次大規模漢人移民來臺？為什麼？

2.荷蘭時代漢人與原住民發生衝突主要的原因為何？

3.鄭氏政權的屯田有何功能？試討論之。

第三節　社會生活

荷蘭時代的傳教與教化

　　西方人東來除了追求經濟利益之外，傳教事業的推動也是殖民重要的目的。因此無論是荷蘭或是西班牙人，在臺灣進行殖民統治的時期，對於傳教都有相當程度的推廣。

　　1624年荷蘭人占領臺灣南部以後，1627年已有傳教士來臺傳教，而荷蘭人使用武力不斷討伐原住民部落，擴大占領區域後，在其控制的領域也努力推廣傳教事業。為了便於推廣傳教事業，或許也基於基督新教主張信徒以自己語言禮拜上帝，荷蘭人不僅建立了教堂，設立了學校，並且以羅馬拼音為原住民創造文字，其中流傳至今最著名的史料就是所謂的「新港文書」。文字的出現對於臺灣原住民生活文化的記載與傳承，固然有正面的意義，但是荷蘭當局的目的仍是為了傳教事業，因此文字的出現、使用，相對的也便利基督教文化摧殘原住民本身原有的宗教信仰和文化。荷蘭時代對原住民傳教較為用心，對漢人移民的傳教相當有限，為了達到傳教的目的，有時候甚至帶有強制的性質。一般認為，這也是造成荷蘭時代原住民對荷蘭當局統治不滿的重要因素之一。

　　就荷蘭人在臺灣的傳教事業而言，教會往往是政教合一的體制。一方面透過宗教的傳布，達成傳教的本來目的，連帶的可加強對原住

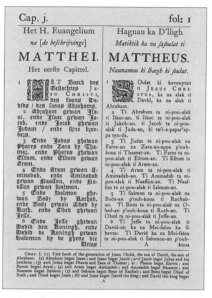

圖 13　新港語馬太福音書

民的掌控；另一方面，傳教士在各地的傳教，往往又兼任荷蘭當局所
賦予的地方行政工作。

　　1627 年和 1628 年，二位重要的傳教士甘治士和尤尼伍斯 (R.
Junius) 先後來臺傳教，效果頗佳。1636 年荷蘭人在新港社（臺南市新
市區）、蕭壠社（臺南市佳里區）、麻豆社（臺南市麻豆區）都設有傳
教據點。新港社更設立學校，招收原住民入學，在女性方面，則先招
收少女，繼而招收婦女教以羅馬字的讀法與寫法，並傳授基督教的教
義，這或許也是在臺灣最早提供婦女教育的學校。繼而在西拉雅族的
目加溜灣（臺南市安定區）、大目降（臺南市新化區）、蕭壠、麻豆等
四社也分別成立學校，甚至有原住民協助教學。1658 年在蕭壠更成立
臺灣歷史上第一所以原住民為招生對象的神學院，是當時的最高學府，
培養原住民的傳教士及教師❶。整體而言，到 1659 年，新港、麻豆、

目加溜灣三社熟悉教理的信徒都超過人口比例的 50%，甚至超過 80%。而荷蘭傳教士使用羅馬拼音的原住民新港文，直到十九世紀仍然是部分原住民簽訂契約所使用的文字，其影響之深遠可見一斑。

西班牙的宗教事業

　　西班牙人出兵占領臺灣，原本的考量除了擴展商業的領域之外，就是傳教。不過，由於日本禁教、鎖國的政策，使得西班牙傳教、商業業務遲遲沒有進展，因而在臺灣北部的傳教事業，成為西班牙人當時的重點工作之一。本來漢人在西班牙人未來之前，在此地大多是季節性的短期居留，往來於臺灣與中國大陸之間。不過在西班牙人占領臺灣北部後不久，漢人在北臺灣地區便有購屋定居並成立街市的現象，因而當時西班牙人除了推動原住民信仰之外，也為漢人及來臺的日本人設立教堂。來臺傳教的神父除了西班牙籍之外，根據文獻記載，至少曾有兩位以上的日籍神父。

　　從西班牙占領基隆，於 1627 年在臺灣設立教區開始，經過十六年的傳教努力，不僅使得將近四千名的居民改信天主教，更值得注意的是，透過傳教活動，也促進了西班牙人與其他住民的互動。當時臺灣北部不少的住民，多少懂得西班牙語，甚至不乏能操流利西班牙語者。而西班牙統治北臺灣的時間雖然短於荷蘭統治南部，不過北臺灣原住民的語彙中仍存在一定數目的西班牙外來語彙。

⓱　相對而言，西班牙人在臺灣北部設立的神學院，則以漢人及日本人為主要招生對象。

鄭氏時代的文風教化

　　相對於荷蘭人、西班牙人傳播基督教文明，鄭氏政權則對臺灣傳統漢人文化的傳播，有相當的成果。鄭氏政權統治臺灣期間所推動的文教事業，是以陳永華的主張作為藍本而展開的。1665 年（永曆十九年）陳永華向鄭經建議，建立孔廟，設立學校，鄭經採納之後，次年位於臺南的孔廟落成。當局又命令各里、社設學校，同時成立類似國子監的學院，由陳永華親自主持。當時鄭氏政權設立學校的主要目的，在於培養官僚的人才，而欲出仕者也須透過學校的系統；至於文化的傳承與推廣，則較為次要。

　　相對於官方所推動的學校教育，來臺的南明大吏，也扮演了文教推動的重要角色。他們大部分來臺後並沒有在鄭氏政權中擔任官職，甚至還因政治理念與鄭氏家族產生摩擦，其中最著名的是沈光文。他早在荷蘭時代即在臺灣開館授徒，後來因遭鄭經所忌，逃避於羅漢內（高雄市內門區）繼續教化工作，是當時私人推動教化最著者。另外，王忠孝、沈佺期等人或肆意詩酒，或醫藥濟人，或誦經養性，多與民間庶人有所接觸，因此對臺灣當時傳統漢人文化的傳播，有所助長。

荷蘭的經貿拓展

　　荷蘭人原本尋求占領澎湖，乃是期待將澎湖作為貿易的中繼站，包括日本、中國大陸與巴達維亞的貨品皆可透過澎湖來轉運。荷蘭人轉來臺灣以後，基本上便是將臺灣作為實現原本政策的據點，亦將臺灣作為國際貿易重要的一環。但是基於主客觀的因素，臺灣在荷蘭人

統治期間，不僅是單純貿易的轉運站，本身生產的物資也供荷蘭東印度公司對外輸出獲取利益。此一現象的產生，與大量漢人來臺移墾進行耕作有相當密切的關係。本來荷蘭據臺之初，糧食必須自外地供應，而漢人來臺拓墾的結果，糧食的生產量大增，不僅供應臺灣本地的需求綽綽有餘，而且可供大量外銷。在 1648 年，荷蘭人從臺灣農產品輸出所賺取的利潤，便高達二十萬金盾。此外，臺灣當時四處可見的鹿群也成為荷蘭人掠奪外銷的重要物資。

當然，臺灣在荷蘭的統治策略下，所扮演的主要角色，是荷蘭經貿網絡中的國際貿易轉運站，主要的貿易對象則是東亞大陸、日本和南洋。當時臺灣的蔗糖主要賣到日本、波斯等地，稻米及鹿角、鹿脯則賣到中國大陸，至於帶有濃厚戰略物資性質的硫磺，則販售到當時戰亂紛爭不斷的日本及中國大陸。日本或歐洲的鹽，以及從南洋買進的香料、胡椒等，則經由臺灣運往中國大陸銷售；相對的從中國大陸買進生絲、絹綢、瓷器和藥材，則再轉售日本、波斯或歐洲。如此龐大的國際貿易，使得臺灣曾經是荷蘭東印度公司僅次於日本最大的獲利地區。至於向臺灣原住民及漢人移民收取各種苛捐雜稅，以及收取貿易的海關稅、臨時捐等等，也是荷蘭東印度公司相當重要的收益。

西班牙在臺灣北部的商業貿易

如前所述，西班牙人想在北臺灣的基隆和淡水建立國際貿易據點的目的，雖然遭到相當嚴重的打擊，最後甚至被迫降低在臺灣的經營。但是，這並不意味著西班牙統治下的臺灣北部沒有國際貿易的往來。在西班牙人尚未前來之前，北臺灣長久以來便存在從淡水到基隆、宜蘭一直到後山花蓮北部沿海的交通路線，而形成了北部海運的交易圈。

這個交易圈除了臺灣島內的交易性質之外，實際上也與國際貿易產生關聯。以硫磺為例，即是相當重要的對外貿易物資。根據西班牙的文獻，1631 年單單北臺灣賣到中國的硫磺貿易額已達到二萬兩之多，若包括其他商品，則整體貿易量更高。來北臺灣進行貿易的漢人，並非全部來自中國大陸，也有部分來自菲律賓的馬尼拉，因此仍帶有濃厚的國際性交易意味。

荷蘭人驅逐西班牙人後，仍維持北臺灣原有的貿易，臺南方面也有船隻到淡水、基隆來交易米穀，甚至有在北臺灣購買甘蔗的文獻記錄。至於原本盛產的硫磺，自然仍是重要的貿易商品。後來，荷蘭人更在宜蘭設置貿易站，以便擴展對後山的貿易。

雖然當時存在著從日本到臺灣進行走私貿易的情形，以及中國大陸與北臺灣之間的貿易行為，但是西班牙統治區域比起荷蘭人統治的南臺灣，國際貿易性格較為薄弱，而且不能合乎西班牙殖民當局的期待。等到荷蘭人趕走西班牙人之後，北臺灣原有的貿易體系及國際化的性格，透過荷蘭原有的貿易管道，則有進一步的發展。

鄭氏政權的對外經貿關係

鄭氏政權能夠與清帝國進行長期的對抗，與他擁有龐大的海上力量得以進行貿易有密切的關係。但是鄭成功出兵臺灣之初，便因為嚴重的兵糧不足，將整個經營的重點放在農業的拓墾事業，相對的對於國際貿易的經營則較為消極。加上鄭經繼位之後隨即被清帝國擊敗，失去金廈，導致其在中國大陸的貿易據點喪失，經貿的狀況更加困難，面臨嚴重的經濟困境。

其後鄭經在陳永華的建議之下，派遣一小部分的艦隊設法打開跟

中國大陸的走私貿易，一方面賺取更多的利潤，一方面改善臺灣部分物資不足的現象。結果透過買通清帝國邊將的方式，居然建立臺灣與中國大陸走私貿易的途徑。同時鄭經也與各國交通，希望拓展對外的貿易。

當時最有興趣，且主動與臺灣進行貿易的國家是英國。1670 年英國東印度公司派船抵達臺灣，與臺灣當局洽談通商事務，1675 年英國東印度公司更設立商館，正式與鄭氏政權簽訂通商條約。本來英國方面一再希望透過臺灣的貿易，打通對中國大陸及日本的商業關係，但是在日本方面圍於荷蘭人的阻礙，無法突破日本幕府鎖國的限制；在中國大陸的貿易方面，由於鄭經與清廷長期對抗，貿易關係並不穩定，特別是三藩之亂以後，鄭經被清廷擊敗，再次失去在中國大陸沿海的地盤，英國期待透過臺灣與中國大陸貿易的希望幾乎落空，雙方的貿易關係也跌到最低點。

相對於和其他地方的貿易，鄭氏政權與日本的關係可說最為密切。由於臺灣與日本的距離不遠，而鄭氏家族原本的發跡地也在日本，無論就個人關係或者是地緣遠近的考量，日本本來就是鄭氏政權可能的重要貿易地。再加上雖然當時日本採取鎖國政策，卻允許臺灣的船隻赴日本進行貿易，更使雙方建立起密切的經貿關係。不僅如此，從鄭成功時代開始，鄭氏政權便有相當的財富儲存在日本。有學者指出，在鄭經繼位的內部紛爭中，由於負責財務的鄭泰被懷疑可能曾支持鄭世襲，因而先被鄭經拘禁，繼而自殺。因此鄭泰經手存放的財產，曾被日本方面拒絕給付，鄭經曾多次與日方為此進行交涉。

當時臺灣銷往日本的貨品主要是本地出產的蔗糖和鹿皮，以及部分的米穀，另外則是從中國大陸輸入再轉銷日本的絲綢、藥材等等；相對的臺灣從日本輸入的貨品則主要是軍事物資，而部分的進口金屬

也轉銷東南亞以賺取貿易的利益。

　　整體而言，鄭氏政權對南洋的貿易主要以到呂宋為主，不過，將到南洋全部船隻的總數與到日本的貿易船隻數量相較之下，則到日本的船數往往超過到南洋貿易的兩倍以上，是鄭氏時代對外貿易最重要的據點。1680 年鄭經自中國大陸敗回臺灣後，可供貿易轉手的商品大幅減少，出外進行貿易的商船也在貨品減少、船隻折損狀況下，降到最低點。不過當年到日本進行貿易的船隻仍有八艘之多，始終維持相當繁盛的局面。

習　題

1.漢人的教化體制何時在臺灣建立？其主要功能為何？

2.荷蘭時代臺灣主要對外的輸出品有那些？

3.鄭氏政權對外經貿及於何處？以那一國最重要？

第三章

開港前清廷治下的臺灣

第一節　政治的演變

納入清廷版圖

趁三藩之亂企圖在中國大陸再展雄圖的鄭經作戰失利，退回臺灣後，軍力已大損，再經內鬨，清帝國攻臺的時機已然成熟。

康熙二十二年 (1683)，施琅自舟山率軍攻臺，在澎湖與劉國軒率領的軍隊發生戰鬥，劉國軒先勝後敗，退回臺灣。當時臺灣已出現清軍內應，鄭氏政權存亡之際，劉國軒說服主張退往呂宋的馮錫範放棄抵抗。鄭克塽決定降清，希望投降後自己和部眾可以得到清廷的優遇。臺灣自此劃入清廷版圖。而自從鄭成功入臺以後，政治上臺灣與澎湖已成為一體，清帝國領臺亦延續此一現狀。

清廷自始對於領有臺灣一事，並不積極，在與鄭氏政權武裝對峙中，也曾經多次與鄭氏政權協商，要求其投降入貢即可。因此，施琅攻克臺灣後，清廷曾打算將臺灣的漢人移民遣送回中國大陸，而放棄臺灣。由於施琅以放棄臺灣將不利於中國東南海防為由力爭，且如果對清廷不利的力量入據臺灣，更將造成威脅，清廷才改變政策。

當時，康熙皇帝原本認為「臺灣僅彈丸之地，得之無所加，不得無所損」，清帝國之所以出兵攻擊臺灣，乃是因為鄭氏政權統治下的臺灣常常對中國大陸沿海進行騷擾。當時清帝國的部分官員也認為，臺灣並不值得經營，一旦納入版圖，進行統治，必將耗費大量的人力、

物力，因此不如將當地的漢人移民遷回中國大陸，解決反亂團體對清帝國的威脅即可。相對的，施琅在他著名的〈陳臺灣棄留利害疏〉中提出相反的論證，說明統治臺灣的重要性，而且一旦將臺灣人民遷徙回中國大陸，想要防守亦欠缺可能性。他指出：

> 中國東南形勢，在海而不在陸，陸之為患有形，海之藪奸莫測，臺灣雖一島，實腹地數省之屏蔽，棄之則不歸番、不歸賊，而必歸荷蘭，彼恃其戈船火器，又據形勢膏沃為巢穴，是藉寇兵而資盜糧。

施琅的建議是以臺灣對清帝國統治的中國大陸沿海，有相當高的戰略價值，加上土地肥沃，因此縱使必須動用國家經費，也必須設官管理，不能輕言放棄。更何況清政府只要將當時中國大陸本土原有過多的官兵移駐臺灣，根本上不需太多額外的財政負擔。此種論述打動了康熙皇帝，因此在康熙二十三年 (1684) 才決定將臺灣納入版圖。

消極治臺政策的展開

由於清廷對領有臺灣一事，採取「為防臺而治臺」的消極政策，因此對臺灣的開發並不積極，甚至以政策阻礙臺灣的開發。除了編查臺灣原有的「流寓之民」外，嚴格限制移民資格，不准移民攜眷，且規定來臺居住者不得返鄉招來家眷，即是對臺灣開發採取消極政策的明顯例子。

康熙二十三年 (1684) 清廷基於鞏固海防的考量，在不增加政府財政和人力負擔的條件下，將臺灣納入版圖，並在臺灣設置文職統治機

關。在福建省下設臺灣府，同時設臺灣、鳳山、諸羅等三縣歸臺灣府管轄。實際的統治區域，大體是等於原來鄭氏政權統治時的天興州和萬年州。

　　此後由中國大陸來臺的人民，雖然不斷增加，墾殖的區域也不斷擴大，但是清廷基本上仍採取原有行政區劃下官府的編制，並沒有主動將臺灣整體作一具有前瞻性的規劃，如此隨著移民的增加與墾殖區域的活動，在官府鞭長莫及的狀況下，不僅漢人移民與原住民的衝突不斷，甚至漢人移民之間群體的衝突也此起彼落。

　　在清廷以防堵為前提的策略之下，為了避免臺灣出現重大的反亂，清廷除了制定前述各種嚴屬禁令限制漢人來臺外，同時還採取下列五種措施，以防患未然：

1. 不允許在臺居民深入山地。以避免番漢衝突和漢人入山作亂。
2. 鐵器的管理。長期限制鐵器與生鐵輸入臺灣，也不許農民自由製造鐵器，甚至連鑄造農具、鍋皿都必須向政府申請，取得執照才允許鑄造，這都是為了防止民間私藏武器所採取的步驟。
3. 不許臺灣建築城垣。因此臺灣在清帝國統治的初期，都只是種竹為城，以避免成為亂黨的堡壘，此一政策在乾隆末年林爽文亂後，才逐漸改變❶。
4. 設置班兵制度。為避免駐臺的軍隊成為中央不易節制的邊陲勢力，甚至發生動亂，因此規定駐臺的兵員採取從大陸各地抽派合併成軍，臨時命官統領的方式，而且每三年就調還回內地歸解；同時，來臺的官兵必須有家眷，但不准官兵攜眷來臺，兵

---

❶　清廷為了避免城市為亂民所據，不准臺灣各城建城牆，直到朱一貴事件以後，臺灣府才建木柵，鳳山、諸羅兩縣城也才築土牆。而林爽文事件後，臺灣原有的城，才可以建造和中國大陸一樣的城池。

丁出缺也不准在臺徵補，以避免駐軍作亂。由於此種三年輪調雜牌駐軍的制度，使得軍隊根本難以發揮戰鬥力，總必須借助從內地調來的軍隊才能平亂，這種為了避免在臺灣駐兵，造成尾大不掉而設置的軍事制度，終究未能收到有效控制的效果。

5. 官吏駐臺三年，任滿即調離，而且早期還規定家眷必須留在中國大陸，使其在臺不敢有二心。

清廷這種消極治臺的政策，基本上乃以臺灣現狀的安定作為前提而展開，政策上也不鼓勵、促進移民來臺墾殖。它的變更首先是因為咸豐八年 (1858)、咸豐十年 (1860) 兩次英法聯軍之役失敗後，簽訂的《天津條約》與《北京條約》規定臺灣必須對外開港。咸豐十年《天津條約》換文生效後，使得列強的勢力藉著開港進入臺灣，而加速臺灣內外情勢的改變。其後發生牡丹社事件，日本出兵臺灣。清廷既困於原住民與外國發生的糾紛，又因未能實際統治「番界」，使其在番地的主權受到外國質疑。所以，來臺負責防務的沈葆楨，提出開山撫番政策得到清政府的採納以後，原有的治臺政策發生根本的改變。

行政區劃的演變

如前所述，清帝國領有臺灣之初，乃是在福建省下置臺灣府，下轄臺灣、鳳山、諸羅三縣❷，以後臺灣府下的縣、廳級行政單位，隨著開發的程度，續有變革與添置。

由於清廷治臺採取消極政策，因此臺灣行政區劃的每一次調整，大體上與臺灣內部發生重大事件，或臺灣受外力侵擾有密切關係。也

❷　臺灣道則是任務屬性，雖有權節制臺灣府，但不屬於行政區劃下的上級行政組織。

就是說，國防與治安是清廷考慮是否調整臺灣行政區劃或增設文職機關的重要關鍵，其次才是開發程度與財政收入的考量。

康熙六十年 (1721) 發生的朱一貴之亂平定後，清廷開始考量如何調整臺灣原有的行政區劃，以及在北部日益增多的移民問題。

當時藍鼎元以財政、治安、國防為著眼點，主張在半線（彰化）以北增兵，並別置一縣。雍正元年 (1723)，藍鼎元的意見為清廷採納，下令在諸羅縣北方的半線另設彰化縣及淡水廳。

其後清廷又以澎湖為全臺門戶、地位重要為考量，於雍正五年 (1727) 裁撤原有的澎湖巡檢，改設澎湖廳。此後臺灣成為一府四縣二廳的局面。雍正九年 (1731)，以彰化縣治距大甲溪一百五、六十里，溪北之地更為遼闊，一切行政事項如果赴彰化辦理，十分不便，乃將大甲溪以北一切錢糧命盜事務劃歸淡水同知處理，並下令將淡水廳治移到竹塹，至此淡水廳才成為與縣級相當的獨立廳。

乾隆五十一年 (1786) 林爽文事件前後，吳沙已進入三貂，召募漳、泉、粵人士至該地移墾，逐漸進入蛤仔難（宜蘭）。但是此一私墾並未得到官方的許可，蛤仔難此時仍非清帝國版圖所及，吳沙等人因此未能取得開墾的業主權。嘉慶年間，海盜蔡牽及其黨羽朱濆相繼侵擾蛤仔難，使得蛤仔難的地位益發受到清廷重視，設官的主張也逐漸浮上檯面。嘉慶十四年 (1809)，清廷認為蛤仔難地方已有六萬多漢人移墾，且能協助官兵擊退海盜，又認為以蛤仔難地區漢人活動之活絡，若不設官駐軍，容易滋生事端，甚至淪為賊匪之根據地，影響臺灣的安定，所以決定將蛤仔難收進版圖。嘉慶十五年 (1810) 蛤仔難更名為噶瑪蘭，嘉慶十六年 (1811) 清廷設噶瑪蘭廳，隸屬臺灣府，廳治設於五圍（宜蘭市），嘉慶十七年 (1812) 各級官員到任。此後直到牡丹社事件為止，臺灣的行政區劃沒有重大的改變。

行政力量的薄弱與不良的吏治

在清帝國的體制之下，位處邊陲的臺灣的吏治相當不良。本來在清帝國體制下，中央政府文官制度的有效運作是到縣的層級，縣以下則必須仰賴士紳階級的協助，才能進行有效的社會控制。臺灣原本就欠缺類似中國大陸內地強大的士紳階級，因此不僅社會內部沒有有效的控制機制，也欠缺制衡貪官汙吏的名望家族。此種現象即使到了臺灣開發日見規模的光緒初年，擔任福建巡撫的丁日昌，仍用暗無天日來形容臺灣的吏治，並且指出臺灣的百姓縱使對其怨毒已深，亦無法控制。

這種現象的產生，固然與臺灣處於清帝國版圖的邊陲有關，也是因為臺灣當時處於拓墾社會，不僅制度不上軌道，又欠缺傳統漢人社會的士紳階級，給予胥吏差役更大的需索空間，吏治自然更形敗壞。

臺灣原本在清帝國體制下即是賦稅最重的地區，吏治敗壞下貪官污吏的中飽私囊，人民的負擔更為沉重。當時臺灣的田賦是中國大陸最高的蘇州、松江兩倍，丁稅是長江下游流域的四倍，加上一般估計，貪官污吏的需索，又超過正式賦稅一倍以上，原本沉重的賦稅可能造成的社會問題，便呈現倍增的現象。此一沉重的賦稅，名義上主要由墾戶、大租戶來負擔，透過大租戶、小租戶、佃農多重的土地所有制度，再轉嫁給實際耕作的農民，農民的負擔也就更見沉重，而農民沉重的負擔就是當時臺灣社會不安定的一個重要因素。

如前所述，政府在臺灣配置的行政官僚，不僅吏治敗壞，編制也嚴重不足。清帝國領臺初期，為了處理漢人移墾可能造成的治安或與原住民的衝突問題，以及海盜的可能威脅，曾在淡水設千總，在大甲

以北設七塘作為防禦。但是從大甲到淡水僅有配備一百二十名駐防的
部隊，此種單薄的兵力部署自然無力維持地方治安。在公權力無法確
保人民身家安全的狀況下，面對移墾社會多方的不確定性，人民乃尋
求自保。實際上不僅體制上編制不足，縱使當時已建縣的諸羅、鳳山
兩縣，知縣雖然來臺，但設置初期卻都駐在府城遙控處理縣政，並未
赴縣治，縣政自然難以正常運作。兩縣知縣一直要到朱一貴之亂以後，
才分別赴現在嘉義市南方的諸羅縣治及高雄左營的鳳山縣治上任，由
此可以看出在行政區劃下政府的機能仍然不能有效運作。

三大民變

由於清廷採取消極治臺政策，行政措施及相關配備都顯得不足，
因此政治控制力相對薄弱，移民為求自保，遂組成各種團體（包括地
緣組織、血緣組織），以尋求多一分生存的保障，會黨的勢力也因之大
盛。因此在官方無法仲裁民間衝突時，不僅分類械鬥始終不斷，會黨
與械鬥者在面對官府取締、偵辦壓力時，甚至以武力抗拒，形成民變。

清帝國統治臺灣期間，有三次規模較大的民變，分別是康熙六十
年 (1721) 的朱一貴事件，乾隆五十一年 (1786) 的林爽文事件以及同治
元年 (1862) 的戴潮春事件。

(一)朱一貴事件

朱一貴事件是清帝國治臺後發生的第一次大規模民變，也是三大
民變之中唯一閩客合作的反亂，但是在勢力擴大之後，卻發生朱一貴
與客籍首領杜君英的衝突，演成內鬨相殘之局，在清廷從福建調派水
陸大軍來臺鎮壓後，才告平定。

　　朱一貴是從福建漳州來臺的移民，曾經當過小吏，後來因故被革職，以養鴨為業，故人稱鴨母王。康熙六十年由於臺灣知府王珍的苛政引起民怨，朱一貴遂趁機冒稱明代後裔起兵，其部眾攻陷全臺灣的一府三縣（臺灣府城及臺灣、鳳山、諸羅各縣），臺灣鎮總兵、副將也都戰死。朱一貴進入府城之後，自稱中興王。清廷以事態嚴重，除由閩浙總督覺羅滿保坐鎮廈門指揮外，南澳總兵藍廷珍、水師提督施世驃，率領戰船五百多艘，水師一萬七千多人來臺平亂，旋逮捕朱一貴和杜君英，而直到雍正元年 (1723) 餘黨被肅清後才正式結束。朱一貴事件不僅使清廷重新檢討在臺灣的統治機制，並且嚴懲在事件之中逃到澎湖的臺灣各級文武官員。

(二)林爽文事件

　　乾隆年間林爽文事件，是繼朱一貴事件後又一次波及全島的大規模民變。林爽文起事後，一方面與在臺駐軍作戰，另一方面則因其本為漳（州）人，遭到泉州義民的掣肘。縱然如此，當清廷初次從福建調派大軍來臺平亂時，仍無法順利平定林爽文，清廷三次增援臺灣，最後再命陝甘總督大學士福康安率大軍來臺，自泉（州）人控制的鹿港登陸，進行大規模的武裝鎮壓，才徹底敉平林爽文的反亂。

　　林爽文事件與朱一貴事件不同，它的反亂一開始即與會黨有關。林爽文在當時彰化縣大里杙庄（臺中市大雅區）從事農業，是地方有力人士，並且加入天地會，成為大里杙庄附近會黨首領。乾隆五十一年 (1786)，由於發生會黨楊光勛事件，官府遂至彰化縣積極查辦會黨問題，牽連到林爽文等人，林爽文因而號召天地會的成員，在茄荖山（南投縣草屯鎮）起事，進攻彰化城，建元順天。林爽文起事後，南部的莊大田也在鳳山響應，一時之間驚動全臺。事件過程中，由於諸

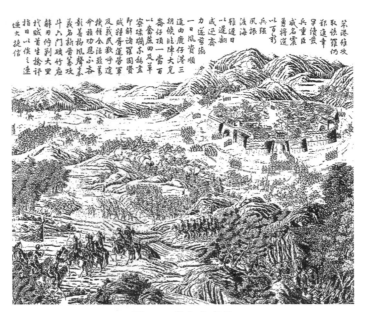

圖 14　林爽文事件

羅縣縣民曾經奮勇抵抗林爽文，事後清廷特將諸羅改名為嘉義。從林爽文事件和朱一貴事件可以發現，游民是重要的組成分子，朱一貴事件中有 80% 左右的參與分子是游民，林爽文事件中也有 60% 左右。不過就起事的號召而言，朱一貴反清時還有濃厚復明的政治味道；林爽文事件雖然高舉反清的大旗，林爽文又是天地會的會黨分子，但是卻已經不再提復明的口號。總體而言，林爽文事件是清帝國統治期間，臺灣規模和影響最大的叛亂事件。

㈢戴潮春事件

　　戴潮春事件的發生與林爽文事件類似，皆是由官府查緝會黨所導致。戴潮春為彰化縣四張犁庄（臺中市北屯區）人，本來是下級官員，他的哥哥曾經組織八卦會。同治元年 (1862) 由於臺灣兵備道孔昭慈下

令剿辦八卦會，又調兵至彰化平亂。同年三月，清兵進駐東大墩（臺中市東區）準備進剿，面臨威脅的八卦會正式擁戴潮春為首叛亂。戴潮春原籍漳州，故得不到泉州人有力的支持，他因而出兵攻打彰化泉州人主要聚居地鹿港，此舉使泉州人進一步倒向官方，又形成漳、泉對立的問題。同時清政府在分巡臺灣兵備道丁曰健會同新竹林占梅的團練展開反攻，戴潮春戰敗。其後福建陸路提督林文察（霧峰林家）率鄉勇清剿戴潮春，戴潮春不敵被殺。戴潮春事件歷三年始平，是抗清事件中最久的，也是清廷首次以臺勇平定臺灣亂事。

習　題

1. 清廷一開始對領臺並無太大興趣，如果你是決策者，會如何決定？試說明之。
2. 清帝國統治臺灣初期，臺灣欠缺士紳階級，產生那些問題？
3. 你知道臺灣有那些重要的民變嗎？請任擇其一說明其意義。

第二節　移墾與開發

清政府的移民政策

　　清廷滅掉鄭氏政權之後，雖然接受施琅的建議，繼續統治臺灣，但是他首先頒布「臺灣編查流寓六部處分則例」，將在臺灣的漢人中與鄭氏政權有關係者、以及在臺灣沒有妻室產業的人、或是犯「徒罪」以上者皆遷回中國大陸，又對中國大陸沿海居民入臺，採取嚴格的限制措施，使得清帝國領臺初期，臺灣的漢人移民人口曾經出現短期的減少現象。根據估計，當時在臺漢人總數的一半，約十多萬人被迫回籍，使得鄭氏家族時代開墾的土地大量荒廢，尤其是臺灣北路幾乎形同放棄。

　　當時連一向採積極態度的施琅都主張限制漢人移民，根據傳統的說法，康熙二十三年 (1684) 曾頒布三條「渡臺禁令」：

　　1.欲渡船臺灣者，先給原籍地方照單，經分巡臺廈兵備道稽查，依臺灣海防同知審驗批准；潛渡者嚴處。

　　2.渡臺者不准攜帶家眷；業經渡臺者亦不得招致。

　　3.粵地屢為海盜淵藪，以積習未脫，禁其民渡臺。

　　根據禁令，來臺者不准私帶家眷，縱使已來臺定居移墾者也不得回原籍搬來家眷，使得臺灣原有的男女人口不均問題更趨嚴重。1684年禁止粵地人民入臺，也使得臺灣移民中來自廣東的移民，不僅人數較少，其移民的時間也較福建籍的晚。不過近來針對所謂「渡臺禁令」

的研究，卻指出康熙二十三年 (1684) 並未頒布三條「渡臺禁令」，「渡臺禁令」的規定實際是不同時期官方頒布的不同規定的總合泛稱。而且，隨著主政者的態度或是負責執行地方官吏的不同，不僅相關規定有所修正，規定執行也有鬆緊不一的現象。

　　雖然如此，在相關渡臺管制的規範下，清廷大體上採取嚴格管制人民渡臺的政策，移民入臺遭到種種限制，使臺灣的開發受到影響，直到 1780、1790 年代末期，管制才漸漸鬆弛。

人口的成長

　　就臺灣開發的整體脈絡而言，清帝國領臺的前一百年受限於政府消極的統治政策及嚴格的移民管制，臺灣的開發似乎是以緩慢的成長方式展開。但是如果討論清帝國統治臺灣期間的前一百年歷史發展，卻可以發現人口成長迅速。本來鄭氏政權統治時期，一般估計漢人的人口大約介於十二萬到二十萬之間，清帝國領臺初期遷徙回籍的又占了一半，因此清帝國領臺初期的漢人人口最多只有十萬人左右。但是，到了嘉慶十六年 (1811) 進行戶口編查之時，漢人的人口卻已達到一百九十四萬多人，接近清帝國領臺初期的十九‧五倍。由於嘉慶十六年距離 1790 年代清廷放鬆移民的管制不過二十年左右，因此在 1790 年代，臺灣漢人移民的人數比起清帝國領臺初期的人數，保守的估計也要多上好幾倍。這些龐大的新增人口，對臺灣的開墾，自然具備促進的效果。

　　雖然臺灣海峽在當時是一個充滿危機的海域，而欲來臺的移民又必須突破官方的限制，不過，相對於人多地少的中國沿海，臺灣當時堪稱富庶，是一個充滿希望的新天地，因此大量的漢人移民，不論是合法或非法，依然由中國大陸移民來臺。大體上清帝國領臺至嘉慶十

六年為止，臺灣人口年增率為 2.2%，人口的增加主要來自新的移民。
而嘉慶十六年到光緒十九年 (1893) 人口年增率降為 0.3%，人口增加與
外來移民的關係大不如前，人口的增加主要是自然繁衍所致。經過清
帝國統治期間大量的移民與繁衍，到《馬關條約》臺灣割讓日本為止，
臺灣的漢人人口已突破兩百五十萬。

土地制度

在清帝國統治臺灣之初，除了漢人移民已有產權的開發土地和原
住民所有地外，臺灣未開墾的土地，皆屬官方。因此移民想要在臺灣
合法開墾，必須取得官方發給的執照，或向原住民取得耕作土地的權
利。向政府取得開墾執照的墾戶，稱為「大租戶」。由於取得開墾的面
積相當廣大，因此往往加以分割，招徠墾佃耕作，稱為「小租戶」。而
小租戶雖取得其開墾土地的永久耕作權，但是土地面積仍大，通常仍
非其一人所能耕作，因此其下往往還有佃農。臺灣在清帝國統治時代
開墾的土地，大體上便是呈現大租戶、小租戶、佃農複雜的一田兩主
或一田多主的土地制度。

整體而言，當時佃農必須向小租戶繳交小租，小租戶再向大租戶
繳交大租，大租則必須負擔向政府繳交戶稅的義務。而向原住民取得
土地耕作權者，其交給原住民地主的租穀或財貨則稱「番大租」。

移民的族群與分布

大體上由中國大陸來臺的漢人移民，以福佬人及客家人兩個族群
為主，福佬人中泉州人又多於漳州人。整體而言，以移民原鄉來計算，

漢人移民的數量，依次是泉州、漳州及客家❸。

　　移民遷徙的結果，泉州人居住於沿海地區，漳州人居住於靠內陸的平原，客家人則居住在更往內部鄰近山地丘陵。此一現象的形成，並不全是所謂來臺先後所導致的結果，而是與不同族群原有的耕作生活習慣、清帝國統治時代分類械鬥造成族群遷徙的結果，有密切的關係❹。

　　如果以臺灣北海岸的金山、萬里、石門、三芝為例，我們就可以發現包括萬里、金山、石門三個地區在乾隆、嘉慶年間的開發主要以漳州人為主，相對的三芝鄉的開發主要以泉州人及客家人為主。不同原鄉漢人的移墾地，究竟如何形成，仍然有相當大的思考空間。

釐定番界與原住民土地的侵奪

　　清帝國領臺之後，雖然以「土牛紅線」❺為番界，但官方的禁令擋不住移民入墾的決心，因此清廷必須多次重新釐定番界，來區隔漢人與原住民，避免發生治安上的問題或動亂。但是，多次釐定番界正是漢人移民衝擊禁令，在原住民土地違法開墾的結果。界線的移動，

❸　閩南地區的住民也有部分客家人，而廣東的潮州亦有福佬人居住。

❹　所謂的客家人，一般認為是來自廣東的移民，但實際上客家人不一定來自廣東，亦有來自福建者，相對的來自廣東的移民也有許多是講閩南語。因此採用語言作為當時族群分類的標準，或許是較為合理的。

❺　土牛、土牛溝或土牛紅線，是清代臺灣自南而北陸續劃定的人文界線。界線的土堆，外形如臥牛，故稱土牛；其側的深溝，則稱為土牛溝。劃界之初曾使用紅筆在輿圖上畫線標示番界經過之地，其後雖亦使用其他顏色，但習慣仍稱紅線以指稱地圖上無形的番界，以土牛代表地表上有形之界線。二者合稱土牛紅線。

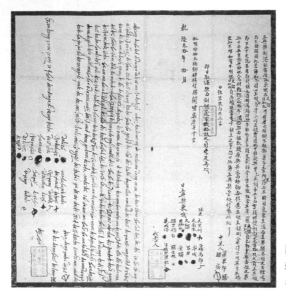

圖 15　十八世紀（乾隆年間）
新港社原住民和漢人簽訂的
番仔契

意味著原住民原有活動區域的壓縮。

　　當時漢人移民在臺灣的拓墾如果不特別考量各地的零星開墾，仍
是以臺南附近為中心，由南、由北雙向擴張。當時清廷面對漢人不斷
越界拓墾，雖然被迫一再釐定番界，但基本上仍採取封山的禁令，因此
漢人雖然不斷突破政府的禁令，但是比較少侵入以高山族為主的番界。

　　相對的，已經向官府繳稅，接受其管轄的熟番地，也就是以平埔
族為主的原住民居住地，便常常遭到漢人移民的侵奪。清廷從乾隆三
年 (1738) 開始，採取護番禁墾的政策，禁止漢人入墾熟番保留區，以
及典買漢墾區的番業。

　　清廷雖然採取種種的保護措施，熟番土地依然大量的流失，主要
的原因除了漢人的巧取豪奪之外，便是原住民經濟的困窘加上官府過
重的賦稅所致。原本鹿是平埔族最重要的資產之一，鹿皮及相關產品
是平埔族重要的經濟來源，但是隨著漢人移墾面積的擴張，鹿場的規

模不得不隨之縮減，部分的平埔族甚至因此失去了此項重要的收入。在未能改變原有的生產型態之前，平埔族自然無力繳交過重的賦稅，不得不賣掉土地，以清償負債。而在漢人的巧取豪奪方面，擔任清政府與原住民溝通的通事，其角色具有相當爭議性，許多通事都被認為是漢人對原住民進行巧取豪奪的關鍵人物，通事的角色及歷史評價自然也有兩極化的現象。根據研究成果，當時在臺灣中部最有力量的岸裡社通事張達京在任職的四十二年間，所取得的土地，便達到三十餘萬租，規模之大可見一斑。而他財產的增加，相對也就意味著原住民土地的喪失。

原住民土地的喪失，固然代表著原有原住民社會的分解以及其與外來拓墾者的衝突，在另一方面卻是由於在清廷的統治之下，原住民既有的社會秩序及生活習慣，面對官方的法令及漢人移民的增加，已經不能有效運作，往往必須依循漢人或官方的法令來進行社會活動。如此原住民欲維持其原有的社會秩序，或是經營生產，自然不利於與漢人移民競爭，而易發生困難。

平埔族的遷徙

面對漢人移墾的衝擊，臺灣西部的部分平埔族便往內山及東部集體遷徙，在他們遷徙的過程中，除了平埔族群的互相牽動之外，也造成部分高山族族群的搬遷。

臺灣的平埔族中，南部的西拉雅族自荷鄭時期開始，由於居處本在臺南附近，正是外來者移墾的重心，因此不斷遷徙。清初西拉雅族先南遷高雄，中葉以後則再往花蓮、臺東遷徙。中部的平埔族包括岸裡、阿里史、大甲、吞霄諸社逾千人，在嘉慶年間，由原居地越過中

央山脈，抵達宜蘭；另外道光年間平埔族部分社民集資移民埔里盆地，進行有計畫的開墾，埔里也因此成為清代中部平埔族最後的據點。而在東北部的噶瑪蘭族則從道光年間開始，南移花蓮；清帝國開山撫番之後，由於曾發生抗清事件，被清廷平定，便再次南遷，散居花東海岸一帶。

大量漢人的移墾與生產內容

一般而言，對臺灣漢人移墾的發展之描述，都是強調由南到北，由西到東。就大量漢人移墾的情形而言，這樣的描述大體上是正確的，不過如果不以面而以點的開發來看，則在南部地區尚未開墾完畢之前，北臺灣就已有相當多點狀的漢人開發據點存在。

基本上隨著大量漢人移民進入臺灣，臺灣的土地開發是以臺南為中心，往南、往北拓墾，整體開發的區域則集中在臺灣西部，這也是清帝國當時實際有效行使統治權的區域。在 1790 年代清廷放鬆對臺灣移民的管制之前，漢人移民已達到清帝國領臺前的數倍，臺灣西部的開發已有相當的規模。以乾隆二十五年 (1760) 的「臺灣番界圖」為例，可以看到從南部笨港（雲林縣北港鎮）到大甲溪一帶，新的番界紅線明顯的往內山移動；而考察桃竹苗地區的開發，原屬土牛溝範圍之外的大岽崁、龍潭、楊梅、新埔、九芎林、三灣等地，從乾隆五十五年 (1790) 的番界來看，都已經成為漢人合法移墾的區域。

康熙年間，新竹到南崁之間的地段，曾有行走一日毫無人煙的記載。大甲溪以北的區域，除了少數的耕地外，幾乎全是鹿場。而如前所述，到乾隆年間，此一地區地貌已有相當大的改變，充分展現了漢人拓墾的成果。

　　隨著漢人移民數目的增加與拓墾面積的增大，需要廣大土地才能構成的鹿場難以為繼，鹿的生活條件越趨惡劣，逐漸從臺灣主要的生產事項中消失。相對的漢人移民主要從事的農業，則更趨重要。清帝國領臺後，基於對臺灣控制與區域分工的考量，臺灣主要的生產物資以米和糖作為主軸，而稻米又最為重要。

開墾與合股經營

　　臺灣土地的開墾必須領有政府的執照，而政府核可開墾的面積相當大，因此需要相當多的資金，故有合股經營的現象。同時以稻米作為主要的作物，也使得水利的開發、水圳的興築有相當大的必要性。水利的開發是一個高利潤、高風險、維持不易的事業。當時雖然有獨資經營，以及地主與佃農合作等各種方式，不過合股投資也是常見的現象。清代興建的著名水圳，有高雄地區的曹公圳❻、彰化平原的八堡圳❼、臺中盆地的貓霧捒圳❽、臺北的瑠公圳❾等等。這些水圳的開闢對當時該地區農業的發展有極大的助益。

　　當漢人的拓墾事業越接近內山或是丘陵地時，不僅土地開墾的難

---

❻　由鳳山知縣曹謹在道光十八年 (1838) 冬，主持修築，歷時兩年，引下淡水溪水灌溉大高雄地區，是當時臺灣南部灌溉面積最大的水圳。 http://taiwanpedia.culture.tw/web/content?ID=3604

❼　墾戶施世榜引濁水溪水灌溉彰化平原，為清代全臺最大規模，也是最早的水利工程。

❽　岸裡社通事張達京以割地換水方式取得原住民同意，引進大甲溪水而成。漢人投資水圳，配水給岸裡社，取得開墾岸裡社土地的權利。

❾　清乾隆年間郭錫瑠父子引清潭溪、新店溪水而成。

度加高，必須投入更多的人力、物力，甚至也必須考量因臨近番界可能與原住民發生武力衝突的危險。在此狀況之下，亦有漢人集資合股開墾的現象產生。而為了維持漢人開墾的安全，除了清帝國為了隔離漢番而設置的隘口外，墾戶也自行設隘，以利開墾。這是當時漢人在臺灣進行拓墾事業的另一個面貌。

　　大體上早期臺灣的合股開墾，投資的性質較濃，合股的組織特色是股數少、股金較大，投資者常常未參加實際的拓墾工作。中期以後，投資者往往親自投入開墾，其投資的股數通常較多，而每股的股金較少，此一時期主要的開墾區域是以丘陵地為主，此種投資的性格本質上是基於安身立命的考量，已非單純的謀利。

　　除了漢人的拓墾之外，原住民透過與漢人的接觸及生存上的考量，也學習漢人的農耕技術及拓墾的方式，埔里盆地的開發即是他們採用合資開墾的案例。

圖 16　1880 年左右臺灣農民工作情形

聚落與市街的興起

　　大規模的灌溉水圳興築後，土地的開墾更為迅速，聚落也隨之增加，人口成長、商品交易的需求擴大，因此與中國大陸貿易的港市也隨之發達。為了避免產業的競爭，控制貨品的價格及交易秩序，臺灣的貿易商人之間便有一種稱作「郊」的聯合組織。早期成立的「郊」多以貿易地作為名稱，如臺南的北郊（以江浙以北作為貿易區域）、南郊（以福建、廣東作為貿易區域），鹿港的泉郊、廈郊等等；隨著商業發展，從事特定商品的同業商人也成立郊，如糖郊、布郊也相繼出現。這種同業組成的郊，相對而言，規模較小。至於「郊」的成員大體上是以由中國大陸來臺進行貿易的商人為主，他們與來臺定居的移民性格有相當的不同，常常往來於臺灣海峽兩岸之間，以追求商業利益。而隨著郊的發展，郊商的成員亦有本土化的現象，如臺南的「三郊」中固然有不少本地人，魚郊及香舖郊基本上多由當地人經營。基本上郊行的輸出品以米、糖等農產品為大宗，輸入品則為日常用品。

貿易港市

　　清帝國領臺以後，限制臺灣與中國大陸的貿易，規定臺南的鹿耳門是臺灣與中國交通唯一合法的正式口岸，臺灣與中國大陸貿易的船隻，皆必須由此進出，商業自然相當繁盛。隨著漢人聚落的發展，基於貿易需要，笨港、鹿港、艋舺等著名的口岸，也相繼繁榮。如與臺南（府城）合稱「一府二鹿三艋舺」的鹿港及艋舺，在街市形成之初，仍只是臺灣島內的港口，不能直接跟中國大陸貿易，必須經由鹿耳門，

才能合法與中國大陸進行貿易。然而利之所至，為了降低成本、增加獲利，許多商人仍然不顧禁令，從事走私貿易。隨著貿易額的增大及官方取締成效不彰的狀況，清廷於乾隆四十九年 (1784) 開放鹿港與福建晉江的蚶江口對航。

　　不僅鹿港如此，當時臺灣北部重要的港口八里坌也是循著相類的方式發展。乾隆五十三年 (1788) 開放八里坌與福建五虎門直接對航。直接貿易的結果，使得鹿港與八里坌貿易更加繁榮。其後隨著臺北盆地的開墾，八里坌的位置逐漸由新莊所取代。乾嘉之際因新莊淤淺，艋舺繼之成為重要的港市。

習　題

1. 「渡臺禁令」的主要內容為何？試說明之。

2. 清代臺灣合股開墾的性質有那些轉變？試討論之。

3. 「一府二鹿三艋舺」各指現在那些地方？那一個是最晚與中國大陸直接通商的？

第三節　社會生活

清代的文教事業

　　清廷在臺推動的文教事業，主要是從中國大陸移植以科舉為中心的教化體制。與科舉密切結合的便是府、州、縣、廳之儒學，通過考試入學者即成為生員。前述官方體制內的學校是科舉考試的一環，設立的功能並非啟蒙、習字。理論上，新設的廳縣應該隨之成立儒學，但是清廷的政策並不積極，往往延宕甚久。不過在同治年間日軍征臺之役以後，此一現象已得到相當的改善。

　　相對於官方體制內的學校，由地方官和士紳興辦的學院、義學，乃至由讀書人開班授徒的書房，也在臺灣漢人文化的發展上扮演著相當重要的角色❿。至於在啟蒙識字的教育部分，地方政府以公費在鄉鎮設立社學。不過，在朱一貴之亂以後，社學即告沒落，多由義學取代。

　　如前所述，官方體制內的學校，在本質上與科舉考試有相當大的關係，因此書院、義學及私人書房的教育內容，除了扮演社會教化的功能之外，讀書、寫字的學習主要是以準備參加官方的考試作為其教學的目標，而學生深造之道也都在於通過考試，進入府、州、縣、廳

---

❿　早在雍正年間以前，臺灣就有著名的崇文書院與海東書院（皆於今臺南市）。至於書院的產業與經費，主要是透過官方及私人捐贈。

的儒學。

　　至於原住民的教育部分，社學是早期教育的重點。康熙二十五年
(1686)，諸羅知縣開始在新港社（臺南市新市區）、目加溜灣社（臺南
市安定區）、蕭壠社（臺南市佳里區）、麻豆社（臺南市麻豆區）設立
四所原住民的社學。乾隆年間原住民的社學分布在臺灣縣、鳳山縣、
諸羅縣、彰化縣、淡水廳各地，即達到四十九所之多，其中彰化縣一
縣即有二十一所。嘉慶之後，原住民的社學逐漸衰落，許多平埔族的
原住民進入漢塾就讀。整體而言，原住民社學成立的主要目的是教化，
而並非科舉考試。

漢人移民的宗教信仰與神格的改變

　　清代漢人移民在臺灣往往有同鄉群居的現象，並在居住地供奉原
鄉信仰的神明。大體上，漳州移民信奉開漳聖王；泉州移民信奉大道
公（保生大帝）；潮州移民（包括客籍移民）則信奉三山國王⓫，不過
在林爽文事件以後，因為保鄉抵抗林爽文而犧牲的客籍人士被清廷封
為義民，義民廟逐漸成為客家人共同的地方信仰。由於義民爺信仰源
自於臺灣歷史發展，也成為臺灣客家文化的特色。

　　事實上許多原鄉的信仰，隨著時間的推進，已經逐漸轉化成為聚
落的守護神。而受到械鬥及遷徙的影響，雖然新住民與原來移墾的漢
人祖籍已有所不同，但是隨著時間的演變，原有的寺廟若仍能維持，
在某種程度上也成為新移墾人民的地方信仰。如開漳聖王、保生大帝、

⓫　三山國王過去被認為是客家移民的原鄉信仰，實際上應是廣東潮州移民的原
　　鄉信仰。

清水祖師、三山國王等信仰，都有此種現象。

　　更值得注意的是，隨著移墾的發展，原本從中國大陸引進的信仰，往往有神格的改變，以及由地方守護神的角色轉變為全民信仰的現象。其中神格改變最明顯的，是臺灣人普遍崇拜的媽祖信仰。原本為海上守護神的媽祖，由於橫渡大海之際成為早期移民的共同信仰，隨著移墾社會的發達，媽祖也增加了農業神明的神格。至於原本為原鄉地方守護神的一些神祇，在移民來臺日久後，也逐漸跨越了原鄉的隔閡，成為普遍信仰的情形。

　　隨著宗教信仰的發展，共同信奉某一神明的祭祀圈也逐漸出現。所謂的祭祀圈，是指對某一神明有義務性共同參與祭祀的居民所居住的地域。其大小不一，但最小大約以村落為單位。祭祀圈的形成必須先有地緣信仰中心的形成，在共同祭祀神明的過程中，凝聚居民命運共同體形成的可能。臺灣大規模祭祀圈的出現，大約在清代中期以後，以北部艋舺的清水祖師廟、中部彰化南瑤宮的媽祖會組織最著名。

歲時節慶與民間宗教活動

　　來臺的漢人移民，以從事拓墾的農民為主，加上部分工匠與商人等，作息主要依循傳統漢人農業社會，主要的節慶包括春節、元宵節、清明節、端午節、七夕、中元普渡、中秋、冬至及尾牙等。

　　民間信仰對孤魂野鬼的祭拜相當重視，建醮的宗教祭典，便與鬼魂的祭祀有關。而且臺灣各地百姓公廟（或稱有應公廟、萬善同）或姑娘廟、王公廟等祭祀無祀孤魂的廟宇之多，可能僅次於土地公廟。另外神明的生日及其特殊的慶典習俗，也是臺灣宗教節慶的重點所在。如農曆三月二十三日媽祖生是臺灣最重要的民間慶典之一，俗諺「三

月瘋媽祖」正是描述臺灣社會對媽祖信仰的重視。除了原鄉信仰的發展外，漢人移民在與平埔族互動過程中，也導入其部分信仰，如祭拜「地居主」即是一例。

在祭祖和拜神之外，也有許多民間技藝與戲曲活動。臺灣俗諺「吃肉吃三層，看戲看亂彈」，亂彈指的是帶土音歌唱的北管樂，相較於正音，更易為庶民所接受，成為當時最受歡迎的戲曲之一。臺灣作為移墾社會，一般人民當時對文教較為輕忽，而習於誇示財富，不僅富裕的家庭生活往往流於奢華，廟會慶典中鑼鼓喧天，花車、陣頭爭奇鬥豔，大開筵席也是清代臺灣民間信仰文化的特色之一。

偷渡的挑戰與移民的性格

由於清廷實施「渡臺禁令」，來臺開墾的移民，無論是否合法，皆無法回原籍合法搬遷眷屬，因此，後續搬遷家族的行動幾乎都必須採取非法的手段。由於臺灣與中國大陸之間隔著俗稱黑水溝的臺灣海峽，渡船不易通過，如何通過海峽來到臺灣，便是偷渡者首先必須面對的挑戰，通過此關才能在臺灣展開移民的新生活。

根據官方的記錄，從雍正七年 (1729) 到道光十八年 (1838) 之間，發生的船難便有八十五件，民間自行開航的渡船更難以計數。偷渡者有的偽造證件，有的收買負責的官員私自放行，有的冒充商船的水手進行偷渡。至於專門進行偷渡的人蛇集團則是利用小船將偷渡客載至海外的大船，到臺灣外海再由小船接駁上岸。從事這種行業的稱作「客頭」，他們之中也有惡意欺騙偷渡客的情形：利用濕漏的小船搭載偷渡客，並將艙蓋以釘封死，不使上下，由於船隻的狀況不良，如果碰到較大的風浪，往往整船淹沒，無一生還。

靠近臺灣海岸時，客頭為了避免偷渡行為被官方查獲，也往往在外海碰到沙汕便欺騙偷渡客已到達臺灣，要偷渡客下船，稱作「放生」。偷渡客進而往臺灣前進，萬一陷入泥淖之中，稱作「種芋」；如果碰到潮流漲潮，隨波漂流，則稱作「餌魚」，偷渡的風險可見一斑。

偷渡的移民縱使歷經九死一生登陸臺灣，還必須努力逃避官府的追緝才算完成。

本來離鄉背井渡海來臺已有風險，除途中的危險外，抵臺後生計問題接踵而來，因此頗富冒險性。而非法的移民風險更大，所以來臺的漢人移民多具有冒險性格。由於來臺不易，違禁渡海更為法所不容，因此固然有部分移民抱持來臺灣賺取利潤即返回原鄉的想法，但大部分的移民仍有久居的打算。本來清廷規定，移民來臺後不得返鄉搬眷，希望使其仍對原鄉有所眷戀。不過更多的移民或者攜帶祖宗牌位，或是遷葬父母的骨骸，已有落地生根的準備。由於偷渡客許多是來臺的家眷，因此地方官吏曾經多次要求開放合法來臺開發的移民回中國大陸搬眷入臺，而清廷也曾數度開放。

生活的考驗

渡臺固然艱難，來臺後的生活亦是一大考驗。如前所述，由於臺灣的賦稅相較於中國大陸內地有數倍之高，在特殊的土地制度之下，層層轉嫁的結果，往往由最下層的佃戶負擔龐大的稅收。佃農的生活雖不好過，雇工的生活也一樣艱難。根據康熙五十六年 (1717) 修成的《諸羅縣志》記載，臺灣的物價是清帝國轄內最高的。從康熙三十九年 (1700) 到乾隆五年 (1740) 單單米價就漲了三倍，雇工生活的窘迫可見一斑。佃農、雇工的生活雖然壞，無家室、無恆產、無固定工作，

甚至最後淪為流民的羅漢腳，生活更是不安定，無親無戚最後死在臺灣的人也不在少數，臺灣各地的有應公廟便是善心人士為這些無人收屍的遺骨進行安置的遺蹟。

漢人與原住民的互動

在移民性別方面，鄭氏時期由於早期入臺者以軍隊為主，男性遠多於女性。其後縱使鄭氏政權要求官兵自中國大陸原籍遷移家眷來臺，多少平衡男女不均的現象，但是大體上男性多於女性仍是歷史的事實。清廷實施「渡臺禁令」的相關管制措施，使移民男多女少的情形更為嚴重。1720年代閩浙總督的報告甚至指出，鳳山、諸羅、彰化三縣新來的移民都沒有妻室。在這種情形之下，與原住民通婚往往是隻身來臺的移民成家的一種途徑，加上平埔族社會有招贅的習俗，使得這種通婚在當時社會具有可行性。雖然清廷曾明令禁止漢人與原住民通婚，甚至規定除通婚者婚姻無效外，並受刑罰。不過，由於行政力量有限，根本無法禁止這種現象。同時，由於平埔族母系社會的財產制度，漢人與平埔原住民的婚姻也使其得以取得土地。

女性與漢人通婚，以及漢人因此取得土地，自然對原住民社會造成衝擊。另一方面，面對漢人大量墾殖下經濟的窘迫，部分平埔族人也改變其原有的耕作習慣，放棄粗放農業，學習漢人以牛、犁為工具進行農田的耕作。甚至也有原住民的部落酋長一邊獻地歸順，同時請照開墾的情形。

分類械鬥

　　清帝國領臺後，採取消極治臺的政策，而漢人的移民則許多是犯禁渡臺，社會的安定本來就較中國大陸的原鄉混亂，因此在清廷駐防兵力有限的情況下，官方無力維持地方治安是一種常態。同時移墾社會欠缺傳統漢人社會的仕紳階級，社會控制力更加不足。而移民面對經濟社會的衝突，便往往必須招群結黨，以求自保。在官府無力介入下，一旦發生重大的經濟社會衝突，往往便以分類械鬥的方式來尋求私了，而且一旦官方介入處理不當，原本的分類械鬥也可能轉而成為民變。

　　械鬥發生的原因，大抵可分為三種：⑴經濟性因素：移墾社會的生存競爭相當激烈，移民常為爭奪田地、水源，發生結黨私鬥；⑵社會性因素：臺地社會游民人數眾多，易於好勇鬥狠，嘯聚成群，常因細故釀成大亂；⑶政治性因素：由於行政區劃不敷實際需要，官方的管轄鞭長莫及，易使多事之徒有僥倖行險之心；再加上官員常有貪贓納賄、舞弊不法之事，使民間遇事容易私鬥了斷。

　　械鬥的群體，彼此之間自我的凝聚與認同，大體上以祖籍為主，另外也有以姓氏及職業別而展開的械鬥。在清帝國統治期間，閩客鬥、漳泉鬥以及泉州內部分縣的械鬥，是發生頻率最高的❷。然而以祖籍動員的械鬥，並非都以中國大陸原鄉的「府」作為動員的基礎，有時「縣」反而更重要❸。據保守的估計，清代大規模的械鬥超過六十次，

---

❷　傳統以為廣東移民屬客家人與福建來臺移民屬福佬（閩南）人，實際上兩大族群的不同與語言、文化差異有關，廣東潮州府移民有相當比例的福佬人，而閩南地區（不只是閩西地區）也有不少客家人，根據行政區劃的族群劃分，並非全然正確。

其中較著名的械鬥，如彰化的漳泉械鬥，噶瑪蘭的漳泉客械鬥；西螺的李、鍾、廖三姓的械鬥更曾達三年之久。

宗族組織的建立

　　移墾臺灣的漢人，要在新的土地上自求發展並非易事，所以往往尋求傳統宗族力量的支持。移民初期，便與在原鄉同姓之人為對象，建立起所謂「唐山祖」的祭祀組織，組織的運作與延續則以原加入者的後代為限，「唐山祖」的祭祀組織在成立之初還帶有同族共同投資開墾的意味。隨著來臺時間日久，以開臺始祖為中心，由其後代子孫所組成的組織，稱為「開臺祖」祭祀組織。組織的成員則是開臺祖的後代，他們將部分的祖產移作所謂的「祭祀公業」，至今仍然是臺灣特殊的財產所有方式（部分「唐山祖」祭祀組織亦有相似的情狀）。基本上無論是「開臺祖」或是「唐山祖」的祭祀組織，直到今天在臺灣仍持續存在。

社會的轉型

　　開臺祖組織的成立對臺灣歷史的發展而言，有兩重重要的意義。首先，開臺祖的組織與唐山祖的組織不同，它並不是移墾社會特有的現象，反而與中國大陸原鄉的宗族組織較為接近。而且雖然與原鄉的宗族組織相近，但開臺祖組織的成立，卻也意味著移墾人民在臺灣的

---

❸ 以咸豐三年 (1853) 艋舺發生的「頂下郊拼」為例，頂郊是泉州三邑人（晉江、惠安、南安），下郊則是泉州同安人。不過同安人與漳州人友善，因此，也有人將此視為漳泉械鬥。

自我發展已經某種程度的土著化。

　　清廷治下的臺灣移墾社會，隨著開發的程度，逐漸轉型，而官方則隨著臺灣內部及外部的壓力，擴張其統治機構，調整其消極的治臺政策，使臺灣從官方到民間都有轉型的跡象。咸豐十年 (1860) 臺灣開港，被視為移墾社會轉型的分野線。學者將此期血緣性的宗族結合、士人參加科舉考試、豪強家族次第躋身入士紳階層、祖籍神祇成為共同神明等現象，視為臺灣由移墾社會轉化為中國本土社會的表徵，稱之為「內地化」。不過，也有學者從另一角度解釋，認為此期祖籍人群械鬥的減少、祭祀宗教活動由返唐山祭祖的方式改為在臺立祠獨立奉祀等現象，正說明臺灣漢人移民逐漸認同臺灣本土，即「土著化」的加深。

　　就臺灣整個社會而言，士紳階層的產生是社會轉型非常重要的特色。這些士紳階層除了類似新竹開臺進士鄭用錫透過正式科考取得功名，成為臺灣一大士族外，有相當多的豪族透過龐大的社會經濟優勢，逐漸成為士紳階層。他們有的以經濟能力栽培子孫取得功名，有的則透過捐官的方式，躋身士紳階層。也有少數如霧峰林家，透過軍功直接以豪強的身分轉型成為地方士紳社會的主流成員。整體而言，在臺灣開墾社會發展的脈絡中，成為士紳階層者，大多不是出身開墾時期的豪強，就是出身經商獲利的商人。

　　值得注意的是，當臺灣從移墾社會朝向傳統漢人社會轉型，文教工作日漸普及，臺灣社會在外貌上與中國大陸的漢人社會相似度提高了，不過臺灣在地化的色彩也日漸濃厚。一些家族雖然與中國大陸原鄉的宗族仍有聯繫，但是已經別立門戶，家族在臺灣生根、深耕，也以臺灣居住地作為家族的標誌（如霧峰林家、板橋林家、新竹鄭家）。特別是，參加科舉考試的士大夫，必須填寫籍貫，不是原鄉，而是居住地臺灣成為籍貫的所在。

對外關係

如前所述，領臺以後，清廷隨即有限度的開放海禁，為了減輕治理臺灣增加的財經負擔，清廷採取政府公營的方式，將臺灣的鹿皮、砂糖輸往日本，隨後並開放商人進行對日貿易。不久，一方面日本採取限制貿易，另一方面清廷對外的態度也由開放轉回中華帝國閉關自守的政策，海上的交通貿易受到極大的限制，受此影響，臺灣也由國際貿易被劃入中國國內的沿海貿易圈內，國際貿易基地的性質終告結束。清廷的政策改變是一回事，臺灣盛產樟腦及硫磺等極富商業價值的物資，仍受到西方部分商人的注意。因此在沒有開港之前，就有不少違反禁令的西方人來臺進行交易行為，甚至走私大量的鴉片以在臺謀取暴利。

鴉片戰爭以後，西方列強對臺灣的注意力更明顯提高，其中尤以英、美兩國興趣最為濃厚。基於臺灣在航運線上的重要性，及基隆附近的煤炭可供船隻補給，英國方面曾經企圖來臺購煤，甚至取得採煤權，事雖不成，英國政府更曾提出以原來五個通商口岸中的福州來交換臺灣開港的提議。而美國官方最早主張取得臺灣的是駐華外交委員(commissioner) 伯駕（Peter Parker，1804～1888 年），而打開日本門戶的美國艦隊司令伯理（Matthew C. Perry，1794～1858 年）之前便曾派人來臺調查，並贊成占領臺灣的企圖，此事雖未成為美國的官方政策，卻是臺灣開港之前外國對臺灣懷抱濃厚興趣的重要例子。

習　題

1. 清代來臺的偷渡客有那些風險？試說明之。

2. 唐山祖與開臺祖組織成員有何不同？又各有何意義？

3. 臺灣的分類械鬥發生的原因主要有那些？試申述之。

第四章

開港與建省

第一節　開港與社會經濟的發展

　　清帝國領臺前，荷蘭東印度公司基於商貿利益的考量，選擇臺灣本島作為占領澎湖不成後的重要商業據點及殖民地，其後鄭氏政權在臺灣，也以對外貿易作為其經濟活動的重點，對外貿易一直是臺灣經濟的主流。被收入清帝國版圖的臺灣，經濟發展的方向，在清廷政策的主導下，有了大幅度的轉變，從對外貿易發達之地，漸次轉而成為閉關自守政策之下中國經濟圈的一環。

　　當時，臺灣輸往中國大陸的主要是米，日用品則從中國大陸輸入。此一分工現象，固然是臺灣受限於自然環境，缺乏許多日用手工業產品的原料所致。但是，清廷的政治考量可能也是強化的因素之一。如限制臺灣打鐵鋪的數量，使得臺灣對中國大陸鐵製品的需求增大，清廷要求將固定的米糧輸往中國大陸，也多少限制了作物的選擇。

開港的緣起

　　由於臺灣地處中國大陸、日本、與南洋之間貿易的黃金路線上，本來就相當受到列強的注目，加上臺灣生產的樟腦、硫磺等物資，具有龐大潛在的經濟利益，早在開港之前就為西方商人所垂涎。而基隆及其附近的煤礦，對於列強而言，不僅有經濟利益，更可以成為其在遠東建立海軍據點，擴張勢力的根據地。如前所述，早在兩次英法聯軍之前，英國官方便曾經向清廷要求與原來通商口岸中經貿利益較小

的福州來交換同屬福建省的臺灣作為通商口岸，以謀求更大的利益，此一提議雖然為清帝國所拒絕，但是正由於以英國為代表的列強對於臺灣的經濟利益有一定程度的了解，所以在兩次英法聯軍之役後與清廷所簽訂的條約中皆要求臺灣開港，進行國際貿易。

　　咸豐八年 (1858) 與十年 (1860)，《天津條約》、《北京條約》陸續簽訂，在西方船堅砲利的壓迫下，臺灣開港。隨著臺灣府城（安平）、淡水、雞籠（基隆）、打狗（高雄）陸續開放對外貿易，臺灣的歷史又走進了另一個階段，對外的國際貿易再一次成為臺灣經濟的重心❶。

　　開港以後臺灣對外出口的主要項目，依序是茶、糖、樟腦，而進口的主要商品中，則以鴉片最受到注目。其中過去未曾成為臺灣重要作物的茶，自從約翰‧陶德（J. Dodd，當時文獻記載稱為讓獨獨）引進新的茶種及製造技術後才迅速發展起來。

圖 17　1874 年的打狗港

---

❶　1858 年《天津條約》簽訂後，雖然英、法兩國完成批准的程序，不過，次年換約代表率艦來華，尚未登陸便發生衝突，引發第二次英法聯軍之役。1860 年，才完成換約，條約正式生效。

臺灣北部經濟地位的提升

茶樹適合生長於臺灣北部的丘陵地，無論是輸出較多的烏龍茶 (Formosa-tea) 或是其次的包種茶，皆以此地區為生產重心。由於茶葉輸出占臺灣當時輸出總額的一半以上，北部通商口岸（淡水、基隆）的貿易額逐年增加，最後超過了南部的通商口岸（臺南、高雄）。但是，南部地區是糧食作物——稻米——的主要產地，因為稻米未對外出口無法反映到貿易額上，所以僅從對外經貿數字來討論臺灣南北經濟力量的消長，臺灣南部的經濟力容易被低估。不過，總體而言，開港之後北部地區生產力的提升，是毋庸置疑的。

另外，茶葉的附加價值較高，茶農較南部的蔗農在生產行銷過程中，所受到的剝削也較少，因此，茶農的生活情況較南部的農戶為佳，消費能力也比較強。無論如何，開港以後隨著主要作物出口的增加，生產力的提升，臺灣北部經濟地位較從前重要。

除了臺灣北部經濟力的提升之外，開港後由於此一強大的經濟變數的影響，臺灣經濟、社會的內在發展，也受到不容忽視的衝擊。

轉作與土地利用

開港之前，《臺灣府志》對臺灣人民重利的傾向即有所描寫，糖價一漲，稻田轉作甘蔗的現象便十分嚴重，所謂「舊歲種蔗，已三倍於往昔，今歲種蔗竟十倍於舊年」。開港以後，此一現象，更為明顯。據文獻的記載：

自從茶農在高地種植茶葉以後，每年來此揀茶買賣茶葉的人，便愈來愈多了，不僅如此，隨著茶葉需要量的增多，不少永久性的集散地，也跟著建立起來。由於種茶的人愈來愈多，而種稻者則愈來愈少，因而，幾年以後，本地所產稻米，反而在島內市場走俏起來，到後來，臺灣不僅沒有稻米可供外銷，反而需要向大陸搬糧救急。

由於臺灣開港，配合茶葉輸出的遠景，北部部分地區不適合種植水稻，原本以生產甘蔗、靛藍（大菁）、黃麻為主的土地，轉而成為茶園。茶園經營需要的人工，也吸引了一些外地的農民和人力。這種情形的產生，一方面使這些土地的利用價值提高，同時對這些工作者的生活也有所幫助和改善。

土地的開墾與移民

開港以後，臺灣對外貿易大幅成長。其中茶、糖、樟腦的輸出成長，有一先天條件，即是島內這些作物的生產量也必須有某一種程度的增加。只有在這些經濟作物產量增加的狀況之下，以它們為主要內容的對外輸出貿易，才有大幅成長的可能。在貿易蓬勃發展的狀況下，臺灣土地的開墾也受到了影響。尤其是一些雖然早已開墾的地區，後來由於貿易成長和商品作物耕作面積的增加，而得到進一步的開發。

糖的輸出成長，使得下淡水區的蔗糖種植更為旺盛，也促使了下淡水區有進一步開發的現象。開港以後，異軍突起的茶種植，也有所貢獻，尤其是在臺灣北部。如淡水劉廷玉於光緒年間與

林朝棟開撫烏來八社番地,設撫墾局於屈尺,募業者入山,栽
菁植茶。在 1868～1878 年間,臺北府東方之兩排丘陵之間,其
高度由一千英尺至四千英尺不等,大部分大森林及大樹都被砍
伐,茶樹及其他農產取代了山林及生番。

當時,臺灣主要的樟腦產地都分布在漢番交界的內山。而開港以
後,樟腦貿易是臺灣出口的大宗之一,自然促使漢人往內山開墾。如
巨商黃南球,即開墾南坪、大湖、獅潭等地,沈鴻傑則在彰化內山的
南投集集建寮募工,教導其製造樟腦的技術,獲取經濟利益。

隨著通商口岸開放以後,茶與樟腦有可能進軍世界市場,而稻米
生產的利潤則相對微薄,遂吸引一些臺灣稻作農民及閩粵生計艱困的
農民至臺灣北部開墾。值得注意的是,在這類開墾中扮演重要角色的
林維源、林朝棟、黃南球諸人,能取得開墾許可和獲利,與他們的政
商背景有相當的關係。

市鎮與港市的興衰

開港以後,由於貿易的興盛,為了順應貿易的需要,自然有一些
舊有市鎮和小鄉鎮發達起來,如大稻埕(臺北市大同區)、大崁崁(桃
園市大溪區)、三角湧(新北市三峽區)、鹹菜甕(新竹縣關西鎮)、樹
杞林(新竹縣竹東鎮)、貓里(苗栗)、八里(苗栗縣大湖鄉)、南庄、
三叉河(苗栗縣三義鄉)、東勢角(臺中市東勢區)、集集、林圯埔(南
投縣竹山鎮)等。

開港以前,臺灣農業的商品化性質已經相當發達,透過與中國大
陸的貿易方式,島內各地形成了個別市場圈。開港以後,北部的基隆

和淡水，以及南部的臺南和高雄四個通商口岸發展極速，似乎打破了個別市場圈，而形成兩極化的市場結構，分布於臺灣南北兩端的現象。但舊有的梧棲、後龍等分布在臺灣西北海岸的港口，雖然沒有成為通商口岸，與通商口岸巨額的對外貿易比較起來，經濟及商業的角色自然顯得失色，但是仍然保有其貿易的功能，而維持其舊有的部分繁榮。

買辦與豪紳地位的提高與社會流動

　　開港以後，隨著外國商館在臺設立，外國資本也隨之流進臺灣島。在此一期間，「郊」也逐漸走向沒落的命運。

　　在此外國資本進入臺灣的過程，於外國商館與當地商人中間，產生了具有仲介機能的買辦。有些成功的買辦獨立經營以後，成為社會新貴，如陳福謙甚至控制了打狗區的砂糖貿易。在另一方面，板橋的林本源家和霧峰的林朝棟，則經由茶、樟腦的貿易，取得大量的財富，並且配合其與洋務派官僚（如劉銘傳）的合作，獲取政治上的特權和力量，既是豪富又扮演了士紳的角色，成為名副其實的豪紳，又擁有私人的武力，力量之大可以想見。這些豪紳和買辦們地位的提高，已經構成了某種程度的社會流動。

開港貿易與「漢番衝突」

　　如前所述，由於茶、樟腦的生產，往往必須深入內山與番界，造成番漢衝突。在利之所趨之下，我們可以看到漢人武力對臺灣原住民的鎮壓。就此角度而言，清廷「開山撫番」政策的推動，除了對外宣示主權、鞏固國防外，也帶有濃厚的經濟考量。一旦「撫番」不成，

除了正規的政府武力以外，墾殖的漢人也對原住民巧取豪奪，甚至動用私人武力。最後，官方與武器較精良的漢人，配合優勢的政治、社會、經濟力量，壓制原住民的反抗，加強在內山的開發，而得到某種程度的勝利。

西方文化的衝擊

　　隨著西洋列強通商事業的開展，西方近代的商業行為及其經營模式都衝擊臺灣原有的商業型態，不僅如此，包括日常生活起居，乃至於建築的觀念也與臺灣本地的文化產生一定程度的互動。

　　西方文化對臺灣本土文化的衝擊，最重要的當屬於精神層面的基督教。西方列強打破中國閉鎖的門戶，固然主要著眼於經濟利益的獲得以及通商機會的取得，不過，近代歐洲列強對外的擴張除了經濟的利益、政治的考量之外，宗教的傳播也是其重要的目的之一。臺灣開港以後，西方傳教士可以自由進出臺灣，建立以通商口岸作為起初據點的傳教生涯。雖然當時來了不同教派的傳教士，不過有組織在臺灣傳教的以基督教長老教會規模最大。臺灣的長老教會大致分為兩支：由英國傳入的主要是在臺灣南部，由加拿大傳入的則主要在臺灣北部進行傳教事業。為了在臺灣落實其傳教的理想，減低臺灣社會對基督教的排斥，長老教會的牧師除了傳教之外，也著手推動近代教育及醫療，而透過這些工作，對其傳教有相當大的助益。當時長老教會發現臺灣文盲過多，傳教不易，因此也用羅馬拼音來建構臺灣各族群的文字系統，以利於傳教士的訓練和教育的傳播。

　　在臺灣教育發展史上，基督長老教會扮演相當重要的角色。南北兩支基督長老教會緣起上仍有區別，比較早抵臺的馬雅各 (Rev. Dr.

James Laidlaw Maxwell) 來自英國的蘇格蘭， 馬偕 (Rev. Dr. George Leslie Mackay) 則來自當時英國殖民地的加拿大。臺灣南部的部分，教會主要以臺南府城和高雄作為傳教的重點區域，同治四年 (1865) 六月馬雅各在臺南設立了全臺第一間長老教會看西街教會同時行醫，尋因民眾抗爭，先往打狗旗後傳教行醫，並建立醫館。同治七年 (1868) 再到臺南，傳教並設立醫館（舊樓，日後新樓醫院的前身）。為了訓練本地的傳教士，馬雅各等人先後成立了兩處「傳教者養成班」，光緒二年 (1876) 巴克禮牧師 (Rev. Dr. Thomas Barclay) 將其合併為 「臺南大學（神學校）」，這就是今天臺南神學院的前身。而在一般性的教育部分，光緒十一年 (1885) 長老教會先在臺南設立中學，兩年後更成立女學，今日長榮中學及長榮女中皆源出於此。除了一般教育之外，在南部的甘為霖 (Rev. William Campbell) 牧師更特別注重盲人的教育 ， 而於光緒十七年 (1891) 設立盲學校，是臺灣特殊教育的開始。至於北部的馬偕基於傳教士訓練之需要，光緒八年 (1882) 在淡水創建「理學堂大書

圖 18 馬偕拔牙

院」(Oxford College)，後來遷到臺北，成為臺灣神學校，也就是後來的臺灣神學院。而在淡水原址，則成立了淡水中學校，即是今天淡江中學的前身，二次大戰後另設立淡水工商管理專科學校（真理大學前身）。光緒十年 (1884) 馬偕另外設立淡水女學堂，是清代以來臺灣教育史上女子學校教育之先河。除了教育事業之外，馬偕也以其醫術為住民服務，在淡水成立了北部第一間西醫館滬尾偕醫館（馬偕紀念醫院前身），特別是他為病人拔牙的技術更是廣為流傳。❷

　　在醫療方面，則以彰化基督教醫院創始人蘭大衛醫生 (David Landsborough III) 最為著名，他立志以醫學傳教，取得愛丁堡大學醫學學位後來臺，他在彰化地區的醫療事業頗受當地人愛戴，有「南門媽祖宮，西門蘭醫生」之稱。他的兒子蘭大弼醫生 (David Landsborough IV) 與夫人高仁愛醫生 (Jean Murray Landsborough) 則在民國四十一年 (1952) 應聘到彰化基督教醫院服務，繼續在臺灣從事醫療工作，蘭大弼後來在李登輝總統任內曾受到表揚。而北部的馬偕過世之後，長老教會為了紀念他醫療傳教的歷史背景，在 1912 年成立了馬偕紀念醫院，與彰化基督教醫院南北相互輝映。為了感念馬偕的醫療服務，當時臺灣北部噶瑪蘭平埔族就有部分人以「偕」作為其漢文姓氏，不僅平埔族如此，漢人時至今日，為了紀念馬偕也有在原有姓氏上冠上「偕」姓者。總體而言，基督長老教會除了在漢人社會進行教育、醫療配合傳教的事業之外，在原住民區域也投入大量的人力、物力進行教育、醫療及傳教的工作，使得長老教會成為臺灣基督教信仰人數最多的教派，而其以羅馬拼音創造的「白話字」對於臺灣文化的傳承也有相當程度的貢獻。

---

❷　滬尾偕醫館是另一位同姓馬偕的太太為了紀念亡夫在 1879 年捐款，隔年成立，而馬偕也發現了全球首例的「肺蛭蟲」。

習　題

1. 開港之前，即有列強企圖染指臺灣，為什麼？

2. 開港以後，臺灣北部經濟地位提高的原因為何？

3. 開港以後，傳教士為了傳教，在臺灣曾從事那些建設？

第二節　建省前後的建設

建省前後的涉外事件

臺灣開放通商以後，由於厚利的吸引，外國商人時有違反條約規定、進行非法貿易的行為，甚至私自進入後山地區開墾。而清廷的官員為了維持原有的制度，雙方不免有摩擦發生。其中最著名的是同治七年 (1868) 的樟腦糾紛。

自從開港以後，臺灣的樟腦實施專賣制度，不許外商自由買賣，也禁止外商在正式開港地區之外，私自進行貿易。但是，同治七年，英商必麒麟 (Pickering) 以樟腦的集散地主要集中於鹿港、梧棲一帶，便違反禁令在梧棲買賣樟腦。遭到地方官府取締之後，他仍然不斷進行走私貿易，甚至與地方官府發生衝突。加上當時在艋舺與打狗都發生英商與民眾或胥吏的衝突事件，英國官方竟派遣軍艦進行武裝干涉。同治八年 (1869) 年一月，英國領事吉必勳 (Gibson) 結束武裝介入。事後英國撤換吉必勳，才結束此一事件。

至於外人私入後山地區開墾，亦以同治七年淡水德國商人美利士 (James Milisch)，提供資金給英國商人荷恩 (James Horn) 前往大南澳（宜蘭縣南澳鄉）進行墾荒事件最為重要。此一私入後山開墾事件發生後，當時噶瑪蘭廳雖向美利士表示抗議，但並無成效。其後，總理各國事務衙門雖出面要求英等駐華公使查辦，亦無效果。同治八年在

總理衙門與德國交涉後，美利士離開大南澳，而荷恩後因海難溺斃，才結束此一外人私入後山的墾殖事件。

　　大體上臺灣開港之後，由於涉外事件頻繁，使得清廷對於臺灣的狀況較為關切，等到同治十三年 (1874) 日本出兵臺灣以後，清廷終於有大規模調整治臺政策的舉動。

羅妹號事件

　　臺灣地處海洋交通要衝，時有船隻遭遇海難，船員、乘客在番界登陸後遭到原住民殺害的事件。而清廷原本將番界置於版圖之外，並未實質有效統治，引發國際爭議，其中羅妹號 (The Rover) 事件是後續造成國際紛爭的重要開端。

　　同治六年 (1867) 三月，美國商船羅妹號在琅𤩝（今屏東恆春）發生船難，船員登陸後被原住民襲擊，美方因而向清廷抗議。然而清廷並未積極協助美國處理船難問題，十月美國駐廈門領事李仙得 (Charles W. Le Gendre) 便自行前往琅𤩝十八社，與總頭目卓杞篤 (Tohkitok) 直接交涉，卓杞篤口頭允諾約束琅𤩝十八社保護在此地區遭受船難的西方人。同治八年 (1869) 二月，李仙得與卓杞篤再度會面，簽署書面協議，羅妹號事件正式落幕。至此，清帝國無法有效管理番界的說法，逐漸受到列強注意。

牡丹社事件與日本犯臺

　　早在十七世紀初，琉球一方面向中國朝貢，一方面又從屬於日本的薩摩藩，而呈現兩屬的狀態。日本明治維新以後，雖然強迫琉球斷

絕與清帝國的宗藩關係，不過此舉並未得到清帝國的承認。同治十年 (1871) 發生琉球漁民在牡丹社地界被殺事件，給了日本一方面解決琉球歸屬問題，一方面試圖染指臺灣的藉口。當時，琉球漁船因遭風漂至臺灣東海岸南端八瑤灣（屏東縣滿洲鄉），成員登岸誤闖牡丹社部落區，有五十四人遭到高士佛（滑）社殺害，十二人倖存，於次年返回琉球。日本政府當時因為內治派主政的關係，並不以對外擴張為要務，因此並沒有立刻推動所謂的征臺之舉。而於同治十二年 (1873) 利用使節到中國商談換約之際，趁機試探中國的態度。當時清廷一方面表示琉球、臺灣皆屬中國，此事不煩日本過問，另一方面卻也表示，生番原為化外，未便窮治。這並非全然是清廷官員無知所致，在某種程度上，他們對日方的回答，真確反映了清帝國事實上並沒有完全有效統治臺灣的狀況，但是此一應對卻給了日本出兵的藉口。

　　當時日本由於明治維新以後，社會秩序重整，原本居於統治地位的士族，失去了特權，產生不滿。日本政府為了安撫內部士族，因此在同治十三年 (1874) 以西鄉從道為臺灣事務都督，積極準備征臺。清廷對於日本出兵並沒有掌握訊息，直到外國使節電告日本出兵之後，清廷才在日軍已抵達琅璚後的五月十一日，向日本表示指責之意，並在十四日派駐在福建的船政大臣沈葆楨帶領輪船部隊前往臺灣。五月二十七日更授沈葆楨為「欽差辦理臺灣等處海防兼理各國事務大臣」。六月十四日，沈葆楨抵臺，積極進行布置的準備。

　　相對的，當時日本一方面先孤立高士佛（滑）社與最強悍的牡丹社，再以近代的強勢武力，迫使牡丹社番屈服。但是，日本一方面深受瘧疾之苦，軍士與役夫死亡逾六百人，一方面又尚未具備大規模對外作戰的能力，加上財政並不充裕，不堪久戰的耗費，因此，遂採取以戰逼和，希望在得到賠償的狀況下，結束征臺的戰爭。

同年十月，清廷與日本簽訂《北京專約》，約中清廷對日本出兵為保民義舉的說法採取「不以為不是」的態度，並撫恤遇害的難民，補償日本在琅璚地區所修的道路建物的費用，最後共支付五十萬圓結案。此一條約由於不否認日本的保民義舉，也成為日本名正言順要求琉球歸屬日本的藉口，而「牡丹社事件」的衝擊也使清廷治臺的政策發生了決定性的轉變。

沈葆楨與積極治臺政策

沈葆楨因「牡丹社事件」而整頓臺灣防務之時，認為番地是滋生事端的地區，應該採取開山撫番的政策，此構想得到李鴻章的支持。在同治十三年 (1874)，他所主持的開山撫番工作就正式展開。

開山撫番的工作，意味著原本清廷不准漢人入墾的番界，已經成為新的可開墾區域。為了進行開山的工作，除了官方必須投入人力、物力外，更需要移入新的開墾人口。為了招徠開墾者，沈葆楨奏請清廷取消原有的「渡臺禁令」。此後，不僅原有的番界被打開門戶，中國大陸往臺灣移民的限制也解禁開放，清廷自領臺以來對渡臺的限制，遂成為歷史。

整體而言，就外在國際現勢的演變來看，當時臺灣的開山撫番乃整頓防務所必須。同時，日本出兵臺灣所根據的理由之一，是清帝國並沒有實際擁有臺灣番地的主權。透過開山撫番政策，證明清帝國實質上能在番地實行主權，可以阻絕外人對臺灣領土的野心。

從另一個角度來看，自從臺灣開港以後，茶、糖、樟腦是其中主要的出口大宗物資，茶與樟腦產地皆鄰近內山，因此番界的存在，也就影響了茶、樟腦業的發展，就此而言，開山撫番政策並不只是國防

圖 19　沈葆楨像

或是治安的需要而已，同時也帶有強烈的經濟動機。而一旦撫番不成，
則剿番的行動勢必隨之展開。

洋務運動的展開

　　在「牡丹社事件」發生前，清廷即有官員主張在臺灣推動洋務運
動。同治七年 (1868)，是臺灣與洋務運動發生密切關聯的重要年代。
那一年擔任江蘇巡撫的丁日昌向曾國藩建議，應該考慮將臺灣建設為
南洋海防的中心。同年，擔任福州船政大臣的沈葆楨，則派員來臺探
勘煤礦。後來他們相繼來臺主持政局，對於臺灣的洋務建設，有開風
氣之功。

　　前述沈葆楨來臺期間，曾派人赴英採購開採設備，在基隆正式展開新式煤礦開採工作，使臺灣礦業的發展往前更進了一步。同時，他也購買了新式的輪船，行駛臺灣、福建之間，改善了海運交通。

　　丁日昌於福建巡撫任內，在光緒二年 (1876) 底來臺，次年四月離臺。時間雖短，在臺灣的發展方向上，則提出他的遠見。在他任內的臺灣府試還特別錄取淡水廳所屬的原住民一名，開原住民透過考試進入仕途之例。同時，他還建議修築臺灣的縱貫鐵路，架設府城到打狗的「電線」。問題是，他的計畫固然遠大，卻並非當時總理衙門施政的重點，因此得不到清廷的支持，也使他大失所望。

法軍犯臺與臺灣建省

　　光緒九年 (1883) 清廷與法國因為越南問題，發生戰爭，當時便傳聞法國可能出兵占領舟山群島、海南島或臺灣，使得清廷益發警覺臺灣海防地位的重要。次年四月，法國軍艦藉口購煤進入基隆港，臺灣情勢更形緊張。清廷便派淮軍名將劉銘傳以巡撫的名銜（其後被任命為轄區包括臺灣的福建巡撫），來臺督辦軍務。劉銘傳七月抵達基隆以後，修正原有重南輕北的防務，並以基隆、淡水為臺灣北部兩個防衛的重點。八月法軍由孤拔率領進攻基隆，沒有成功，繼而在十月登陸占領基隆及獅球嶺，同時進攻淡水，並於十月八日發動登陸戰，雙方作戰結果，互有傷亡，但法軍終究未能得逞，孤拔則下令封鎖臺灣海峽。

　　光緒十一年 (1885) 二、三月間，法軍持續攻擊基隆周圍的據點，卻無法渡過基隆河，且時常受到守軍的反攻，因此在三月底派艦占領澎湖，而隨著四月清、法兩國簽訂和約，臺灣的封鎖才告解除。但是此一戰爭使得清廷益發重視臺灣，因此在同年九月五日，下令臺灣別

建一省，稍後並任命劉銘傳為首任福建臺灣巡撫（臺灣巡撫的官名），
經過籌設的過程，光緒十四年 (1888)，臺灣與福建正式分治。

建省前後行政區劃的調整

　　臺灣自嘉慶年間增設噶瑪蘭廳以後，直到「牡丹社事件」為止，
地方的行政區劃並沒有改變。「牡丹社事件」以後，沈葆楨針對臺灣行
政區劃的調整與興建行政官署 ， 數度上奏清廷 。 光緒元年 (1875) 正
月，他提出在琅𤩝一帶設縣的主張，首先得到清廷批准，增設恆春縣。
而他主張移福建巡撫駐臺的建議，清廷則折衷為福建巡撫半年駐福建，
半年駐臺灣。同年六月，沈葆楨再次提出在臺灣北部進行行政區劃調
整的建議，年底沈葆楨的意見獲得實行。此後，臺灣便設有臺灣、臺
北兩個府，南部的臺灣府轄有臺灣、鳳山、嘉義、彰化、恆春五個縣
和澎湖廳。北部新設的臺北府則領有淡水、新竹和宜蘭三縣。光緒十
三年 (1887) 被任命為福建臺灣巡撫的劉銘傳，主張添設臺灣原有的地
方行政組織，及大幅度調整臺灣的行政區劃。

　　劉銘傳的意見得到清廷的批准，因此當光緒十四年 (1888) 臺灣與
福建正式分治後，臺灣便設有臺南府、臺灣府及臺北府三府及臺東直
隸州。臺南府統轄安平、鳳山、恆春、嘉義四縣及澎湖廳，臺灣府統
轄臺灣（今臺中）、彰化、雲林、苗栗四個縣及埔里社廳，臺北府則統
轄淡水、新竹、宜蘭三個縣及基隆廳。至於省會，劉銘傳本來希望設
在彰化縣的橋孜圖（臺中市南區），但是因為省城尚待籌建，因此巡撫
暫駐臺北。直到劉銘傳去職為止，省城始終未能建設完成，繼任的巡
撫邵友濂，遂奏請將省城正式設在臺北。

劉銘傳治臺的建設

　　劉銘傳承繼了沈葆楨及丁日昌在臺灣推動的洋務事務，開始興建西部的縱貫鐵路，清季縱貫鐵路完成了從基隆到新竹的工程。除了鐵路工程之外，基隆的煤礦也在其任內進行大規模的開挖。同時，臺灣與中國大陸之間的海底電纜，也在劉銘傳的主導下鋪設完成。雖然在目前的研究中，鐵路建設似乎受到較多的注意，但實際上此一海底的電報線成就更大。鐵路由於施工品質及其他因素，在日治時期幾乎拆除另開路線，而海底電纜則為日方出資購買，繼續使用。此外，在臺北設郵政局，在各地設站的郵遞事業，也有所建樹。

　　在開山撫番方面，劉銘傳不僅承續了沈葆楨以降的政策，並且有大規模進展。光緒十二年 (1886) 劉銘傳在大嵙崁設撫墾總局，下轄有八個局，進行對原住民的綏撫政策。但是由於漢人在經濟誘因之下，不斷深入山區，原住民與漢人的衝突趨於激烈，由於撫番不成，劉銘傳不時動員大規模的軍隊，甚至曾經請求調派北洋艦隊，討伐原住民。從光緒十一年 (1885) 到十五年 (1889) 之間，劉銘傳持續出兵討伐原住民。光緒十五年劉銘傳上奏，全臺歸化番社已達八百多社，人口十五萬多人。但是在清帝國統治的時代，仍然尚未完全將原住民納入行政體系的控制。

　　另外，為了增加稅收，劉銘傳戮力推動以清賦為中心的土地改革工作，是臺灣近代化事業中重要的一環。他一方面藉著土地的調查，清查臺灣實際的耕地面積，及田地的狀況；另一方面則希望解決臺灣原來由大租戶、小租戶、佃農構成的傳統土地所有制，廢除大租戶，使小租戶成為真正的地主及租稅負擔者。但是，由於執行者的心態、

技巧與其他因素，造成相當多的反彈。結果採取減少小租戶繳交大租的四成，作為由小租戶繳交賦稅的代價，大租戶則仍保有原來大租的六成，史稱「減四留六」。而彰化方面抗議清丈工作不公，甚至發生大規模的民變，使土地改革的政策無法繼續貫徹。而日本領臺以後，在後藤新平的主導下，才完成相類的土地調查及土地改革事業。

雖然，劉銘傳的鐵路建設及其他洋務事業，在其去職後，沒有繼續推展，但是，就包括鐵路在內的洋務建設而言，臺灣相較於中國大陸各省，已經有可觀的成績。

洋務運動的頓挫

光緒十七年 (1891)，劉銘傳被免去臺灣巡撫職務，由邵友濂接任。劉銘傳時代推動的鐵路、煤礦等建設都遭到中輟或縮小，劉銘傳時代積極進取的洋務政策，發生關鍵性的轉變而改採比較保守的路線。此一改變，使得本來急速發展的洋務事業，受到了相當程度的打擊。不過，就清廷整體的考量而言，「劉去邵來」也正代表著劉銘傳時代臺灣洋務運動冠於全國的速度已經不再被清廷所支持。因此，邵友濂採取較持穩的建設態度，並不只是劉銘傳與邵友濂對建設臺灣的見解不同而已，事實上也應該被理解為清廷治臺政策的一種轉變。

習　題

1. 開山撫番政策的背景為何？試討論之。
2. 試比較沈葆楨、丁日昌、劉銘傳在臺灣洋務運動推動上的貢獻。
3. 臺北何時成為臺灣政治的中心？

第三節　臺灣割日與民主國的抗日

《馬關條約》與臺灣割日

　　光緒二十年 (1894) 八月下旬，日本出乎西方列強的意料之外，在朝鮮的陸戰及黃海海戰均告獲勝。當時，英國基於維護其在華商業利益考量，亦有意出面調停。但是，日本認為北洋艦隊尚未覆滅，既有戰果尚不足以獲取足夠的利益，根本無意停戰。

　　九月，清廷再起用恭親王奕訢主持總理衙門，他衡量時勢傾向議和。日軍越過鴨綠江占領遼東各地後，他更召見英、美、德、法、俄諸國駐華使節，明白請求各國出面調停。清廷再派張蔭桓、邵友濂為議和代表，與日本代表伊藤博文、陸奧宗光於廣島會面。當時日本希望造成更有利之軍事情勢，以便獲取更大利益，遂以張、邵二人授權不足，拒絕展開和談。

　　光緒二十一年 (1895) 初，清廷應日方要求，派李鴻章赴日本馬關（下關）談判，日本卻連停戰談判，都要清廷先交出山海關、天津、大沽，以作為和談的保證。李鴻章力爭，仍不得要領。適逢日本好戰分子暗殺李鴻章，造成國際關切，日方才肯停戰議和。

　　三月，日方將擬議的和約條款送交李鴻章，伊藤博文甚至要求李鴻章明白表示接受與否。李鴻章對於割讓遼東半島、臺灣及賠款數額，都耿耿於懷，要求日方放寬條件。而伊藤博文則威脅，取得戰爭勝利

的日本，若是要求未得到滿足，則將進兵北京。

　　雖然光緒帝有割讓臺灣將失去天下人心的認知，輿論反對的態度也十分激烈，但在首都受到威脅的情況下，基於現實的考量，清廷仍然授權李鴻章簽訂《馬關條約》。

日本據臺的野心

　　甲午戰爭本因清廷與日本在朝鮮的爭執而起，《馬關條約》的簽訂竟演變成割讓臺灣，就形成的發展而言，不免令人愕然。不過，此一發展事實上和日本於甲午戰爭前即對臺灣抱持領土野心，有密切關係。日本早在同治十三年 (1874) 因牡丹社事件出兵臺灣之時，即有意占領臺灣的一部分，雖未能得逞，部分日本的官員始終未放棄占領臺灣的企圖。

　　甲午戰爭爆發後，日本軍部中以海軍占領臺灣的企圖心最強。朝鮮半島引發的戰事，本局限在中國東北及北方，並未及於臺灣。而在李鴻章奉派赴日，即將以和議收拾戰爭殘局之際，日本艦隊仍出發準備進攻澎湖，並且在和談過程中先拒絕將臺灣列入停戰區，露出企圖以武力染指臺灣的意向，再於《馬關條約》中，迫使清廷同意割讓臺灣。

三國干涉還遼與曙光破滅

　　《馬關條約》簽訂前，俄國對於日本染指中國東北，十分不滿，而與俄國有同盟條約關係的法國，一方面因外交立場本就與俄國一致，一方面則對臺灣、澎湖不能忘情，反對將其割讓日本，亦力主干涉。至於德國雖不若俄國積極，但反對日本取得中國大陸土地的主張，亦早已通知日本外務省。

　　三國協商結果，法國希望擴大干涉及於臺灣、澎湖的主張，得不到支持，臺灣遂被排除於三國干涉的範圍之外，三國僅打算要求日本保證各國在臺灣海峽有自由航行權。至此，三國達成共識，決定一致行動，反對日本取得遼東半島，並在《馬關條約》簽約之日，即對日本表示異議。俄國更調動海、陸軍，並通知海參崴日本領事「此地」為接戰地區，明白表示不惜作戰的決心。

　　日本面對壓力，幾經會議遂決定讓步，因而有三國成功干涉還遼之舉。原本力主借英國之力阻止日本對臺野心的臺灣巡撫唐景崧及其師兩江總督張之洞，雖希望三國干涉的範圍能擴及臺灣，但是，在三國干涉還遼的協商過程中，範圍本已不及臺灣，法國雖仍有所嘗試，終究沒有進展。如此，使得企圖借重國際干涉，使臺灣免於割讓給日本的希望終告破滅。

臺灣民主國的成立

　　1895 年四月戰敗的清帝國和日本簽訂《馬關條約》，割讓臺灣給日本。當時，臺灣官紳首先想到的是向清廷力爭收回成議，結果無效❸。五月十五日，丘逢甲率領士紳與臺灣巡撫唐景崧會面，表明自主的意念。翌日，便開始討論具體措施，並要求唐景崧暫理臺灣政事，唐雖辭謝卻不被接受。五月十九日法國軍艦抵達臺灣，引起臺灣官紳爭取外力支持的新希望，曾在駐法使館任職的副將陳季同並前往拜會。二十一日，法國軍官向唐景崧建議臺灣獨立自主，較能取得支持。二十三日，發表〈臺灣民主國獨立宣言〉，二十五日正式生效。在此狀況

❸　就國際法而言，全權大臣李鴻章雖然簽署《馬關條約》，但條約並未就此生效，後續清廷批准、換約，才完成相關程序。

下，臺灣成立了亞洲第一個共和國——臺灣民主國，希望藉此爭取國
際同情，抗拒日本接收臺灣，事成之後，則希望對清帝國採取「恭奉
正朔，遙作屏藩」的態度。換言之，臺灣民主國成立的主要目的乃是
為了對抗日本，而非與清帝國完全脫離關係。

當時提出臺灣民主國構想的可能是陳季同，至於強力將此一構想
付諸實施的，則是以丘逢甲為首的臺灣士紳。而擔任總統的唐景崧，
基本上則是受到臺灣本地官紳強邀，不得已而就任的，因此抵抗意志
並不堅定。

臺北的陷落與民軍的繼續抵抗

原本奉命接收臺灣的近衛師團於五月二十九日登陸澳底，開始展
開臺灣攻防戰。六月二日，清廷的使節李經方與日方代表，在船上完

圖20　臺灣民主國國旗

成交接儀式。

　　日軍登陸以後，先排除守衛的武力占領了瑞芳，繼而向基隆前進。六月三日日本艦隊砲擊基隆，近衛師團也開始攻擊。經過數小時的作戰，日軍控制了基隆。

　　基隆的陷落衝擊了臺北，敗軍則進入臺北城掠奪。唐景崧更在四日逃出臺北城，六日乘船回中國大陸。在唐景崧離臺後，臺灣民主國的其他重要官員，除了鎮守臺南的劉永福，其他包括籍隸臺灣的丘逢甲、林朝棟等人，幾乎前後都離開了臺灣。臺北城陷於無政府狀態，大稻埕的紳商們便託辜顯榮出面，帶領日本軍入城維持治安。而辜顯榮也由此發跡，此後畢生與日本人合作，成為臺灣一大家族。

　　由於順利取得臺北城，日本的統治者在六月十七日舉行「始政」儀式，未料到十九日出兵南下後，卻遭到臺灣本地人頑強的抵抗。從樹林、三角湧、大嵙崁到新竹、苗栗，抗日軍或據地抵抗，或作游擊

圖21　1895年六月二日日本政府正式公告歸併臺灣及澎湖

圖 22　北白川宮能久親王（坐椅者）

戰，使日軍陷於苦戰，並對沿路住民進行殺戮。而抗日軍領袖徐驤、姜紹祖、吳湯興等人或力戰身亡，或轉戰各地。七月底，日軍初步完成從臺北到新竹的控制。

八月初，日軍再往南入侵，占領苗栗等地，而於二十八日在彰化八卦山與抗日軍發生激烈戰鬥。八卦山一役抗日軍固然損失慘重，日軍也因兵疲馬困，及受到疫病侵擾，不得不暫停大軍行動，僅派小隊向南前進，而於大莆林（嘉義縣大林鎮）為抗日軍所重創，抗日軍並趁機企圖反攻。但日軍增員重編後，十月初再度南下，從彰化直下嘉義，抗日軍雖奮力抵抗，卻無力退敵。日軍則進而採取三面合攻臺南劉永福部的策略，除由嘉義南下的攻擊部隊外，十月十日一個旅團登陸布袋嘴，次日第二師團登陸枋寮。其間雖有抗日軍的抵抗，日軍則以優勢兵力達成三面合圍臺南的目標。二十日凌晨企圖與日軍談判不成的劉永福夜遁，乘船赴廈門，次日，日軍進入臺南。從臺灣民主國成立後，臺灣紳民的抵抗至此才暫告一段落。日本前後共計投入兩個半師團以上的陸軍，日本明治天皇之弟北白川宮能久親王也死在臺灣。

南北抗日的比較

　　整體而言，乙未抗日除了在基隆、新竹、彰化、斗六與嘉義等城鎮有抗日軍與日軍正面的對決外，一般多以街鎮、村落的巷戰與游擊戰為主，表現了濃厚的保衛鄉土性格，而比起臺北的臺灣民主國的抗日行動，臺北以南的抵抗更為激烈。造成此一差異主要有下列幾點原因：

㈠抗日意志的強弱

　　以唐景崧為首的臺灣民主國，唐本人抗日意志薄弱，所部從中國大陸召募的兵勇亦無死守臺灣的決心，其他重要成員如丘逢甲、林朝棟等人亦在臺北失守後內渡。相對而言，各地自發的抗日軍則有強烈的保鄉衛土意識，率領所部黑旗軍駐守臺南的劉永福，則比唐景崧有較堅定的抗日意志。

㈡日軍的殘暴

　　攻打臺灣的主力近衛師團，由於在甲午戰爭中尚未建功，戰爭即已結束，因此來臺後，急於建功，濫殺無辜，後繼的部隊亦十分殘暴，時有燒盡村莊之舉，引起臺灣住民同仇敵愾之心。加上軍紀不良，發生在占領地區要求地方提供婦女，甚至在行軍中強暴婦女的情事，更激起臺灣住民復仇之心。

原有祖籍衝突的轉化

臺灣因為移民的祖籍不同，閩客之間、漳泉之間，甚至泉州人內部長期以來械鬥不斷。而清帝國統治期間，不僅沒有積極的化解政策，反而基於統治便利，半放任的使畛域之爭持續存在。

而日本侵臺，固然是根據《馬關條約》，在國際法上具備領臺的正當性，但是，臺灣具有發言權的紳民，卻不願接受此一現實的發展，進而挺身對抗。此一對抗與過去械鬥、民變的性質已迥然不同，因為無論祖籍為何，相對於外來統治者──日本人，彼此之間的相異點已趨淡薄，共同性則越發凸顯。在此情形下，原本臺灣人互相攻訐，而存在不斷衝突的潛在因素，亦隨之轉變。固然原本畛域的消除，需要相當時間才能收到效果，不過，乙未年抗日的過程，無疑是此一轉變的重要轉捩點或催化劑。

易順鼎的事蹟

在臺灣民主國的抗日過程中，許多上層領導人固然意志未堅，未經激烈的戰事抵抗，便紛紛潛逃離臺。而劉永福口中的「內地諸公」則常常只是口惠而實不至，甚至有的最初也只是希望堅定臺灣官紳的抗日意志，並無真正干預的準備。

但是，如劉坤一的幕僚易順鼎之流，則是少數出生入死，積極為臺灣抗日事業奔走的傳奇人物。一說他是奉了劉坤一之命，往還臺灣與中國大陸之間為劉永福到處求援。把他來往臺灣的時空因素納入考量，則更可見他個人的熱心。

　　易順鼎在臺灣民主國成立後，才向臺灣出發。而他登陸臺南之時，正值唐景崧等臺北臺灣民主國大員紛紛離臺之際。易順鼎與劉永福交談後，知道臺灣民主國抗日餉彈兩缺，遂折返中國大陸向張之洞等督撫求援。在求援失敗，又得知日軍南下之後，他又搭船回到已瀕臨危境的臺灣，希望能協助劉永福。最後因為他對戰守的意見不為劉永福接受，才黯然離臺。其間他的舅父陳粒堂也曾帶著私募的款項渡臺，希望能對武裝抗日有所助益。像他們這般積極的投入，可謂當時的異數。

乙未抗日的歷史省思

　　一般而言，乙未抗日持續的時間指涉的是從 1895 年（歲次乙未）五月二十五日，臺灣民主國成立，到該年十一月十八日日本宣布平定全島為止。在此期間，武裝抗日開始以唐景崧、劉永福為首的清帝國高級官吏，及丘逢甲、林朝棟等臺籍官紳扮演重要的角色。不過，整體而言，臺灣割日以後在臺的高級官員中，府、廳、縣、州十八位首長僅有五位留臺，其他皆迅速西渡，而且縱使成立臺灣民主國，唐景崧與劉永福之間的關係，也仍然存在各自為政的局面。

　　臺灣割日之時相對於外來的日本人，臺灣本土人民固然有與其乃不同族群意識的認知，對於後來臺灣住民共同意識的形成有跨時代的影響，但是在當時仍然欠缺類似內部交通網絡等形成共同意識的社會基礎，其形成仍必須留待日後。

　　雖然共同意識尚未形成，但是保鄉衛土的性質則在臺北以南的抵抗中，清楚呈現。乙未抗日中，除基隆、新竹、彰化、斗六與嘉義等城鎮發生與日軍正面的戰爭外，一般所謂的抗日行動仍以小街鎮、村

落的作戰和游擊為主，因此日軍才有燒毀村莊的舉動，這也顯示了乙未抗日戰役之中一般人民的參與具有濃厚保鄉衛土的性格。

　　整體而言，雖然臺灣人民的抵抗相當激烈，但是面對近代化的日本軍隊，死傷與達成的效果卻不成比例，為了抗日犧牲的人數最起碼在一萬人左右，而日軍傷亡的人數卻僅有六百餘人，倒是因為水土不服病死的達到四千多人。另一方面正由於民間抗日有保鄉衛土的性格，因此民兵的武器、裝備雖然比不上原來清帝國的正規軍，但是抵抗的意志及戰鬥力卻有過之而無不及。

習　題

1.臺灣民主國成立的目的為何？試說明之。

2.臺北以南的抵抗較強的原因為何？試申述之。

3.三國既干涉還遼，其對臺灣又採取何種態度？

第五章

日本
殖民地統治

第一節　日治時期的武裝抗日

第一階段武裝抗日行動的原因

　　日本擊敗劉永福在臺南的抵抗之後,雖然於十一月十八日宣稱平定全島,但是,各地繼起的武裝抗日行動卻仍未完全平息。大體上民間自主的武裝抗日行動,可以分為兩個階段,1895 到 1902 年是第一階段,1907 到 1915 年是第二階段。

　　第一階段的抗日行動,在北部主要領導人有陳秋菊、林李成、簡大獅等人,中部地區有簡義、柯鐵等人,南部地區則以黃國鎮、林少貓等人最著。此一階段發生武裝抗日的原因,主要有三點:

1. 日本治臺初期行政與軍紀的廢弛,引起臺人不滿。乙未抗日期間,日軍的殺戮,已留下惡劣的印象,此階段日本軍警仍常有不當殺戮的情形,而造成反抗。當時以憲兵、警察作為鎮壓臺人的主力,弊端層出不窮,時有冤獄及不當治罪的情形;而行政官員不尊重臺灣原有的民間習俗,且不按定價強迫收買物資、商品的事情,也時有所聞。

2. 治臺初期,臺灣總督府推動的財經政策剝奪了臺灣住民的既得利益與工作機會。

3. 民族主義的因素,其中包括「反日復清」與防衛鄉土以自立兩種不同的取向。

圖 23 乙未抗日的場景

　　與臺灣民主國官紳謀略式的抗日行動不同，1895 年以後民間自主的武裝抗日行動，與乙未抗日各地並舉的民軍較為類似，多是出於自我防衛的意識。加上日軍鎮壓手段十分殘酷，軍紀亦不佳，才使得武裝抗日此起彼落，直到最後頑強抵抗的林少貓於 1902 年被消滅，才告一段落。

第一階段的抗日

　　從 1895 年底到 1902 年之間，臺灣各地發生的武裝抗日行動中，遭到攻擊的日本官吏所在之辨務署、屯兵處與派出所共五十五處、九十四件。此一時期的抗日行動帶給臺灣總督府相當大的困擾，甚至曾向日本政府求援，調動部隊來臺鎮壓。由於在臺灣的統治面對此起彼落、激烈的武裝抵抗，以及當時日本政府並無法取得明顯的經濟利益，因此在 1897、1898 年間，日本輿論有放棄或出售臺灣的主張，甚至也有人批評臺灣總督府為了誘降抗日分子而給予優厚條件的作法，無異是向土匪投降。

　　而針對抗日行動的區域性互動來看，乙未抗日期間，抗日軍隊或由北部撤退至中南部，或由中南部派兵支援北部，彼此之間還有一定程度的呼應、合作，而在日治時期第一階段的抗日行動中，各地的抗日勢力各自舉事，僅在北、中、南各自的區域內有彼此聯絡，卻幾乎沒有跨區域的合作。因此，分為北、中、南三區加以討論。

㈠北部地區的抗日

　　在此階段中，稍具規模的抗日行動最早發生在北部。1895 年十二月二十八日起在瑞芳、頂雙溪、金包里等地爆發了林李成、林大北與日本憲兵隊武裝衝突及襲擊守備隊的抗日行動。次年元旦，陳秋菊、簡大獅等人更分別率領部眾企圖會師圍攻臺北城，日本當局甚至從本國調派援軍，才在三月份有效鎮壓抗日行動，殺戮數千名反抗者。抗日失敗的領導者或者逃亡至中國大陸，或者改為進行游擊戰。1897 年是臺灣住民決定國籍與去留的期限，林李成與陳秋菊等人藉機又再率眾圍攻臺北城失利，次年簡大獅及宜蘭林火旺等人再度與日方發生武裝對抗，又未能成功。

　　抗日行動的失敗加上日本政府採取保甲制與誘降政策，武裝抗日的空間更為縮小，1900 年初臺灣北部的抗日勢力幾乎完全被殲滅，是此一時期中日本首先平定的區域。

㈡中部地區的抗日

　　1896 年二月，日本警察與守備隊合作收繳各地彈藥槍械，及進行戶口的普查，雲林地區的簡義等人起而反抗，並與柯鐵、張大猷等結合進行武裝抗日。臺灣總督府為了壓制雲林地區的反抗，在六月中下旬對雲林進行全面性的武裝鎮壓，結果發生「雲林大屠殺」，焚毀了六

十個村落，殺戮六千人。此一事件不僅增加人民的反感，而且驚動國際社會。事後日本政府除懲戒相關官員之外，天皇也發放居民救濟金。經過雲林大屠殺之後，中部地區的抗日更為頑強。歷經數年的對抗，直到 1902 年五月，日本當局在斗六等六地歸順會場，進行屠殺之後，中部地區的抗日才告一段落。

㈢南部地區的抗日

　　南部地區的武裝抗日由北到南可分為：溫水溪、十八重溪、番仔山與鳳山及阿猴四個區域，主要的領袖包括黃國鎮、林少貓等人。其中黃國鎮曾經組織「十二虎」，並在圍攻嘉義之役中得到勝利，1897年春甚至進而稱帝；至於林少貓則主要出沒在下淡水溪一帶，其與日本官方多次的對抗中，以 1898 年底攻擊潮州的事件規模最大。1898年十一月，日軍對中南部進行「武裝大討伐」之後，十二月底林少貓先率部攻阿猴，其後客家村莊與福佬人村莊也曾共推領袖與林少貓合作，攻擊潮州辨務署，並得到恆春一帶原住民響應。

　　雖然南部地區的抗日相當頑強，但是面對臺灣總督府一方面採取武裝鎮壓，一方面努力誘降的策略，黃國鎮、林少貓等人先後歸降。不過，日本官方對其並不放心，特別是類似林少貓仍試圖根據招降的條件保有勢力者，更配合警察、軍憲武裝行動加以殺害，終結本階段的抗日行動。

　　就抗日行動的領導人而論，乙未抗日時，領袖有許多出身士紳階級，特別是以生員最多。相對的，在 1895 年底到 1902 年的日治時期第一階段武裝抗日行動中，幾乎看不到士紳階層擔任領導者。在此一階段中，士紳階層即使未全然歸降，對於武裝抗日也多採取消極的態度。

　　日本官方曾將第一階段武裝抗日的成員分為三類：第一類是反對

日本在臺灣的統治政策，希望恢復過去的體制者；第二類則是受日軍掃蕩，遭到逮捕，或是受誣告被迫反對的人；第三類才是具有某種盜賊意涵的抗日分子。而直到 1897 年國籍選擇之前，抗日的主要訴求仍以回歸清朝的傾向最為重要。

　　至於臺灣總督府能有效鎮壓武裝抗日行動，主要有兩個原因：一方面是日本統治基盤已經穩定，抵抗不易；另一方面兒玉源太郎總督時代的民政長官後藤新平積極招降，有相當的成果。後藤新平對投降者中順服而沒有反叛疑慮者，如北部的陳秋菊等人予以禮遇；對於仍有作亂疑慮者，則不惜背棄承諾，或直接在招降儀式中屠殺，或是在抗日者歸降後，再由警察搭配軍憲，殺害已歸順者。

武裝抗日的再起

　　1907 年武裝抗日行動再起，不過除了 1915 年的西來庵（噍吧哖）事件以外，規模都不大。而且，西來庵事件以後，漢人武裝抗日也告終結。只有原住民在臺灣總督府的高壓統治下仍有武裝反抗的情事，其中最慘烈的，當屬 1930 年發生的霧社事件。

　　在這八年的武裝抗日行動中，許多是因為日本進行林野調查掠奪了絕大多數的林野土地，以及日本資本在臺灣的擴張過程中，使臺灣本地人生計受害引起的反彈。而中國辛亥革命的成功，也鼓舞 1912 年以後部分的抗日行動。至於宗教信仰在這一階段武裝抗日的動員中所扮演的角色，也較過去的抗日行動重要。

　　由於臺灣總督府的控制力更為增強，第二階段的武裝抗日大部分的規模都不大，而且常在密謀階段，即被日本官方破獲。此一階段主要的案例共有十三件，其中真正發生武裝叛變行動的只有五件，包括

圖 24　西來庵事件的參與者被押解

1907 年十一月由蔡清琳為首的北埔事件、1912 年三月以劉乾為首的林
圯埔事件、1913 年十二月以賴來為首的東勢事件、1914 年五月以羅臭
頭為首的六甲事件，及 1915 年四月由余清芳等人領導的西來庵事件。

　　其中比較特殊的是羅福星抗日事件與西來庵事件。羅福星是同盟
會會員出身，而且在來臺從事抗日行動之前，生於廣東的他只有在
1903～1906 年之間，曾隨祖父到臺灣。至於西來庵事件除了被依法審
判的近兩千人以外，單單噍吧哖（臺南市玉井區）一地被日本統治者
屠殺據聞更多達五、六千人。

　　第二階段武裝抗日的政治訴求與第一階段有相當的歧異，其中雖
然有類似羅福星事件企圖將抗日與中國大陸之間產生某種密切的連帶
關係，但是企圖自立為皇帝，或是建立政權的事件卻更多。

　　根據學者的研究，此階段抗日運動的領導人及訴求如下：

表二　第二階段武裝抗日一覽表

年　分	事　件	訴　求
1907: 11	北埔蔡清琳等暴動	稱將有中國兵登陸本島收復臺灣，刻有「聯合復中興總裁」之印。
1908	臺南廳下丁鵬二十八宿會隱謀	稱中國兵將登陸奪還本島，又稱有清國大官朝服，本島光復後，丁鵬將當新皇帝。
1912: 3	林圯埔劉乾等暴動	稱將征服在臺日人而為王。
1912: 6	土庫黃朝等隱謀	受中國本土革命成功之刺激，揚言清兵將來臺與其結合，其將為臺灣國王。
1913: 1	苗栗羅福星等隱謀	羅氏曾加入同盟會，圖謀將臺灣收入中國版圖。
1913: 6	關帝廟李阿齊等隱謀	對日政不滿，遠因則是受中華民國建立之革命思潮影響，謀脫離日本統治。
1913: 12	東勢賴來等暴動	同上。 賴來於 1912 年曾至上海。
1914: 2	南投沈阿榮隱謀	同上。 稱將求中國革命黨援助，排除日本在臺統治權且夢想臺灣復歸中國。
1914: 2	大湖張火爐隱謀	同上。 宣稱以中國之黃興為指揮官征伐臺灣，鏖殺日人，收復臺灣。
1914: 5	六甲羅臭頭暴動	藉託神諭將驅逐日人，任臺灣皇帝。
1915: 2	臺中林老才隱謀	自稱臺灣皇帝，持有革命檄文、彈藥與軍事資金等。
1915: 4	西來庵余清芳等暴動	欲建大明慈悲國。余案共有五小派，有主張恢復臺灣為中國之版圖，亦有擁立臺灣皇帝而建立政權者。
1915: 9	新庄楊臨等隱謀	自日人手中奪還臺灣建獨立國，或回歸中國政府。

（出處：翁佳音，《臺灣漢人武裝抗日史研究 (1895～1902)》，臺北：臺灣大學出版委員會，1986，頁 144～146。）

霧社事件

　　西來庵事件以後，漢人的武裝抗日正式落幕。但是，由於臺灣總督府對原住民長期的高壓統治，且採取強制義務勞動的政策，加上地方行政官員傲慢的統治態度，造成原住民的不滿。1930 年十月二十七日爆發由賽德克族馬赫坡頭目莫那魯道領導的霧社事件，便是最具代表性的原住民武裝抗日事件。

　　臺灣總督府採取強力的鎮壓行動，除了陸軍及警察之外，並以飛機進行空襲，甚至有使用國際禁用的毒氣彈的說法。原住民不敵，莫那魯道自殺。事平後，總督府強迫參與抗日的部落遷移。次年，更唆使敵對勢力的原住民對其展開突擊，史稱「第二霧社事件」。

圖 25　霧社事件由馬赫坡頭
　　　　目莫那魯道（中立者）
　　　　發動

　　此一事件迫使總督府重新檢討理蕃政策，石塚總督更與總務長官、警務局長等官員引咎辭職。

集團移住

　　霧社事件重重打擊原先的「理蕃政策」，為了能更深入管理原住民部落，1931 年起，「集團移住」❶及加強精神教化成為臺灣總督府「理蕃政策」的新重點。

　　「集團移住」將大批居住於山區的原住民遷移至平地，改以種植水稻等農產為生，並在移住地上設立日本神社、教育所，原住民被迫放棄原有的生活型態，其與傳統領域間的連結更被切斷。

　　精神教化上，包括頭目以會說「國語」者為優先，並設立神社、禁止原住民傳統祭典。

習　題

1. 日治時期臺灣漢人武裝抗日可分為那兩個階段？
2. 第一期武裝抗日的成員主要可分為那幾類？
3. 第二期武裝抗日的主要原因為何？試說明之。

---

❶ 日治初期已有採行，但規模較小。霧社事件後，開始實施大規模的「集團移住」。據 1941 年資料顯示，總數約一萬五千戶的原住民中，有七千三百一十八戶被遷移。

第二節　日治時期的統治體制

武力鎮壓的措施

　　日本帝國自清帝國手中接收臺灣，雖完成國際法上主權的轉移，在事實上則面對充滿對抗意識的臺灣住民。對此，日本政府一開始是以正規軍進行武力鎮壓。日本政府雖然挾軍力及武器裝備的優勢，使反抗行動最多只能延緩其接收的速度，及達到騷擾的效果，而無法動搖其統治的基礎。雖然如此，日治初期從樺山總督歷經桂總督到乃木總督，卻必須時刻面對武力反抗行動。

　　在鎮壓抗日行動的過程中，臺灣總督雖然同時也是軍事的長官，不過，各個部門及層級之間，卻時常發生行政上的矛盾，軍隊與警察之間也時有對立。為此，乃木希典總督在 1897 年實施「三段警備制」，視臺灣住民抵抗的程度，區分為「危險界」、「不穩界」及「安全界」，分別由軍隊及憲兵、憲兵及警察、警察負責。

　　1896 年，乃木總督也開始推行所謂的「土匪招降策」，以替代單純的武裝鎮壓，不過，成效不彰。直到兒玉總督時代，在後藤新平招降與殲滅兩手策略的行動下，臺灣住民的武裝抗日行動才遭到更有力的抑制。

表三　日本統治時期臺灣總督一覽表

姓　名	就任年代
【初期武官總督】	
樺山資紀	1895
桂太郎	1896
乃木希典	1896
兒玉源太郎	1898
佐久間左馬太	1906
安東貞美	1915
明石元二郎	1918
【文官總督】	
田健治郎	1919
內田嘉吉	1923
伊澤多喜男	1924
上山滿之進	1926
川村竹治	1928
石塚英藏	1929
太田政弘	1931
南弘	1932
中川健藏	1932
【後期武官總督】	
小林躋造	1936
長谷川清	1940
安藤利吉	1944

《匪徒刑罰令》

　　兒玉、後藤時期承繼乃木的土匪招降政策之後❷，得到了前所未有的成果，有效削弱了武裝抗日勢力。不過，除了招降之外，殘酷的鎮壓也是使武裝抗日行動消失的重要原因。當時臺灣總督府發布了《匪

圖 26　兒玉源太郎　　　　圖 27　後藤新平

徒刑罰令》，不僅處罰十分嚴苛，法定刑期動輒為唯一死刑，且將未遂犯視同正犯處以死刑，甚至還有溯及既往的規定，法令之嚴苛非比尋常，亦與一般大陸法系罪刑法定主義的刑法原則不合。而根據後藤的記錄，從其 1898 年上任以後，直到 1902 年武裝抗日告一段落為止，臺灣總督府一共殺害了將近一萬兩千名官方所謂的叛亂者。

保甲體制的推展及控制的加強

　　有趣的是，正與乃木總督推動「三段警備制」的理由相類，為了避免命令的不統一，與軍、警的傾軋，兒玉總督廢棄了此一制度，在 1898 年正式建立殖民地警察體制。而除了其他加強控制的行動之外，保甲體制的推行，更是便利臺灣總督府加強控制的重要措施，而以警

❷　當時兒玉雖然是名義上的總督，實際則多在日本本土及中國東北兼任要職，臺灣總督府的主導人物是民政長官後藤新平。

察配合保甲，深入控制臺灣社會的基層。

　　不過，保甲體制並非兒玉、後藤時期的創舉，而是以清帝國統治時代的保甲制度為基礎，加以改進、推展。在推動之初，固然著眼於以「連帶責任」的惡法，來協助警察維持治安，其後保甲的性質則轉趨複雜。雖然保甲體制的負責人保正或甲長基本上是無給職，然而它不但收到「以臺制臺」的功效，也逐漸變成臺灣總督府籠絡地方士紳或培植地方領導人的手段。同時，配合其後的人口普查及戶籍制度的建立，保甲制度的功能有更進一步的發揮。

警察制度

　　乃木在 1897 年實施三段警備時，臺灣的警察有三千一百一十人。次年兒玉源太郎繼任總督，廢除三段警備後，進行警察制度的改革。一方面在各地大量增設派出所，另一方面設置訓練機關儲訓人才，將維持治安的任務完全由警察負責，再以保甲制度配合輔佐。到 1901 年，臺灣警察人數達到五千六百多人，派出所九百三十個，如此雄厚之警力，不僅有助於隨時鎮壓武裝抗日行動，更有助於臺灣總督府的社會控制。

　　1906 年，臺灣最高的警政機關——總督府警察本署中獨立設置蕃務課，此後警察成為總督府理蕃政策的執行者，單單在 1910 年負責理蕃政策的「蕃地」警察便達到三千人，到 1940 年更達五千多人。

　　在日本帝國所有領土中，臺灣的警察密度最高。以 1922 年為例，每一名警察管理住民的人數約為五百四十七人，相對的，連被批評為軍人政治的朝鮮，一名警察平均管理九百一十九人。就面積比例而言，臺灣每一平方公里有三點一名警察，更超過朝鮮一點三名警察兩倍多

（當然扣除「蕃地」警察以後，警察的密度就有明顯的下降）。在日治時代，警察是人民日常生活中接觸最有權力的「土皇帝」，地方巡查的地位更是在士紳之上，被稱為「大人」，其地位可見一斑。由於警察職權不斷擴充，深入人民日常生活，因而在日本統治下的臺灣，是典型的警察政治。

臺灣住民的國籍選擇

　　根據近代國際法的原則，領土的主權發生變更時，原本土地上的住民並不必然隨著主權的變更而改變國籍，在十九世紀的歐洲有許多先例都經過國籍選擇的程序。而《馬關條約》中對此也有所規定。

　　不過，日本政府對臺灣住民的政策並未確定，直到 1897 年才正式放棄使臺灣住民大量移出的可能，而採取鼓勵原本臺灣住民繼續留下的政策。結果，只有不到四千五百人，選擇保留清國國籍。

　　此一結果固然是因為保留原國籍必須離開臺灣，縱使能再以華僑的身分繼續在臺灣活動、生活，仍十分不便。但是，在二百八十萬左右的人口中，只有不到 0.16% 的人口選擇清國國籍，比率仍偏低。

　　然而這並不單純意味著臺灣住民的妥協度較高，因為比起抗日意識較臺灣高的朝鮮，1940 年當日本政府推動更改日本姓名的運動時，在半年時間朝鮮有 80% 的人口更改姓名，臺灣卻只有一百六十八人而已。當然造成臺灣與朝鮮之間改姓名比例如此大的差距，與日本統治體制的不同規範有相當密切的關係。日本在朝鮮推動的是強制改姓名運動，而在臺灣相對的必須提出申請，才可以變更為日本姓氏，二者的條件差距甚大。

　　從另一個角度來看，根據孫中山和梁啟超等人的論述，1895 年

《馬關條約》割讓臺灣給日本之際，清帝國統治下的中國近代民族主義 (nationalism) 尚未形成，臺灣住民也沒有近代民族的意識。臺灣住民的武裝抗日多屬保鄉衛土之舉，當日本統治局面穩定之後，縱使不滿日本統治者，也未必瞭解國籍選擇的意義❸。

「六三法」體制及沿革

由於臺灣是日本第一個殖民地，針對殖民地與日本的法制關係，以及臺灣的行政體系，日本政府內部意見並不一致。而在日本帝國領臺之初，統治方策的走向便由中央主管機關的臺灣事務局研議。其中，除了討論日本帝國的法規制度不在臺灣全面實施外，有關文官、武官總督制爭論問題，也由事務局總裁伊藤博文首相排除反對派的意見，決定實行武官總督體制。

行政部門主張不在臺灣立刻實施日本國內的法規後，1896 年日本帝國會議通過「六三法」，使臺灣總督擁有在臺灣的立法權（律令制定權）。由於此一制度使臺灣成為日本帝國的特殊領域，縱使成為日本國民的臺灣人，亦無法享有日本憲法保障的權利，而必須受制於專斷的臺灣總督府體制，結果不僅引起臺灣住民的不滿，且由於侵奪國會的立法權，亦引起部分日本國會議員及學者的批評。

其後，歷經 1906 年通過的第三十一號法律（「三一法」）及 1921 年制定的法律第三號（「法三號」），臺灣總督府的體制及統治的法律根據雖亦有所變更，但臺灣總督擁有立法權並沒有本質的改變。因此，

---

❸　其中最悲情的是簡大獅，抗日失敗後逃往福建，自認抗日是效忠清帝國，可保全性命。但是，清帝國應日方要求，將他引渡。簡大獅被日方處死。

法律固有更迭，整個體制有時仍通稱「六三法體制」❹。

　　「六三法」通過之初，法律本身便規定有效期間只有三年❺。這是因為在日本憲政體制下，縱使是天皇也沒有獨立的立法權，行政敕令更不得牴觸法律。一旦發動緊急命令，亦必須得到帝國議會的追認才告成立。

　　在此狀況下，臺灣總督獨立的「律令制定權」，雖然必須得到天皇的裁可，不過，不僅原則上照准，而且只要臺灣總督不主動，日本帝國議會通過的法律，對臺灣並無拘束性。值得注意的是，此一體制乃是針對臺灣，而非臺灣住民本身，是典型的「一國兩法域」❻。因此，臺灣本地人一旦前往日本本土，人權便擁有更多的保障。

　　其後，在「三一法」取代「六三法」後，才進一步限制臺灣總督的「律令制定權」，使其不得違反已在臺灣實施的法律，也不可以對抗日本母國頒布以在臺灣實施為目的的法律及敕令❼。而「法三號」則進一步希望原則上日本本土的法律適用於臺灣，限制臺灣總督的「律令制定權」只是補充的性質。這與「六三法」賦予總督的大權，以及臺灣特殊性的規定，固不可同日而語。不過，只要臺灣總督認為臺灣

---

❹　「六三法」、「三一法」和「法三號」是指當年日本國會年度制定公布的的法律依序編號，而其正式的法律名稱則都是《關於應在臺灣施行法令之法律》（台湾ニ施行スヘキ法令ニ関スル法律）。

❺　由於「六三法」賦予臺灣總督府便宜行事的權力，因此期滿後日本國會在臺灣總督府要求下一再延長，不僅「六三法」如此，其後的「三一法」也一樣。

❻　指臺灣與日本本土處於不同法律領域，這是因為臺灣事實上並非日本帝國憲法有效領域，因而日本憲法及其下的法律制度無法有效規範臺灣。

❼　換言之，根據「三一法」所謂的國會優先主義，並不是指所有日本國會通過的法律都對臺灣總督府的律令制定權具有拘束力。

有其特殊的需要，或無法適用日本本土的法律時，仍然可以行使「律令制定權」。

　　基本上，從「六三法」到「法三號」為止，臺灣總督皆享有一定的律令權，但是就法律規範的本來意思而論，「六三法」與「三一法」獨立法域的味道較為濃厚，相對的「法三號」體制則有朝向內地延長主義，有儘量將臺灣法律制度與日本法律齊一的味道。因此，從整個「六三法」體制的演變來看，乃是逐步從殖民地特殊主義轉向內地延長主義移行的方向發展。從另一個角度來看，日本帝國議會在通過「六三法」時，加入三年的落日條款，即已經表現了立法者希望臺灣的法制在三年內朝內地延長的方向發展。不過，在臺灣總督府及行政部門的要求下，此一特殊體制終究一再延長，縱使到「法三號」之後，臺灣與日本內地法制仍存有差異，並未完全相同。

總督性格的改變

　　日本領有臺灣開始，便由軍人出任臺灣總督一職，並擁有臺灣的軍事權。其間比較特殊的是，前述兒玉總督任內因為長期兼任日本本土或是在中國東北的軍職，因此事實上是由文人出身的民政長官後藤新平負責推動臺灣主要的政務。

　　其後，日本由於朝鮮「三一（獨立）運動」的衝擊，以及臺灣住民的政治對抗行動，加上日本本土在 1918 年原敬內閣成立後，所謂的「大正民主」正式展開，臺灣的殖民地體制也有改變的契機。

　　日本領有臺灣之初，原敬在臺灣事務局中本來就主張應該由文人擔任臺灣總督，當時他的意見並沒有得到採納。而在此時隨著情勢的改變，外在客觀條件已然不同，加上原敬首相個人的主觀意願，臺灣

由文人出任總督已成為可能。最後相對於朝鮮沒有完全單純的文人擔任總督，臺灣則是在明石總督之後，由田健治郎於 1919 年十月出任第一任文人總督。

1931 年日本進入十五年戰爭期以後，右派法西斯主義抬頭及軍國主義逐漸形成。1936 年，第十七任總督再由出身海軍大將的小林出任，直到 1945 年八月十五日日本投降，臺灣總督始終由軍人擔任。

統治理論的調整

文人或是軍人出任總督，並不只是表面上文人比武官表現比較溫和而已。1921 年「法三號」的通過，既然期待臺灣總督的「律令制定權」是補充日本本土法令的性質，也意味著臺灣的特殊化統治，將往與日本本土較為一致的方向發展，這似乎也可以解讀成有所謂「內地延長主義」的「同化」的色彩。不過，如前所述，此一轉變仍然是有限的。換言之，所謂的「內地延長主義」仍只是一個趨勢，在日本統治臺灣的期間，臺灣的法律制度沒有真正與日本本土制度完全一致過。

軍人再出任臺灣總督一職，已是日本軍國主義形成並強化的時代，戰爭體制下對臺灣的控制以及「統制體制」的推展便成為一大特色。不過，在同一時期「內地延長主義」的方向並沒有改變，皇民化政策固然是為了加強臺灣人對日本帝國的效忠，從另一個角度來看，也是「內地延長主義」政策的表現。當然，此一「內地延長主義」基本上歧視、壓迫臺灣本土文化的發展與延續，相對而言，對臺灣住民權益的提升，則居於次要的地位。

初期行政體制的沿革

　　以臺灣最高權力機關總督府為例，1896 年就成立了臺灣總督府評議會，但是擔任評議會員的僅限於總督府的高級官員，因此其權限雖是議決總督制定的律令，並就總督所提出諮詢的預算、決算、重大建設等提供意見，但在本質上不過是總督的附屬機關。1907 年「三一法」取代「六三法」後，改設律令議會，其成員仍然只是總督府的高級官員，職務則縮小到律令的審議而已。

　　至於總督府下的各級行政體制，於日本領臺初期，參酌清帝國原有體制，設三縣一廳十二支廳，1897 年修訂〈地方機關組織規程〉後改制六縣三廳，廳縣之下設有辨務署，其下再設街、庄、社等基層行政機關。1901 年廢縣、辨務署，而置廳，全臺分為二十廳。1909 年再改二十廳為十二廳。基本上各級地方行政機關均非地方公共團體，僅是地方行政區劃的展現，下級執行上級機關的命令。而且基層的街、庄、社等首長，不僅不具官吏資格，甚至沒有固定薪水，整個地方制度與日本國內迥然不同。

　　1920 年臺灣總督府下的地方制度有了根本性的變動，廢廳而設州，只有在州所包涵不到的地方才設置廳，州之下設市，州跟廳之下同時設有街、庄，而州廳跟街庄之間則設有郡。各級地方首長，包括州的知事、市的市尹，乃至街庄長基本上皆享有文官待遇。而無論是州、市還是街、庄都不再只是行政區劃而已，而是以公共團體的名義獲得法人資格。而除了不具法人資格的郡以外，各個地方行政區都設有官方遴選出來的協議會員所組成的協議會。

納入部分民意的行政體制改革

　　1921 年，臺灣總督府重新設置臺灣總督府評議會，由總督擔任會長，而且其成員除官吏七人外，其他人選仍由行政機關遴選，本來就欠缺民意基礎，而且評議會員最初也只有九名臺灣本地人❽。不僅如此，所謂的諮詢，實際上更只是「備諮詢」而已，連主動提供諮詢的可能都告闕如。直到 1930 年，總督府的評議會才正式擁有建議權。

　　1935 年，地方制度改革，州、市設置了具有議決能力的市會及州會，街、庄則維持協議會的組織。

　　在新的制度下，臺灣住民（包括來臺定居的日本人）終於有了參與政治的管道。由於初次擁有選舉權，1935 年的選舉投票率達到了96% 左右。不過，在市會的選舉當選人中日本人的人數還多過臺灣本地人。而在街、庄則由於日本人居住者較少，臺灣本地人占了民選席次的大多數。

　　除了地方性質的民意參與管道以外，日本政府最後在體制上終於給予臺灣住民參與國政的權利，1945 年三月，眾議院議員選舉法修正及「法三四號」公布，規定臺灣可以選舉產生五名眾議院議員。但是，在日本投降之前，這項權利根本沒有落實的機會。因此，在中央政權的參與方面，只有在 1934 年象徵性的敕選辜顯榮擔任貴族院議員，及1945 年敕選林獻堂、簡朗山、許丙出任貴族院議員（因戰事未曾出席）而已。

---

❽　包括林熊徵、顏雲年、李延禧、簡阿牛、辜顯榮、林獻堂、許廷光、黃欣、藍高川等九名。

　　縱使如此，選舉制度也規定了對臺灣住民歧視的條款。首先，日本早在 1925 年便實施普通選舉，但此時臺灣住民仍必須繳交一定數額的國稅才有選舉權。同時，日本本土平均每十五萬人便可以選出一席議員，而臺灣卻必須每一百萬人才可選出一席。

司法制度

　　日本統治期間的政治措施中，必須附帶一提的是司法制度對臺灣的影響。日本在臺灣成立殖民地的司法制度，同時也透過近代法院、審判制度的建立，促進臺灣司法運作的「近代化」。而法官在審理案件時，大體上也能「依法審判」。

　　早在乃木總督時代，由於行政、司法機關的見解不同，便曾爆發所謂的「高野孟矩事件」。當時擔任高等法院院長的高野，在其任內揭發了一連串的弊案，不僅高級官員多人被捕，敕任官中也有多人家中遭到搜索，並導致總督府人事大變動。可是高野本人不但被免去總督府法務部長的兼職，連高等法院的本職也被以違憲的命令停職。他執意上班，甚至被警察逐出。為了支持高野，包括地方法院院長在內，多位法官也辭職抗議。此一事件的發生，是因為日本本土依據憲法保障法官地位的制度，在臺灣並不適用所致。

　　發生高野孟矩事件後，1898 年制定了《臺灣總督府法院條例》，規定判官（法官）非經刑法宣告或懲戒處分，不得違背其意志加以免官、調官，而除了受處分不能免職、調職之外，要其退職則須有健康上的理由，再經高等法院的總會決定後才能生效，因此，臺灣總督此後不能因為擁有命令權而隨意指揮法官裁判，所以能夠保障司法起碼的獨立。而且當時司法官的操守形象大體上十分良好，只是由於體制

上尚未進入近代民主憲政體制，違憲審查權付諸闕如，因此縱使養成所謂的守法精神，大體上仍只是「惡法亦法」，離法治／法律主治 (rule of law) 的近代法治精神仍有相當距離。

雖然如此，日治時期的法官仍時有依法對抗總督府體制的行動。1924 年著名的「治警事件」中，對於此一臺灣菁英因為要求設置議會而遭到檢方以《治安警察法》起訴的案件，一審庭長不僅依據法理批駁與犯罪事實無關的政治指控，而且一審被告全部被判無罪。這是日治時期臺灣司法史上，值得一提的事情。不過，二審主要的參與者仍被判刑入獄，是日治時期臺灣菁英要求政治改革，遭到打壓的政治案件。從另一個角度來看，臺灣菁英在日本根據憲法進行國會請願，回到臺灣卻遭到臺灣總督府的政治迫害。換言之，縱使在推動「內地延長主義」的階段，臺灣在殖民地特殊法域下，仍無法享有憲法保障的權利，也說明了臺灣菁英要求設立殖民地議會的時代需求（詳見下節）。

法律制度的發展

日本在臺灣實施「六三法」體制，實施結果固然存在相當多對臺灣人民的歧視與壓制，但是就其立法的本意而言，也有其正面的意義。因為統治臺灣之初，日本當局對於引進與臺灣本來社會、文化、風土不同的法律制度，抱持著相當審慎的態度。如 1898 年律令第八號，雖規定日本本土的刑法、民法、商法及其附屬法在臺灣施行，不過這些法律僅限於與日本本土人民發生關聯時才適用，反之如果純粹屬於臺灣人，或是臺灣人與清國人之間的問題，則根據原來的慣例進行處理。而為了掌握日本的法律制度引進之後與臺灣原有的社會文化可能產生的摩擦，1901 年臺灣總督府成立臨時臺灣舊慣調查會，並由後藤新平

兼任會長，進行大規模的調查。這些調查的結果，自然對臺灣總督府統治政策的決策，發生相當大的影響，同時也提供日後研究當時臺灣的社會不可替代的基本資料。

　　但是日本政府將近代法律制度引進臺灣的終極目的，仍在於期待臺灣從原有的社會文化過渡到近代法律體系的基本要求。因此，當時的司法制度固然仍然承認臺灣人納妾的婚姻，不過相對的也確立了女性的離婚權，即是一個例子。

習　題

1. 試比較「六三法」、「三一法」、「法三號」的異同。
2. 臺灣在 1919 年後總督改由文人出任，試說明其原因。

第三節　政治與社會抗爭

政治抗爭的開端

相對於漢人武裝抗日的結束，1914 年「臺灣同化會」的成立，則可視為臺灣人政治抗爭的開端。本來 1897 年的國籍選擇中，大部分的臺灣本地人都成為具有日本國籍的日本國民。但是，同前所述，在臺灣人進行國籍選擇前，1896 年三月日本政府公布了「六三法」，臺灣被排除在日本憲法的有效施行範圍之外。如此，成為日本國民的臺灣住民，在臺灣卻不能與日本本土國民享有同等的權利與平等的待遇。因此，1914 年藉著同情臺灣本地人處境的板垣退助來臺的機會，林獻堂等人便響應其同化的提議，正式組成「臺灣同化會」。

對臺灣總督府而言，板垣退助推動「臺灣同化會」雖然是促進臺灣人同化，卻是站在反對總督府既有統治政策的立場。不過當時日本首相大隈重信與板垣不僅在早年明治維新時代即建立深厚的關係，同時也是日本民權派重要的政治人物，因此同情板垣的主張，在此情況下臺灣總督府也不得不讓「臺灣同化會」成立。

「臺灣同化會」一方面主張「臺灣人」向「日本人」同化，另一方面則強調「臺灣人」應享有與「日本人」平等的權利。就前者而言，本來就是日本總督府的政策，而林獻堂與支持「同化」的臺灣本地人，所追求的則是「臺灣人」地位的提高。

梁啟超的影響

　　林獻堂選擇接近板垣退助等日本政要，採取成立「臺灣同化會」的方式要求日本當局改革，多少受了梁啟超的影響。1907 年當林獻堂認識流亡在日本的梁啟超時，梁啟超向他建議，中國在三十年內沒有能力援助臺灣的住民，而採取暴動的反抗方式，在日本的鎮壓下，只是無謂的犧牲。最好學習愛爾蘭的經驗，結交日本政要，以牽制臺灣總督府，使其不敢過分壓迫臺灣本地人。甚至可進一步設法取得參政權，以對抗統治者。而 1913 年，林獻堂透過板垣退助結識國民黨的戴季陶時，戴氏也向他提出相類的建議。

　　以後雖然林獻堂本身的政治路線也有所轉折，不過在政治抗爭的路線上，所謂的「愛爾蘭模式」則成為臺灣歷史上非常重要的政治訴求。

撤廢「六三法」的訴求

　　臺灣士紳推動「同化」背後的目的，是反對總督府的統治體制，對此，臺灣總督府亦相當了解，因此 1915 年一月便下令強制解散「臺灣同化會」。既然以夾帶方式來追求臺日平等都遭到封殺，以林獻堂為主的士紳便明白提出撤廢「六三法」的主張❾，他並於 1918 年在東京出任以撤廢「六三法」為目標的「啟發會」會長。不過，撤廢「六三法」對統治體制而言，是期待「內地延長主義」的實現。換言之，也就是追求日本本土自憲法以下的法律、制度能在臺灣一體適用。如此，

---

❾　當時臺灣早已實施「三一法」，只是在臺灣住民看來仍是「六三法體制」，因此主張撤廢「六三法」。

臺灣文化的特殊性固然無法確保，以臺灣的人口所選出的議員數，在多數決之下，是否能確保臺灣人的利益，亦不無商榷的餘地。

因此，在第一次世界大戰後，由美國威爾遜總統 (Woodrow Wilson) 提出的「十四點原則」催化的民族自決風潮中，林呈祿提出設置臺灣議會的主張，便迅速取代了撤廢「六三法」的訴求，成為臺灣本地人對統治者抗爭的重要政治主張。

臺灣新民會的組成與宣傳媒體

1920 年主張改革臺灣政治體制的「新民會」在東京成立，由林獻堂出任會長。而「新民會」的學生會員，則設立「臺灣青年會」。以後，除了早期舉辦撤廢之「六三法」的演講外，主要的活動常常都由「臺灣青年會」具名。

兩會共同的機關刊物《臺灣青年》則於 1920 年創刊，籌備發行期間連當時與臺灣總督府關係良好的「有力者」辜顯榮等人也捐了五千多圓❿，這是最早表達臺灣本土菁英政治要求的定期刊物。1922 年其後繼月刊《臺灣》出刊，1923 年再改名以《臺灣民報》的形式出版，並由半月刊逐步改為旬刊，至 1925 年發展成為週刊。

由於主要的會員多在日本，且在日本憲政體制保障下的日本本土言論尺度較寬，因此，《臺灣青年》系列的刊物一開始係在日本發行。直到 1927 年《臺灣民報》增加日文版後才取得臺灣總督府許可，改在

---

❿　這或許說明了縱使辜顯榮在政治路線上選擇做臺灣總督府的協力者，對於臺灣人在殖民體制下受到的不平等待遇，也有相當的認知。在臺灣士紳為了爭取臺灣人在本地接受中學教育的運動中，辜顯榮也和林獻堂等人共同捐款，促成臺中一中的建校。

臺灣發行，從此臺灣本地人才在島內擁有自己發行的新聞媒體。1930
年《臺灣民報》改組為《臺灣新民報》，1932 年改為日報發行，這也
是在日治時期臺灣本地人唯一擁有的報紙媒體。

議會設置請願運動

　　前述林呈祿主張維持臺灣的特殊性，要求設置殖民地議會，追求
自治的論點，於 1920 年十二月發表在《臺灣青年》，引起了相當的回
響。林獻堂也贊成此一訴求，並由他領銜在次年一月正式向日本帝國
議會提出〈臺灣議會設置請願書〉。此後的十三年間，前後共發動了十
五次的請願，扣除重複參加的人，有一萬兩千多人簽名。

　　議會請願運動中，由於臺灣總督府採取壓制手段，曾使不少領導
人物遭到司法審判。臺灣總督府對於議會設置請願這種要求體制內高
度自治的政治訴求，自始即透過行政體系施壓阻撓。1923 年，部分參
加請願人士返臺後，臺灣總督府將此一原本被日本憲法所保障的請願
行動中，所謂的「議會期成同盟會」組織，以違反《治安警察法》為
由，逮捕參與運動的主要成員，史稱「治警事件」❶。但是，此一事
件並未阻斷他們繼續推動議會請願運動的作為。

　　雖然臺灣是屬於日本的殖民地，但如果成立有立法權和預算審核
權的臺灣殖民地議會，臺灣的住民（包括在臺灣的「日本人」）透過選

---

❶　此一事件凸顯了：臺灣菁英在日本本土根據憲法擁有請願權，主張設立殖民
　　地議會的訴求也在當時法令許可的範圍內。但是，如前所述臺灣與日本並不
　　是相同的法域，日本憲法對臺灣總督府也不必然具有拘束力。因此，臺灣總
　　督府可以根據《治安警察法》限制在臺灣組成設置議會請願的團體，並依此
　　在臺灣起訴參與議會設置請願運動的代表。

舉，選出議員，組成議會，在議會中便可以決定臺灣本身的法律，控制財政，制衡總督府。因此，後來臺灣左派的反對運動者雖然批評主張設置殖民地議會，是與日本統治者妥協，在殖民地體制下謀求有限的改革與利益。但是，對日本政府而言，此一主張卻可能隱藏了走向英國式自治領殖民地的危險，甚至可能導致脫離日本的獨立運動，而始終加以拒絕。

當時在進行請願的過程中，不僅面對日本政府的拒絕、臺灣總督府的打壓，臺灣本地人中支持總督府統治體制的辜顯榮等士紳，也曾召開所謂的「有力者大會」加以抵制。有心人固然鍥而不捨，不畏打壓，持續推動請願，但由於無法取得日本帝國議會的支持，始終無法成功。

1934 年九月，由於中川總督的強硬態度，長年面對臺灣總督府壓力的林獻堂與幹部們協商以後，被迫決議停止議會設置請願運動。追求自治的政治舞臺，退縮到臺灣內部地方自治的有限範圍。

雖然臺灣議會設置請願運動是在日本大正民主的時代展開，當時臺灣總督府的統治體制也較過去開放，但是實際上臺灣本島所處的政治環境比起在日本本土仍然嚴峻得多，所以臺灣菁英在推動設置臺灣議會運動請願之時在島內便遭到相當大的困擾，其間臺灣總督府更不惜祭出所謂的《治安警察法》，將參與的菁英起訴，造成著名的「治警事件」。當時蔡培火、蔣渭水等人於 1923 年成立臺灣議會期成同盟會，在臺灣申請不准之後，便移到可以舉行活動的東京，繼續以組織的力量推動設置議會請願的事宜。臺灣總督府則於 1923 年十二月十六日，進行全臺性的大檢舉，展開對請願運動活躍者的搜查、扣押、傳訊行動，並起訴其中的活躍分子。透過此一事件，可以看出縱使在大正民主時期，臺灣與日本本土言論、結社自由的尺度仍然差距甚大。

議會設置請願運動不僅促進有意追求臺灣人民權利的菁英之結

合,相對的也造成臺灣社會中知識分子及上層士紳界線分明的分化,支持總督府統治體制與推動議會設置請願運動的兩派士紳和知識分子之間,呈現一定程度的分裂與對抗。

臺灣文化協會的成立

臺灣島內的政治抗爭團體 , 則從 1921 年成立的臺灣文化協會開始受到矚目。而臺灣文化協會本身的發展及其影響,更是日治時期臺灣政治、社會史上重要的一環。

臺灣文化協會的主要催生者是蔣渭水 , 他認為臺灣島內應該組織類似民族運動的主導團體與啟蒙組織,以擔負推動議會請願及文化啟蒙的角色。蔣渭水進而與林獻堂等人相議,因而有臺灣文化協會的成立。

圖 28　臺灣文化協會

　　臺灣文化協會成立之初，推林獻堂擔任總理，由蔣渭水出任專務理事。其成立雖以「助長臺灣文化的發達為目的」，扮演文化啟蒙者的角色。不過在當時的社會文化脈絡中，臺灣文化協會推動的社會文化活動，往往也帶有政治抗爭的意味。

臺灣文化協會與新文化的推動

　　日本殖民臺灣基本上是以近代歐洲作為仿效的對象，透過學校教育，將西方近代文化持續引入臺灣。而臺灣本土菁英接觸西方近代文化之後，也有意識的引進西方近代文化。臺灣文化協會成立固然在政治層面是臺灣菁英自覺的表現，在社會文化方面，也是臺灣文化自覺的重要里程碑。當時臺灣這些菁英雖然有意識的對抗臺灣總督府的統治，要求改革，並在議會設置請願運動的脈絡中，試圖建立臺灣住民的政治主體性。不過，基本上臺灣文化協會成立之初，並不是以尊崇、發展傳統漢人文化為目標，並藉此與日本的文化對抗。相對的，臺灣文化協會的領導人主要是主張批判臺灣當時陳腐的漢文化，積極引進西方近代文化，以發展臺灣文化，建立臺灣文化的自覺與自尊。臺灣文化協會的主要領導人蔣渭水便表示：「臺灣人現在有病了……我診斷臺灣人所患的病，是知識的營養不良症，除非服下知識的營養品，是萬萬不能痊癒的，文化運動是對這病唯一的原因療法，文化協會，就是專門講究並施行原因療法的機關。」如此，必須批判臺灣不良的漢文化的內涵，引進西方近代文化並使其普及化。

　　文化協會成立後，舉辦各種文化推廣的講習，短期學校（夏季學校），設置讀報社，推動文化話劇及電影巡迴播映（美臺團）等等。其中到各地方舉辦具有啟蒙民眾作用的演講，最受注目。由於演講過程

及其內容常常批評日本當局，因此，依據 1923 年開始在臺灣實施的
《治安警察法》，文化協會的演講者常被警察下令「辯士中止」而中斷
演講，演講者則往往採取接力的方式，尋求向聽眾傳達理念的機會。
而在治安機關的壓制下，更有五十多次連集會本身都被下令解散。

意識的啟蒙與社會運動的展開

文化協會的活動雖然受到官方的打壓，但是仍然影響各地的青
年，甚至社會上工商大眾及農民在其啟蒙活動之下也有所覺醒，透過
文化協會的影響及活動，各地的青年有組成各種團體的現象；而文化
協會舉辦的活動和傳播的新知識，也使工人、農人對於其自身的處境
有更多的認知，乃至民族意識也有相當的覺醒。特別是工人、農民團
體的組成，是文化協會在未分裂之前活動推展的重要成果，如林獻堂
向農民演說，影響 1925 年的二林蔗農組合的組成即是一個例子。不
過，1926 年全臺性的臺灣農民組合成立後路線日益左傾，採取傾向階
級鬥爭的路線，則又與文化協會推動相關活動的用意有所不同。無論
如何，農民運動的崛起，基本上仍是未分裂之前臺灣文化協會的重要
影響成果。

臺灣文化協會的分裂及其後續發展

臺灣文化協會成立之初即包括各種不同思想、主張的成員。1926
年底，主張合法政治抗爭的蔡培火派、受辛亥革命影響較深的蔣渭水
派以及主張社會主義的連溫卿、王敏川派之間的對立已然成形。1927
年改選結果，左派正式掌權，林獻堂、蔣渭水、蔡培火相繼離開，以

後組成臺灣民眾黨。文化協會性質也發生轉變，明顯左傾，史稱「新文協」。

　　1928 年作為日本共產黨支部的臺灣共產黨成立，並積極介入臺灣文化協會。1929 年，更將連溫卿逐出，以後文化協會即逐漸發展為臺共的外圍組織。

臺灣民眾黨及其後續發展

　　林獻堂等人離開臺灣文化協會後，歷經波折終於在 1927 年取得臺灣總督府的組黨許可，成立臺灣民眾黨。由於原本主張設置殖民地議會的人士，轉而以民眾黨為政治舞臺，而向左轉的文化協會不再支持議會設置請願，臺灣本島議會設置請願運動的推動工作便由文化協會轉到民眾黨身上。

　　但是民眾黨成立之初，蔣渭水強烈的「民族主義」色彩，和蔡培火在政治路線便有衝突。其後，蔣渭水秉持其全民運動的理念，積極結合勞工、農民，特別是其主導的「臺灣工友總聯盟」發展十分迅速，壓倒左派工運的聲勢，更使主張穩健路線爭取自治的部分黨員感到疑慮。1930 年楊肇嘉返臺以後倡議組織「臺灣地方自治聯盟」，吸引了蔡培火等人投入。十二月，堅持黨員不得跨黨的民眾黨開除了林獻堂以外加入自治聯盟的黨員。而林獻堂則在 1931 年初表明為支持不得跨黨的決議，退出民眾黨。

　　穩健派退出以後，1931 年二月民眾黨大會通過主張左傾的修正案，日本警察則當場逮捕蔣渭水等人，並宣布解散民眾黨。

圖 29　臺灣工友總聯盟成立大會

圖 30　臺灣民眾黨解散後幹部最後一次合影

壓制左派運動

日治時代臺灣左派運動中最激烈的代表，當推 1928 年以共產國際指令在上海成立的臺灣共產黨。臺共成立之初，組織上屬於日本共產黨的「臺灣民族支部」，而以臺灣民族獨立、建立臺灣共和國為其訴求❷。臺共成立以後，積極介入臺灣社會、文化運動，新文協及農民組合陸續成為外圍。1920 年代末期日本政府開始嚴格取締左派活動，日本共產黨及左翼組織的幹部、成員大量被捕，組織被解散，臺灣左派運動也遭到鎮壓。1931 年六月臺共黨員「檢舉」，臺灣共產黨固然首當其衝，其外圍組織的文化協會及農民組合亦遭檢舉而結束。

自治努力的終結

臺灣地方自治聯盟成立後，即明白要求「實行完全之地方自治」。但是一再請願不成，內部便又出現主張改組為更具抗爭性質的政治團體，不過，由於當時政治氣壓甚低，才未造成分裂。

在臺灣總督府明令禁止議會設置請願運動以後，追求臺灣自治的主張，在所謂「合法」的空間中，只剩下追求臺灣總督府之下各級地方自治之可能，以全臺灣為單位的自治，已無法推動。1937 年，中日戰爭的爆發使得地方自治聯盟的幹部越發覺得沒有施展的空間，而且軍國主義體制下高壓統治的氣氛也益發濃烈，在危機重重之際，便於

---

❷　當時第三國際決議支持、推動民族自決運動，在此背景下不僅臺灣共產黨主張建立臺灣共和國，日本共產黨及中國共產黨也抱持此一立場，這也是延安時期的毛澤東會表示支持臺灣獨立的原因。

同年八月自動解散。至此，日治時期有組織的政治抗爭也告落幕。

　　整體而言，臺灣在日治時代展開的政治抗爭，基本上是由日本統治初期出生的新生代所主導，而由類似林獻堂等老一代士紳扮演支持的力量。他們基本上都受過近代的教育，與日本當局進行的政治抗爭，其意涵也往往具備近代性，或者由自由民權的觀點強調基本自由的保障，以及參與政治的權利；或者是從社會主義觀點的立場切入，強調進行社會主義的階級運動。因此在對臺灣總督府進行政治抗爭之中，雖然中國的認同問題時而呈現，但是對於整個運動而言，所起的作用比起統治者（日本人）與被統治者（臺灣人）之間的矛盾關係顯得較不重要。

習　題

1. 臺灣同化會的主張為何？林獻堂等人所重視者又為何？
2. 試述臺灣文化協會成立的背景。
3. 臺灣民眾黨分裂的原因為何？試說明之。

第四節　經濟與社會的發展

日本帝國主義體制的編成

日本取得臺灣以後，如何在臺灣建立附屬於其本土的社會、經濟與文化體制是其統治的重點。在甲午戰爭前後，明治維新後的日本，雖然已經有「富國強兵」的形象，但實際上日本政府投入相當多的經費進行武裝及其本土的建設，加上軍費的支出，財政狀況並不理想。所以，如何在臺灣取得經濟利益，以及臺灣總督府如何能自給自足，成為日本政府向其人民宣示其具有統治臺灣正當性的重要依據。

不過，日本政府及臺灣總督府並不汲汲於殺雞取卵式的剝削。而是一方面將臺灣編入其帝國主義的體制內，一方面則是在臺灣推動具有「近代化」(modernization) 性質的基礎建設，以強化其在臺灣的統治，便利其汲取臺灣的資源。因此，在日本統治期間，臺灣才會有相當的建設。

關稅與貨幣的整編

臺灣在由清帝國統治時，海關由英國人管理。而海關及關稅乃屬於國家主權行使的一部分，因此，1896 年日本便使臺灣適用日本本土的關稅法制，將臺灣在此一層面納入日本的經濟圈。如此一來，原先

歐美資本在臺灣的優越地位便被日本資本所取代,其產品及資本的競爭力大減。相對的,日本資本在臺灣則取得較佳的發展機會。

除了關稅以外,日本也在臺灣進行貨幣整合工作。不過由於臺灣流通的各國貨幣十分複雜,日本政府便先進行本土的金本位體制改革,而以 1899 年設立的臺灣銀行為中心,暫時維持臺灣以銀為交易媒介的習慣,配合金、銀的公定兌換率作為過渡。其後,在 1904 年再由臺灣銀行發行金本位制的臺銀券,與日本完成幣制的統合。

土地調查與土地改革

當時臺灣由大租戶、小租戶、佃農構成的土地所有制度十分複雜,土地所有權完整的轉換並不容易,而田地的面積亦不確實。因此,臺灣總督府便以過去日本本土土地改革的經驗,在臺灣進行土地改革。

1898 年,臺灣總督府從初步控制臺灣北部開始進行土地調查,至 1904 年完成。調查結果臺灣的田地面積,較劉銘傳時的調查結果,增加 70% 以上,這當然也增加了日本總督府的稅收。

土地改革實施的過程中,1903 年臺灣總督府先禁止新設大租權,次年,給予大租戶低額的公債作為補償,確立小租戶作為土地唯一的所有者,土地作為商品流通的可能性大增,相對的也有利於日本人(資本)取得土地。而由於補償的代價不高,大部分的大租戶便告沒落。比較特殊的例子之一,則是包括霧峰林家在內,臺灣中部地區一些較具規模的大租戶,以取得的公債作為主要的資金,設立了由臺灣本土人士創建的彰化銀行。

除了田地以外,1910 年開始展開的林野調查,臺灣總督府採取凡不能確切提出所有權的林地,一律視為無主地,而收歸國有的政策。

由於在臺灣開墾的過程，一般人民欠缺林野業主權的證明，因而申報結果將近八十萬甲的林野中，民有地只有三萬一千多甲，95% 以上的林野都透過調查而國有化。臺灣總督府掠奪了這些林野以後，則再透過官有地放領的方式，轉移給來臺投資的日本資本。

戶口調查與其他基礎建設

1905 年臺灣總督府開始進行戶口調查，一方面加強對臺灣的控制，另一方面則為日後良好的戶籍制度建立基礎。包括前述的土地調查在內，對於日治時期初期臺灣的建設，第四任總督兒玉源太郎的民政長官後藤新平，可謂建樹最多。他動用發行公債所取得的資金，建設縱貫鐵路、公路與電信、海港等工程。這些施政固然有助於日本對臺灣的控制，卻也提供臺灣經濟進一步發展所需的基礎建設。而到 1905 年，後藤新平透過保甲的動員，以及投降的抗日軍，共建造了九千多公里的道路。1908 年縱貫鐵路通車，更成為臺灣陸上交通的主動脈。這些鐵、公路的建設，拉近了臺灣各地的距離，也提供了形成共同體 (Community) 不可或缺的硬體基礎。

臺灣財政的獨立

由於領有臺灣初期，軍費及其他建設的支出十分可觀，臺灣總督府的財政收支無法平衡。因此，總督府乃透過土地調查、專賣事業、地方稅及發行事業公債等方式增加收入。土地調查增加 70% 以上的田地，本已擴大了稅基。而在臺灣特殊的統治體制下，總督府又可以提高稅率，配合開徵地方稅，增加不少收入。專賣事業則更是一大財源，

圖 31　基隆港

圖 32　基隆火車站

當 1905 年臺灣財政開始轉虧為盈時，專賣的收入便占了總督府財源的
60% 以上。

日本糖業資本的擴張

原本在 1860 年開港以後，糖是臺灣輸出總額的第二位，有相當
良好的基礎。日本領有臺灣以後，為便利日本資本在臺灣的發展，以
及減少日本每年向外國購糖的支出，便以糖業作為經濟發展的重點。

臺灣總督府在 1902 年發布〈臺灣糖業獎勵規則〉，又於 1905 年
公布〈製糖場取締規則〉，提供包括資金援助、原料確保、市場保護在
內的新式製糖業保護方案，而將臺灣本地人經營的傳統製糖業排除在
獎勵之外。

圖 33　臺灣製糖株式會社（橋仔頭）

　　由於限制新式製糖工場的數目，又規範各場採購甘蔗原料的區
域，臺灣本地人種植的甘蔗在市場供需法則之下，價格低落。但是，
大量生產的甘蔗基本上乃是經濟作物，賣給製糖業加工，是當時經濟
體制設計的必然結果，因此對種蔗的臺灣人而言，經濟上自然不利。
而新式製糖業既然有利可圖，彰化辜家、板橋林家、高雄陳家等本土
資本，也投入經營行列。但是，臺灣總督府在 1912 年下令，禁止臺灣
本地人自己組成「會社」，使臺灣本地資本（不僅糖業）必須附屬於日
本資本，才得以存續。

　　至於在整個糖業分工生產的過程中，為了提高新式製糖業的利
潤，臺灣的地主與佃農負責的農業生產過程遭到剝削，而日本的資本
則主宰了工業生產過程及行銷。如此，固然是壓榨臺灣本地人而圖利
日本資本家，卻也使工業生產總值在臺灣經濟的比重大幅提高。

農業及灌溉系統的改良

　　日本統治臺灣之後，臺灣總督府陸續推動農業改革措施，包括制
定相關的法規、設立研究機構、創設新農業組織、興修水利工程等，
並以品種選擇與改良、推廣肥料的使用、防制病蟲害等作法，達到增
產目的。

　　1905 年前後，就在臺灣新式蔗糖業開始蓬勃發展之際，農業環境
也開始有大幅度的改善。當時除大量引進土木技術人員來臺外，也推
動稻米、甘蔗灌溉率的試驗。其中水利設施也是重點之一，總督府土
木局並設水利課。1908 年進一步公布〈官設埤圳規則〉，並以三千萬
圓的經費預算，計畫補助全臺十四處埤圳。其中最大的灌溉工程，則
是 1916 年興建，1928 年完工的桃園大圳，對北臺灣農地用水問題的
解決，大有助益。

蓬萊米與嘉南大圳

　　1918年由於日本本土稻米不足，日本在臺灣的經濟政策也發生轉變，除了原有新式糖業以外，也希望臺灣能扮演供給日本稻米的角色。為了此一目的，臺灣總督府也進行稻米的品種改良，成功研發適合日本市場口味的蓬萊米。

　　既然決定要增加水稻生產，便需要加強建設灌溉系統，為此臺灣總督府於1920年開始嘉南大圳及其他灌溉系統的建造，並於1920年代末期完成臺灣水田所需的灌溉系統。嘉南大圳於1920年開工，主要的供水設施，包括1927年完工的濁（水溪）幹線，以及1930年完工的烏山頭水庫，灌溉面積近十五萬公頃，使原本受限於水利灌溉不足的嘉南平原農業生產力倍增。後人追念負責工程設計及灌溉規劃的八

圖34　嘉南大圳

田與一的貢獻，尊其為「嘉南大圳之父」。嘉南大圳的灌溉水道長度將近一萬五千公里（其給水幹線、支線、小給水路共長達八千七百二十公里，排水路有六千九百六十公里），整個水路網的長度比中國的萬里長城還要長（約六千七百公里）。另一方面，農業耕種技術及品種改良也需要專門人才，因此，先後成立了嘉義農林學校及宜蘭農林學校。臺灣在 1920 年代便具備了 1960、1970 年代東南亞地區「綠色革命」的經驗。

米糖相剋問題

　　由於臺灣總督府先後推廣甘蔗及水稻的種植，但是同一耕地不可能同時進行兩種作物的種植，如此兩種政策性推廣作物本身就出現了「米糖相剋」的問題。而且，這與臺灣傳統地主或農民單純因為作物收益的考量，產生的相剋問題不同。乃是由政策內在的緊張所產生的矛盾現象。而總督府政策的矛盾，對農業的實際經營者而言，提供了作物選擇的更大空間。

　　由於米業的生產過程與糖業不同，日本資本所控制的主要只是輸出的部分，減少了日本資本的剝削，種植稻米對臺灣的地主和佃農而言，都獲利較多。特別是臺灣的本土資本掌握了大部分稻米的加工、流通過程，更有利於資本的蓄積。基於利益的考量，許多臺灣的地主和佃農便傾向種稻。相對的，無論先前迅速增加的蔗作，或是總督府致力於稻作生產，都是總督府政策的一環。而臺灣總督府為解決此一由稻米與甘蔗種植農地的衝突所引發的「米糖相剋」問題，在問題最嚴重的南部平原，曾利用水資源的規劃分配，推動「三年輪作制度」，來制約農民作物的選擇。

1930 年代的轉變

1931 年日本關東軍中、下級軍官在中國東北主導了「九一八事件」，對日本而言，開始進入了所謂的「十五年戰爭」時代。軍方及右派分子的影響力日增，軍國主義思想逐漸昂揚，日本本土的經濟開始轉換成國家資本主義體制，經濟的發展必須為軍事目的服務。作為殖民地的臺灣，在總督府主導下的經濟政策本來就是附屬於日本本土，為日本的利益而存在，此時也發生重大的轉變。其中最重要的，便是將臺灣明白定位為日本的「南進基地」，積極推動工業化。

由於 1930 年代初期，經濟大恐慌橫掃全球，日本農業亦受波及，農民生活艱難。而由於明治維新以後，日本的少壯軍人多出身農村，配合以農村作為基盤的政治人物，為了維護日本本土農民的利益，從 1931 年開始便更積極的限制臺灣米輸往日本，確定臺灣農產只是補充日本本土生產不足的角色，而將臺灣農業經營的收益問題，明白的置於次要地位。

工業化的發展

臺灣新興工業化的發展，可以臺灣總督府投資興建達十五年的日月潭發電所完工的 1934 年作為里程碑。至此，新興的水泥、金屬、肥料、窯業得到廉價的電費優惠，而有更佳的發展契機。1937 年機械、造船、石化業等新工廠紛紛設立，次年纖維業及大規模的水泥業也引進臺灣。同時大規模的發電計畫，以及新的港口建設也陸續展開。

雖然，臺灣的工業化基本上是作為日本軍國主義「南進基地」所

要求的工業化，但是除了軍需工業及相關產業以外，作為「基地」，原本從日本本土輸入的日用品，也逐漸由在臺灣開辦的相關輕工業所替代。這也是軍需工業以外，臺灣工業發展的另一個面向。

由於長久以來農業一直是臺灣經濟的主力，加上傳統認為殖民地是原料及農產品的產地，又是殖民地母國工業產品的市場，因此「農業臺灣，工業日本」成為一般對日治時期臺灣經濟狀況的印象。

但是事實上，臺灣的工業仍有相當的重要性。在 1931 年臺灣總督府剛要積極推動臺灣的工業化時，臺灣的工業生產總值已經達到二億零四百九十萬元，稍遜於農業生產總值的二億零九百九十萬元。而經過 1930 年代的工業化推展，1939 年工業生產總值更達五億七千零七十萬元，超過農業生產總值的五億五千一百八十萬元。不過，這也正顯示了縱使在臺灣總督府積極推動工業的時期，臺灣農業生產的成長仍然十分可觀。在 1930 年代，自 1918 年以後推動的稻米改良，伴隨著嘉南大圳的完工，使蓬萊米的產量大增，是此一時期農業產值也迅速增加的主因。

雖然工業生產總值超過農業，但農業的從業人口數仍高於工業，農村的社會結構也沒有重大改變，因此，在日治時期臺灣的社會發展固然有日漸現代化的現象，農業社會在戰後才轉型成為工業社會。

1944 年以後美軍對臺灣的空襲破壞了許多工業生產措施，戰後的工業生產復原工作，又較農業遲緩許多，臺灣的農業生產才又暫時凌駕在工業生產之上。不過，日治時期養成的技術人才，以及本土產業的經營者，戰後繼續投入臺灣相關產業，是臺灣經濟發展重要的面向。

殖民地教育的展開

　　1898 年《臺灣公學校令》的公布實施，乃是近代臺灣公教育體制建立的里程碑。然而，公學校制度與日本人就讀之小學校制度並不相同，日本人依據 1890 年所頒布之《小學校令》享有四年（後改為六年）之義務教育。中等教育也是日本人優先，先後公布「臺灣總督府中學校官制」(1907)、「臺灣總督府高等女學校官制」(1909) 為日本人子弟設立學校，至於對臺灣人的中等教育則在中部菁英捐款推動下，臺灣總督府才被動遲於 1915 年公布「臺灣公立中學校官制」，並設立提供臺灣人（本島人）子弟入學的臺中一中。

　　針對臺灣的整體教育體制，總督府於 1919 年公布了《臺灣教育令》，確立了普通教育、實業教育、專門教育及師範教育之制度；1922年公布新的《臺灣教育令》，使之適用於臺灣所有日本人與臺灣人之教育，除初等普通教育分為常用日語之小學校及非常用日語之公學校兩種，仍隱含有日臺分離之制度外，其他各階段教育則多依照日本內地之法令制度，形式上廢除日臺分離的教育制度。

　　1941 年總督府藉「皇民化」之名再修正《臺灣教育令》，將初等普通教育一律改稱為「國民學校」。此一修正雖美其名為一視同仁，但實際上國民學校的課表仍分為三種，分別適用於日本學童及會日語之臺灣學童，以及一般普通臺灣學童，在教育內容上仍有相當的差異及歧視存在。相對於日本本土，臺灣的全民義務教育體制，則遲至 1943年正式實施六年制的義務教育後，才告建立。

　　如上所言，相對於臺灣總督府大力推動的初等教育，日治時代臺灣中等以上教育基本上處於被忽視的一環，甚至在一開始，以欠缺相

圖 35　金瓜石小學校

關的教育法令為由，限制臺灣人就讀中等學校的機會，高等教育也以
專門職業學校為主。此舉使得臺灣人民若欲接受中等以上較高等的教
育，必須到臺灣島外求發展。臺灣總督府對於臺灣人受教育的限制，
雖然也有逐步放寬的趨勢，不過，仍然是著重具有實用價值的職業學
校。對於普通中學的設立，相對投資較少。

　　除了充滿教育的歧視之外，日本時代臺灣的教育體制也表現強力
的國家掌控性質。教育內容必須以日本的「教育敕語」為中心，私人
的興學也受到嚴重的箝制。

　　此種歧視性的政策在後藤新平大力推動臺灣新式教育之初，即可
看出梗概。後藤新平的教育目的，主要乃是著眼於協力臺灣建設的考
量，而不鼓勵臺灣本地人深造。因此，灌輸忠君愛國式的初等教育固
有必要，高等教育則限於專門職業學校。直到 1922 年才設立臺灣總督

府高等學校（1926 年改稱臺北高等學校），是臺灣島內唯一可以進入大學的升學管道。1928 年臺北帝國大學成立，設文政與理農二科，臺灣才有了殖民地的大學，第一屆臺北高等學校畢業生，剛好可以銜接進入同年成立的臺北帝國大學。不過臺灣菁英在本地進入中學校進修已相當不易，更遑論高等學校畢業，進而參加臺北帝國大學入學考，此時設立大學的目的之一，大抵是著眼於在臺日本人子弟就學的需要❸。

　　總體而言，臺灣本地人若欲深造，則常常是到日本、中國大陸或

圖 36　臺北帝國大學（今臺灣大學）

---

❸　由於臺灣人進入臺北帝國大學的機會較少，當提出設立臺北帝大政策時，有臺灣本土菁英便提出反對意見，主張把相關經費投入臺灣人比較有機會入學的中學及專門學校。另一方面，部分在臺日本菁英則在 1920 年代初期就成立組織，主張在臺灣設立大學，但是他們主張大學教育的重點，也與後來的臺北帝大不同。他們認為要促進在臺日本人（內地人）與臺灣的融合，鼓勵臺灣人讀法律學與政治學。

是其他國家。戰後臺灣本土菁英中的法政人材，多在日本本土接受教育。到1945年為止留日學生達二十萬人次，其中，大專畢業生以習醫最多，習法、商及經濟者居次。日治時期透過近代教育體制及島外留學的途徑，逐漸出現接觸近代文化的新型態本土知識菁英。

公共衛生的成果

除了前述基於日本本身利益所展開的各種建設以外，日治時期臺灣總督府也進行一些促使臺灣社會「近代化」的工作。從後藤新平上臺開始，便由警察協助檢疫工作，強制人民打預防針。他同時也開鑿水井、整治地下水道，檢查市場衛生。而警察強制住戶必須打掃房舍，維持室內清潔，在今日而言，更是匪夷所思。這些施政在民主憲政的架構下當然不盡合理，卻迫使臺灣本地人改變了衛生習慣，天花、鼠疫、霍亂等傳染病也因此受到控制，甚至消聲匿跡。這或許是日治時期少數臺灣本地人並未付出太多其他代價，便收到正面效果的建設之一。

社會的發展

日本政府所推動新的制度與價值，對當時臺灣社會原有的生活文化中如纏足、留辮髮的風俗習慣，以及日常生活規律，衝擊較大，加上時間制度的建立跟守時觀念的養成，為了避免過於冒進引發反彈，日本官方首先採取宣導和放任人民抉擇的態度，在1910年代以後，才採取較積極的態度。

1914年臺灣各地成立風俗改良會，掀起放足斷髮的熱潮，臺灣總督府趁勢利用此一時機，於1915年下令保甲規約，明定不得纏足，並

推動解纏，從此以保甲制度推動的放足斷髮運動，遂如火如荼展開。
1915 年六月，臺灣仍纏足者僅餘十九萬名，而留辮髮者亦只剩八萬人
左右，其中主要係六十歲以上總督府特許留辮子，及因纏足過久無法
放足者。

　　1896 年一月臺灣正式進入格林威治世界標準時間的系統，1910
年代初期進而完成全臺報時系統。公私機構開始根據標準時間運作，
鐵公路等交通工具亦明定開車及抵達時間表。

　　總督府引進星期制後，星期日、例假日的定期休假使社會大眾有
了「休閒生活」。總督府進而推廣體育、音樂、美術、電影等餘暇活
動，廣設公園、開闢觀光名勝，配合觀光旅遊時節，也實施鐵路票價
的優待，一個新的休閒生活於焉形成。不僅棒球、網球成為新興的運
動，高爾夫球場的興建，也讓高爾夫球成為一些上流階層的休閒興趣。

　　1920 年代之前臺灣所推動的社會發展，基本上乃是以日本明治維

圖 37　臺中公園

新作為主要的模仿對象，換句話說，社會發展的內涵與其說是日本化不如說是西方色彩濃厚的近代化。不過，隨著 1930 年代日本體制的丕變，軍方勢力及法西斯主義等右派力量對日本政治的影響力日增，臺灣的社會發展方向也出現某種程度日本化的傾向，特別是最後的皇民化運動更是此一傾向的登峰造極。

當然日本在臺灣推動社會改造時，亦有其利益的考量，其推動的項目不能違背統治者的利益，其中最為明顯的就是後藤新平主導的鴉片政策。雖然當時日本官方以嚴禁抽鴉片將造成臺灣反抗運動蜂起，甚至必須用軍隊鎮壓為由，主張採取漸禁政策。但是臺灣總督府從統治臺灣開始漸禁政策，卻直到 1944 年才終止鴉片製造，在日本投降前兩個月的 1945 年六月才結束鴉片公賣，漸禁的成效與時限和日本推動的其他社會改造風潮完全無法相提並論。因此，總督府的政策也被批評為藉機牟利，而不願比照日本本土嚴禁鴉片。

實際上在兒玉、後藤時代的臺灣總督府透過鴉片的收入從最初的一百六十萬圓開始，甚至達到四百四十萬圓。而鴉片吸食者的比例自從實施漸禁政策後，不僅未減少反而增加，這是臺灣總督府推動社會改造時以其利益為導向的一個例子。

習　題

1. 產生米糖相剋的原因為何？
2. 專賣事業與臺灣總督府的財政轉虧為盈有何密切關係？試申述之。
3. 日治時期後藤新平為何重視臺灣人的初級教育，而忽視高等教育？

第五節　戰爭體制下的臺灣

內地延長主義的雙重面向

日本自 1920 年代確立臺灣統治體制朝內地延長主義改變以後，在 1930 年代軍國主義盛行，甚至進入戰爭體制，不過基本上對於內地延長主義的方向並沒有改變。但是一樣的內地延長主義，在大正民主時代，與軍國主義時代卻有其迴然不同的實質內容。

在大正民主時代，日本政府無論在政治體制或是社會發展的方向，本質上都是朝向西方近代自由民主體制發展，而日本政治社會各個層面也呈現此一面貌。因此，在此一時期，如果落實內地延長主義，對臺灣的體制及人民而言，將享有更大的自由及發展的空間。反之1930 年代以後，軍國主義昂揚，甚至進入戰爭體制，日本本土在政治勢力的控制上都呈現緊縮的現象，甚至由軍隊進行統治，自由民權的發展受到嚴重的挫折。而在此一脈絡下，所謂的內地延長主義，對臺灣而言，已欠缺更大自由發展的可能，相對的，也只是單純的朝向日本體制同化的方向發展而已。

充滿疑懼的統治者

　　自 1931 年「九一八事件」以後，日本即進入所謂的「十五年戰爭」體制。期間與國民政府的關係固然是時而衝突，時而緩和，但在總體上，中日兩國敵對的態勢已逐漸明顯。面對日本與中國敵對的狀態，擁有漢人血統卻是日本國民的臺灣人，究竟心中認同的取向為何，是臺灣總督府甚至日本政府實施統治政策所必須照顧到的重要課題。對日本當局而言，為了化解對臺灣人不信任的疑慮，甚至能有效動員臺灣人為帝國的擴張盡力，最徹底的方法便是加速臺灣人日本化，使臺灣人民能夠真正成為日本天皇的子民，或是皇國的子民。

　　除了化解前述的疑慮之外，戰爭體制的有效動員，絕非外在各種制度的規範而已，精神力的動員亦是近代總體戰非常重要的要項。皇民化運動的推展，在某種意義下，也正是此種考量下的產物。

皇民化運動的展開

　　1936 年底，臺灣總督小林躋造提出皇民化運動政策。本質上臺灣的皇民化運動，是日本國民精神總動員運動的一環，希望能從精神文化方面追隨日本帝國的政策，落實在臺灣。皇民化運動推動的主要項目，包括四項：⑴國語運動；⑵改姓名運動；⑶志願兵運動；⑷宗教社會風俗的改革。在國語運動方面，主要是推廣講日語，終極目標希望所有的臺灣人都能講日語，為了達成此一目標，一方面成立類似補習教育或社會教育性質的日語講習所，針對低教育程度或失學人口進行日語教育。而對於本身已具備講日語條件的高教育階層，則以國語

圖 38-1、圖 38-2　皇民化運動

家庭作為表揚獎勵的方式，促成日語的普遍化。為了推動國語運動，臺灣總督府除了積極鼓勵說日語外，並且強烈的壓抑包括福佬語、客語、原住民諸語言在內的臺語，而在推行結果方面，能說日語的人口有相當程度的成長。

　　在改姓名方面，臺灣的體制與朝鮮不同，是採取申請制，改姓名者必須由戶長提出，全家更改，申請核可最起碼需要兩大要件：其一家庭必須是國語家庭，其二必須具有皇國國民的基本素質。雖然說是申請制，由於臺灣人民申請的態度相當不踴躍，因此臺灣總督府也採取各種勸誘方式，放寬條件以增加改姓名的人數。不過，此種方式乃是透過更改戶籍的方式為之，實際上還有部分人民未透過戶籍更改，而取了日式姓名，譬如臺籍日本兵則大部分屬於此一模式。

　　至於宗教改革方面，則是以日本原有的神道取代臺灣原有的各種信仰，甚至包括祖先崇拜。日本政府為了達成此一目的，一方面在臺灣廣建神社，另一方面採取寺廟整理政策，透過寺廟的整理與裁併，希望達成消滅民間宗教的目的。在軍國主義昂揚及統治體制高壓之下，臺灣人民固然無法正面反抗，不少人產生反感，設法保留原有信仰及崇拜，因此寺廟、齋堂雖在此波官方整頓下減少，但並未消失，而且

此一政策最後也在臺灣人強烈反彈下中止。整個神道信仰的改革在日本戰敗之後，則幾乎沒有留下任何影響。

　　由於高壓統治政策，引起臺灣人的反感與消極反抗，臺灣總督府實際上也有所修正。1940 年原來標舉皇民化、工業化、南進基地化的小林總督離職，由長谷川總督繼任後，他便減緩小林總督時代對臺灣文化的壓抑，包括撤廢臺灣原有的偶像崇拜及寺廟等政策，希望能夠在不違反統治的權威範圍內，容忍臺灣人原有的宗教與文化。就某種層面而言，長谷川減緩原有的壓制政策，或許也是為了避免過度高壓引起臺灣人的反彈。

皇民化運動下的原住民

　　臺灣總督府推行皇民化政策，也深入至原住民生活中，改姓名、廢除傳統祭典等成為皇民化的象徵。隨著日本對外戰事愈來愈升高。長谷川總督就任後，臺灣總督府因應時勢，對於原住民的皇民化及動員，也有新的開展。

　　其中泰雅族少女莎韻 (Sayon) 為其即將出征的警察老師挑行李而落水身亡的事件，成為臺灣總督府宣揚原住民皇民化運動中的典範。1938 年莎韻落水身亡，一開始只有小幅報導，以及臺北州對此事較為關注。1941 年長谷川總督注意到此一事件，總督府的關注行動轉趨積極。

　　四月，長谷川總督接見莎韻家屬與少女青年團團員，並頒贈一座刻有「愛國乙女サヨンの鐘」（愛國少女莎韻之鐘）字樣的銅鐘給相關人員，此後「莎韻之鐘」成為受到矚目的新聞報導，如九月臺灣總督府警務局理蕃課的官方刊物《理蕃之友》大幅報導，並讚揚莎韻為軍

人犧牲的情操。臺灣總督府並出資拍攝電影「莎韻之鐘」，並於 1943
年於臺灣、日本、華北、上海、滿洲等地上映，廣泛宣傳。

戰時的統制經濟

　　經濟的統制，最早是針對金融、貿易。首先在 1937 年發布《外
國貿易管理法》與《臨時資金調整法》，而後則進一步實施《貿易統制
令》。其中在金融部分，更從限制銀行資金的運用，深入到將民間的其
他金融機構納入統制，使一切資金皆在國家機關的統制之下。而為了
取得資金，並避免引發嚴重的通貨膨脹，臺灣總督府更運用各種方法，
包括由警察出面「勸導」及其他半強迫的方式，動員臺灣本地人士認
購「戰時國債」及增加儲蓄。

　　而經濟統制政策中，《臺灣米穀移出管理令》及《臺灣糖業令》
二者，對於臺灣本地的農業人口造成相當大的衝擊，特別是本土資本
的蓄積大受影響。因為透過相關的法令，賣往日本的稻米被臺灣總督
府強迫以低於時價的價格收購，而原本就被壓低的甘蔗原料價格，此
時更進一步需要得到總督府的認可，如此無論是農民、地主或是米商
的經濟狀況都遭到打擊。

　　同時，為了配合工業化政策的勞工需求，以及戰爭動員的需要，
臺灣總督府更公布了《學校畢業者雇用限制令》、《國民職業能力申告
令》、《從業者移動防止令》、《工資統制令》等一系列法規，使合適的
勞動力投入相關產業，另外則徵調臺灣人進入軍隊擔任軍夫（後來也
徵調入伍）。

控制的加深

　　為了加強動員，1940 年日本的近衛文麿內閣組織了大政翼贊會，希望日本國民可與政府建立表裡一致的協力關係，致力於高度國防的國家體制。而由於殖民地的狀況不同，因此 1941 年在朝鮮、南樺太、關東州分別成立各種組織，臺灣則是成立「皇民奉公會」。皇民奉公會由長谷川總督擔任總裁，涵蓋總督府以下的行政組織，除了在中央組織設有總務、宣傳、訓練、文化、生活、經濟各部門外，更在各州、廳設立支部，市、郡設支會，街、庄設分會等等，各級組織的長官則由各級行政首長兼任，同時強迫臺灣士紳必須加入，甚至連素來與臺灣總督府對抗者都無法倖免。

文化的統制與打壓

　　日本領臺以來在臺灣的文化發展，起先著重於西方近代文明的引進，而對於臺灣本土文化的發展雖然並不鼓勵，也未採取強力取締的態度。但如前所述，隨著戰爭的發展，特別是與中國之間激烈的對抗後，為了加強皇民化運動的展開及動員能力，對臺灣文化的發展也採取強烈的打壓政策。首先，為了加強日文的使用，並打壓漢文及各種臺灣話，總督府在 1937 年廢除了行之幾十年的報紙漢文版，而在學校以及官廳也採取只能使用日語，禁用各種臺灣語言的政策。至於臺灣傳統的歌曲、戲曲，特別是臺語的流行歌曲，縱使不因為內容遭到挑剔，單單使用臺語本身便遭到臺灣總督府的打壓。在戰爭體制動員的考量下，臺灣總督府威脅利誘原有的社會活動必須為統治者的政策服

務，並要求原有報刊、雜誌的負責人必須進行統合，改變其原有的獨立自主方針，被日本官方整合。許多臺灣的文化工作者被迫表態或者採取隱退的態度。文學雜誌由西川滿一支獨占，而報紙也統合為《臺灣新報》一家，別無分號，文化的發展及言論的自由遭到嚴重的壓制。而總督府對於可能的不滿及人民的反彈，則抱持高度警戒及壓制的政策，以貫徹其本來之目標。

慘案的發生

雖然臺灣人在總督府及軍部的強力動員下，為戰爭提供了相當的協助，但是無論是總督府或軍部對於臺灣人的疑慮仍然相當深。因此，從 1941 年到 1944 年間總共發生了三起被控叛亂的重大事件。首先是1941 年六月的「東港事件」，日本當局以歐清石、郭國基等人涉嫌與國民政府的軍隊呼應，並計畫協助其登陸作戰，而逮捕了一千多人，歐清石被判無期徒刑，最後死在獄中。1944 年瑞芳著名的礦山經營者李建興也以組織抗日團體的罪名，遭到逮捕，牽連被捕者超過五百人，死於獄中者超過三百人。傳聞此一事件的發生是日本警察與李建興因為女人問題發生爭執，而遭到構陷。同年日本當局又以臺灣漁民涉嫌提供情報給美國潛水艇，逮捕蘇澳漁民七十一名，被捕者全數死亡，史稱「蘇澳事件」。這些慘案的受害者及其家屬對於日本當局的壓制行動極度不滿，因此戰後不僅曾舉行前述三大慘案的追悼會，甚至也成立復仇會。

軍事的動員

隨著戰爭的激烈化，體制內的總督權限也遭到侵奪，而軍部的力量則隨之高漲，縱使臺灣總督已是現役軍人亦無法避免此一趨勢，直到最後一任總督安藤利吉本身兼軍部在臺灣的負責人才解決此一問題。相對於日本政府大力的動員，臺灣人本身的意志也有一定程度的分化。由於大部分臺灣人的祖先均是從中國大陸移民來臺的漢人，因此有部分的臺灣人對於必須將大陸的漢人視為敵人進行戰鬥而感到痛苦，另一方面也有部分人認為臺灣人是被中國捨棄而割讓給日本，因而選擇協助日本，來謀求臺灣人地位的提高。而赴中國大陸發展的臺灣人至少可以分為四個系統：首先是並沒有涉入實際政治場域而單純從事商業、文化等各項職業的人；其次則是在日本所建立的滿洲國、汪政權、或是華北自治政府擔任公職的臺灣人，他們因為具有日本國民身分的特殊狀態，而扮演了相當重要的角色；再次則是堅信必須擊敗日本才能完成臺灣的解放，因而投入抗戰行列的臺灣人，他們分為兩部分，一部分投奔中國共產黨，另一部分則支持蔣中正所領導的國民政府繼續和日本戰鬥。一般稱這些有中國大陸經驗者為「半山」，不過在戰後臺灣政壇扮演重要角色的「半山」指的則是最後一類。

相對於在中國大陸的臺灣人，絕大多數在臺灣的臺灣人則面臨了日本軍事動員及與盟國對抗的命運。七七蘆溝橋事變發生以後，由於「臺灣軍」奉派參與戰爭，因此要求總督府必須供應軍夫，而有所謂軍夫的徵雇行動。早期隨臺灣軍至中國參加作戰的臺灣軍夫主要擔任的是軍中的雜役，同時被徵雇的還有軍中的役員。

隨著戰爭的激烈化，日本首先於 1938 年在朝鮮實施志願兵制度，

圖 39　高砂義勇軍

而沒有在臺灣推動，乃是日本疑懼臺灣人是否會支持日本政府與中國
戰鬥。在太平洋戰爭爆發之後，臺灣才在 1942 年四月正式實施志願兵
制度。從 1942 到 1944 三年間，以陸軍特別志願軍的名義總共徵召了
四千二百多名漢人及一千八百多名原住民，原住民並被編成「高砂義
勇隊」，合計志願兵共有六千多名。1943 年八月，臺灣開始實施海軍
特別志願兵，到 1944 年止，總共有一萬一千餘名，合計海陸軍志願兵
共有一萬七千餘名❶。1945 年開始，日本在臺灣實施徵兵制，根據當
年公布的《國民義勇兵役法》，男子從十五歲到六十歲，女子從十七歲
到四十歲，都有服兵役或被徵召的義務，同時期軍屬與軍夫的徵召也
仍然在臺灣繼續實施。根據日本官方的統計，統計臺灣出身的軍人有
八萬零四百三十三人，軍屬含軍夫有十二萬六千七百五十人，合計二

❶　當時由於日本當局未賦予臺灣人當兵之義務，因此也有人認為擔任志願兵，
　　是提高臺灣人地位的表現。

十萬七千一百八十三名臺灣人直接被納入日本軍事制度之中參與戰爭。而臺灣人主要前往的戰場則是在南洋。不過，總體而言軍人主要仍留在本島，而軍屬多派往南洋一帶作戰。

在戰爭期間，日本當局也曾在日本本土、朝鮮、臺灣等地徵集慰安婦。戰後日本官方雖不欲承認殖民地的慰安婦問題，但 1990 年代以後臺灣已有當事人出面指控，這也是日本治臺期間對臺灣住民不當作為的事件。

戰爭的破壞

太平洋戰爭後期，日本失去了海空軍的優勢，臺灣也被進一步捲入戰爭的漩渦。除了前述總動員下，社會、經濟、文化都遭到嚴重的衝擊外，戰爭直接的威脅與破壞，影響更大。從 1944 年十月開始，臺灣遭受的空襲愈趨頻繁激烈，包含高雄港、岡山、虎尾、新竹、臺北等地都曾經遭到盟軍（美國空軍）的密集轟炸。1945 年五月三十一日發生的臺北大空襲，則是臺灣城市所遭受最嚴重的轟炸之一。以 1944 年到 1945 年來說，當時臺灣島上的人民正遭到盟軍大空襲的威脅與傷害之中。

換言之，由麥克阿瑟將軍 (Douglas MacArthur) 主導的「跳島」戰術，使臺灣免於遭到盟軍直接登陸的大規模戰爭損失。但是，戰爭不僅造成臺灣工業生產的嚴重損失，農業生產也遭到破壞，這也是戰後初期臺灣必須重建經濟的歷史背景。

圖 40 臺北大空襲鳥瞰

習　題

1.臺灣總督府推動皇民化運動的目的為何？試說明之。

2.戰爭期間，日本當局曾製造那些慘案？試申述之。

3.1937 年以後，臺灣文化遭到何種打壓？試討論之。

第六章

戰後政治經濟
的發展

第一節　臺灣接收與中華民國政府遷臺

接收前的臺灣處置問題

在二次大戰期間盟軍曾經發表兩次有關臺灣地位的重要宣言，包括 1943 年十二月一日發表的《開羅宣言》及 1945 年七月二十六日由美國總統杜魯門 (Harry S. Truman)、中華民國國民政府主席蔣中正與大英聯合王國首相邱吉爾 (Winston Churchill) 具名發表的 《波茨坦宣言》。就其實際內容而言，所謂的《開羅宣言》是類似一般「聲明」(statement) 的性質，檔案的標題也有「新聞公報」的字眼。而《波茨坦宣言》則在標題中明示其「公告」(proclamation) 的意涵，二者都不具備條約的性質。近年來，《開羅宣言》沒有由美國、英國、中國「領袖」簽署的問題也受各方矚目。然而更重要的是，以美國為例，縱使當時真有簽署，沒有國會批准，也不具正式條約的效力。因此，類似《開羅宣言》、《波茨坦宣言》不具條約效力的宣言，基本上便不能提供戰後臺灣、澎湖地位歸屬的國際法效力。雖然如此，由於在開羅會議中取得美國總統羅斯福 (Franklin D. Roosevelt) 的支持，在日本投降以後可以取得臺灣及澎湖。會後國民政府便以戰後將接收臺灣為由，於次年四月十七日，在中央設計局內設立由陳儀擔任主任委員的臺灣調查委員會，進行接收臺灣的準備工作，這也是國民政府對臺政策轉趨積極的重要開端。民國三十四年 (1945) 八月十五日，日本宣布無條

件投降，臺灣總督府體制喪失統治臺灣的正當性基礎，等待進一步的接收處理。同年九月二日，日本簽署向同盟國投降的文件，包括聯合國最高統帥麥克阿瑟、中華民國、英國、蘇聯、法國等國皆有代表簽署。其後，接受投降的聯合國最高統帥發布《一般命令第一號》（即是通稱的聯合國最高統帥「第一號命令」）。根據此一命令，針對日本投降後各地的接收問題，皆有明白的規範。換言之，其後日本駐華派遣軍總司令岡村寧次，在南京向中國戰區最高統帥蔣中正的代表中國陸軍總司令何應欽投降，乃至其後陳儀在臺灣接受日本臺灣軍司令官兼總督安藤利吉投降，皆是以此為根據。而在十月二十五日臺灣行政長官陳儀正式接收，宣告臺灣「光復」之前，臺灣的政治存在一個真空期。

臺灣政治的真空期

　　日本宣布投降之後，臺灣總督府仍是實際上的統治機關，而在等待進一步的接收命令之際，沒有積極的施政作為，其統治權威一定程度遭到臺灣人民的質疑，臺灣總督府對臺灣人心的浮動也有所掌握，在八月就陸續提出了「臺灣島內治安及警察措施」。十月初，臺灣省行政長官公署及臺灣省警備總司令部，分別下令要求臺灣總督府及臺灣軍必須根據其命令施政外，也要求臺灣島上的住民不分國籍在接收工作完成前應該配合臺灣總督府的施政及繳稅規定。而臺灣總督府在十月十五日還制定律令，要求人民必須遵守總督府（根據行政長官公署要求）公布的命令。相對的，臺灣人民在原有的行政體系之外，也自動組成一些維持秩序的組織，以替代日本臺灣總督府統治體制的部分功能。在臺灣行政長官公署接收，實際臺灣統治之前的這段期間內，除了少數地區發生小規模騷亂之外，臺灣的社會治安維持並沒有發生

重大問題。少數日本軍人與臺灣菁英希望推動臺灣自治／獨立的行動，也遭到臺灣總督安藤利吉的制止。至於大部分的社會菁英和人民對於國民政府（祖國）來接收及臺灣的未來，抱持著樂觀的期待。他們認為無論在政治、經濟、社會各個方面都可以脫離過去殖民地的陰影，而有更好的發展空間。

　　但是戰爭期間的各種管制解除後，由於空襲的破壞以及物資的短缺，不但恢復需要相當的時間，通貨膨脹的壓力也難以有效消除。在一片勝利聲中，事實上已經存在亟待解決的一些問題。

國民政府的接收

　　國民政府在民國三十四年 (1945) 八月二十九日任命陳儀擔任臺灣省行政長官，並在九月一日公布〈臺灣省行政長官公署組織大綱〉。臺灣與中國大陸各省的體制不同，並不設省政府，而代之以行政長官公署。同時，在組織大綱中也明白的規定，臺灣行政長官可以制定臺灣單行法規，這固然是後來臺灣省的各項行政措施與中國各省迥然不同的重要原因，另一個重要原因則是國民政府人治色彩相當濃厚，陳儀在取得國民政府主席兼國民黨總裁蔣中正的支持下，可以推動牴觸法律或是中央政府行政命令的政策、制度，如不使用法幣發行臺幣，即是一例。

　　九月七日陳儀奉命兼任臺灣省警備總司令，掌握臺灣軍政大權。十月五日，由葛敬恩主任率領的行政長官公署及警備司令部前進指揮所抵達臺北，展開行政接管工作。十七日，陸軍七十軍在基隆登陸，開始進行移防交接的部署。二十五日，在臺北公會堂（今中山堂）舉行受降典禮，雖然國際法上的處理並未完全，但是，中華民國此後即

以國內法統治臺灣。

　　根據九月二十日公布的《臺灣省行政長官公署組織條例》，陳儀集臺灣行政、「立法」❶、軍事大權於一身。他認為臺灣當時的物質建設比中國大陸進步，已相當現代化，因此如何從戰亂後恢復與發展，成為其施政的重點之一。

　　由於在日治時期，臺灣總督府在「六三法體制」下，配合總督的行政裁量權，抑制臺灣本地人民在經濟上的發展，加上戰爭期間種種更嚴厲的統制措施，使得臺灣本地的產業大部分不是日資企業，就是由總督府所主導的「國策」產業，許多臺灣本地人民的投資也必須附屬在日本資本之下。透過行政長官公署接收日產，臺灣主要的產業，特別是工業部門，大多轉換成省（國）營事業。而日本官方及民間在

圖 41　受降典禮

---

❶　此處所謂立法，並非法律，而是指地方單行法規而言。

臺灣所取得的其他龐大資產,也被臺灣行政公署及其他黨政機關接收,成為省(國)有財產或者是黨產❷。

　　民國三十五年(1946)一月二十日,臺灣省行政長官公署根據一月十二日行政院的命令,公告臺灣省省民自民國三十四年(1945)十月二十五日以後回復中國國籍。根據國際法,領土的轉移並不只是以接收、占領為其合法之要件,而必須根據一個正式的國際條約,由於當時對日和約尚未簽訂、生效,當國民政府進行此一國籍的宣告之時,便引起英、美等國的反對,時任外交部長的王世杰更為此與臺籍民意代表黃國書有書信討論。而英國外交部更致函中華民國駐英大使館:「關於臺灣島之移轉中國事,英國政府以為仍應按照1943年十二月一日之《開羅宣言》。同盟國該項宣言之意不能自身將臺灣主權由日本移轉中國,應候與日本訂立和平條約,或其他之正式外交手續而後可。因此,臺灣雖已為中國政府統治,英國政府歉難同意臺灣人民業已恢復中國國籍。」❸值得注意的是,國民政府前述回復臺灣人民中國國籍的命令,只是針對臺灣島內的臺灣人(具有日本國籍),對於旅居在外的臺灣人並不適用,而認為後者有國籍選擇權。不過國民政府則以接收臺灣為恢復故土為由,繼續實施恢復國籍的政策。

　　由於接收的政策與臺灣菁英的期待落差太大,加上接收人員時有貪污、舞弊,效率不彰,遂引起人民的不滿,這也是後來發生二二八事

---

❷　當時最為國人所知的包括戲院和後來的《中華日報》、中華廣播公司,這與當時訓政體制黨國不分有關,當時規定由國民黨接收新聞媒體,除了陳儀堅持由李萬居代表行政長官公署接收成為臺灣省機關報的《臺灣新生報》等少數媒體外,幾乎都由國民黨接收。

❸　參見林滿紅,〈界定臺灣主權歸屬的國際法——簽訂於五十年前的「中日和約」〉,《近代中國》,148期,2002:4,頁64。

件的重要背景。以下擬分經濟、政治、文化及其他等四方面加以討論。

經濟層面

在日治時期，臺灣經濟雖被殖民體制剝削，卻也有長足的發展。透過接收的程序，日本官方及民間在臺灣的龐大資產，成為省（國）有財產，國家資本相當發達。陳儀則承繼臺灣總督府的經濟統制政策，採取發達國家資本，節制私人資本的經濟政策，認為此一路線，將可建設臺灣成為三民主義的模範省。

陳儀為了維持臺灣與中國大陸各省不同的經濟體制，並減少中國大陸狀況不佳的財經體制對臺灣經濟的衝擊，在國民政府主席蔣中正的支持下，在民國三十四年 (1945) 十一月正式通告嚴禁中央政府的法幣在臺灣流通，貫徹在臺灣必須使用臺灣銀行發行的貨幣的政策。不過，此一區隔的效果是有限的，透過匯兌，臺灣銀行仍然必須增加臺幣的供給，來兌換被高估的法幣，加上臺灣省必須增加臺幣的發行墊付中央機關／企業在臺灣的支出，通貨膨脹相當嚴重。而中國後來持續嚴重的財經危機，更不斷衝擊臺灣，使臺灣經濟狀況更為險峻。陳儀的經濟統制政策，並不能有效促成經濟的復甦，加上公營企業經營不善，嚴重的物價上漲，使得本已不滿的人民，更加反彈。

相對於陳儀的政策，臺灣人民有的期待取回被臺灣總督府體制徵收、吸納的財產，有的期待可以有更佳的投資機會，以便在經濟舞臺上一展身手。但是，不僅他們要求政府拍賣接收的日產、或是提供臺灣人企業發展的機會都得不到回應，甚至連私人集資發展產業，也在官方節制私人資本政策下遭到打壓。

政治層面

　　除了經濟層面以外，政治層面也有一些問題。當時，陳儀的用人政策，並不重視臺灣籍人士的政治參與，而以來自中國大陸的各省人士較為優勢的考量。特別在高層行政部門更是如此，當時行政長官公署一級主管中連一位臺籍「半山」都沒有，更遑論納入沒有中國大陸經驗的其他本土菁英。而一般的臺灣社會菁英，受限於語言及教育背景，很難循正常的行政管道進入政府部門服務，更難升入高級行政層級。根據統計顯示，在陳儀負責的政府部門服務的臺灣省省民人數，只有在日治時期擔任公職人士的 21%。而且除了俗稱「半山」有「中國大陸經驗」的臺灣政治菁英以外，本地菁英當時也欠缺擔任高級公務員的機會。加上非臺籍官員牽親引戚，導致冗員充斥，以及中國大陸籍公務員加給，產生「同工不同酬」的薪給制度，也與臺灣本地菁英原本的期望差距甚大，引發不滿。

文化摩擦的問題

　　臺灣既歷經日本五十年的統治，人民的生活、文化自然帶有日本色彩。而中國歷經八年抗戰，一般軍民在蔣中正主席「以德報怨」的政策下，仍然不免有仇日的情緒。因此，負責接收以及其後行政的官員，對臺灣既有的語言、文化，便多少抱持敵視的態度，亟於加以改變，完全未注意到臺灣省省民的適應問題。而且，臺灣人民在日治時期（特別是後期更是明顯），大多數除了臺灣話（福佬語、客語）之外，只能學習日本語，與來自中國大陸的行政官員不僅語言不通，甚

至透過文字也不容易溝通。

另一方面，廢止臺灣日文報刊的發行，對於接受日本教育的一般臺灣人而言，既無法迅速熟悉中文，又無法再透過日文接受資訊或進行文化活動，則無可避免的造成文化的斷層。

臺灣在日治時期，雖受到殖民統治，卻在日本較普及的近代教育體系下，無論在人民就學率與識字率方面，都是亞洲的先進地區，而接收官員則視日本時代的教育成果為奴化的遺毒，加上臺灣人民對於部分政府官員施政乃至操守的不滿，彼此文化的摩擦便難以順利化解。

其他問題衍生的衝突

同時，接收之初由於來臺部隊水準並不如青年軍，軍紀不良。負責接收的官員中，亦有把中國大陸官場不良習性帶到臺灣的。如是，從接收到其後的一般行政，陳儀主政下的臺灣，弊案頻傳，使得原本對回歸祖國抱持熱切期待的臺灣省省民感到失望。

不僅如此，接收以後針對臺灣已被日本統治五十年的特殊情況所採取的處理方向與政策，也是導致衝突的另一個原因。政府既下令臺灣省省民自光復日起恢復國籍，便應理解之前臺灣人民本為日本國民的事實，卻仍然在民國三十五年 (1946) 一月十五日公布〈臺灣省漢奸總檢舉相關規程〉。站在官方的立場，對過去為日本政府作特殊服務的國民進行懲處或許有其考量，不過，連在日治時期以對抗總督府著稱的林獻堂都差點被陳儀主政的行政長官公署列為漢奸，對一般臺灣人民而言，心境則大不相同。若是再未能明確了解漢奸懲處的對象，人心浮動自是難免。相對的，行政長官公署急於推動去日本化、加速中國化的政策，卻沒有適當的過渡措施，考量臺灣現實的需要，自然也

是引發反彈的一大原因。

二二八事件

民國三十五年 (1946) 底，中國大陸的經濟、軍事情勢已有轉壞的趨勢。在這個時空背景下，臺灣的經濟情況也日趨惡化。特別是在民國三十六年 (1947) 一月，臺灣市場也狀況頻傳，尤其是各地的米價暴漲，糧食供給短缺，更引起人心惶惶。

面對此一情形，陳儀一方面在一月二十四日聲明將設置經濟警察，以取締有關不法糧食及違反專賣規定的行為，另外則在二月一日開始透過糧食局拋售五萬噸的米。但是成效非常有限，難以解決既存的危機。當時國民黨中央也得知臺灣情勢的問題，並派員來臺調查。其後國民黨中央根據調查報告曾通過撤換陳儀的決議，不過，陳儀得到國民政府主席兼國民黨總裁蔣中正的支持，仍然留任原職。

就在此一人心浮動的時期，前述自光復以來潛在的衝突危機，以二月二十七日查緝私煙事件為導火線，爆發了二二八事件。

二月二十七日的查緝私煙事件，原本只是專賣局查緝員與賣煙的婦人林江邁之間的爭執而已，卻由於查緝員打傷林婦引起圍觀群眾的不滿，在衝突中，查緝員鳴槍威嚇，打死一名旁觀民眾，遂引發群眾事件。翌日行政官員無法安撫民眾的情緒，且發生行政長官公署衛兵槍擊請願民眾。光復之後累積的官民矛盾隨之爆發，整個事件遂向全臺灣各地蔓延。

臺灣各地紛紛以民意代表、地方士紳為骨幹，組成處理委員會，一方面試圖匯整民間的意見，一方面則嘗試和官方溝通事件解決的辦法。其中以在臺北市成立的「二二八事件處理委員會」最具代表性，

圖 42　黃榮燦，《恐怖的檢查》，1947 年

影響力也最大。臺北以外的二二八事件處理委員會，基本上則可以視為地區分會。高雄市的處理委員會，則由於三月六日高雄要塞司令彭孟緝槍斃了部分前往談判的處理委員會代表，又派兵攻進高雄市政府，成為最早被解決的處理委員會。這也是國民政府派兵來臺前，就造成士紳、學生乃至一般民眾重大傷亡的地區。

　　整個二二八事件的過程中，被提出的政治訴求，以臺北市的處理委員會於三月七日提出的〈三十二條處理大綱〉（後在混亂中又追加十條）最具代表性，整個條文的內容，基本上是以要求臺灣高度的自治作為核心訴求❹。

　　三月八日憲兵第四團及整編二十一師抵達基隆，進而進行武裝鎮壓，國民政府很迅速的便恢復官方在臺灣的統治地位。

───────────────

❹　根據新的研究成果，也有認為只有三十二條，所謂四十二條是官方事後建構的論述，以作為鎮壓的藉口。

二二八事件的善後

　　二二八事件發生之初，主要是民眾對行政長官公署及其他政府部門的不滿，許多來自中國大陸的公務員遭到攻擊，並且波及外省籍的民眾。其中大部分是遭到毆傷，也有少數人死亡。不過，在事件發生的數天後，大體上社會秩序已經初步恢復。

　　雖然如此，蔣中正主席接受陳儀及部分黨政軍情系統的建議，仍決定派部隊來臺灣鎮壓。政府軍登陸後展開的鎮壓、清鄉、綏靖行動，造成許多臺灣社會菁英及民眾的傷亡。雖然蔣中正及陳儀都曾要求嚴禁報復，有關單位卻未把逮捕的人犯移送法辦，便逕自行刑。此一狀況至六月都沒有解決，甚至迫使當時的閩臺監察使楊亮功下令要求臺灣省政府貫徹辦理。不過違反指令的黨政軍高層事後並未受到懲處，許多反而得到擢升，成為事後討論政治責任的一大問題。

　　二二八事件中，軍法審判的問題也曾引發爭議。陳儀在國民政府派軍來臺後，又下令戒嚴。而部分受難者被逮捕後，也移送軍法審判。但是，根據當時的《戒嚴法》，陳儀的〈戒嚴令〉與臺灣劃入戒嚴的「接戰」區域不同，屬於「警戒」區域，因此，參謀總長陳誠便和支持軍法審判的國防部長白崇禧意見不同，曾質疑軍法審判的適法性，但不為蔣中正主席所採。

　　當時，外省籍公務員及民眾的損失，政府曾經作過調查及補償，但是接繼清鄉之後，低沉的政治氣壓下二二八事件遂成為禁忌。而關於政府的責任問題，則在民國八十四年 (1995) 由李登輝總統以國家元首身分道歉。同年，對於受害的臺灣民眾，立法院則通過立法，予以補償。至於二二八事件本身，其後則成為臺灣社會一個相當敏感性的

問題。直到解嚴前後，由於政治的自由化，有關的學術論著才日益增加。而隨著行政院於民國七十九年 (1990) 成立 「二二八事件專案小組」，相關的討論、調查，無論在官方或民間都更受到重視❺。

二二八事件的影響

　　二二八事件的鎮壓過程中 ， 有許多臺灣本土政治、 社會菁英遇害，而整個政治外在環境也不允許公開討論。二二八事件的後續問題雖然因而沉潛，卻對臺灣社會帶來深遠的影響。根據二二八事件紀念基金會的研究，主要的影響包括：對臺灣本土人士造成打擊，導致許多人長期對政治恐懼與冷漠；造成臺灣本土菁英的斷層，影響地方政治的生態；有利於日後國民黨強人威權的統治，阻礙民主政治的發展。而由於責任沒有釐清，又長期無法針對此一事件進行歷史傷痕的修補，因而加深在二二八事件以後來臺，原本和二二八事件沒有關係的外省人與臺灣本土人士之間莫須有的族群隔閡，不利於臺灣文化的發展。

治臺政策的修正

　　二二八事件告一段落，奉命到臺灣擔任宣撫工作的白崇禧，三月十七日抵臺當天便發表政府對二二八事件的處理原則（國防部布告宣字第一號）。透過此一布告，可以了解當時國民黨中央對於造成二二八事件部分原因的掌握，以及提出的改革方向。其中主要有三點成為後來臺灣政治體制調整的方向，影響甚大。

---

❺　當時行政院的報告根據人口學的研究，主張二二八事件死亡人數應該在一萬八千人到兩萬八千人之間。

1. 廢除行政長官公署，改設臺灣省政府，並提前舉行縣市長選舉。
2. 臺灣省政府人事儘先選用本省籍人士，同一職等的本省籍公務員與外省籍公務員待遇平等。
3. 縮小原有公營事業的範圍，使私人經濟活動的範圍得以擴大。

　　白崇禧的宣示相當程度反映了國民政府對二二八事件發生背景的了解，但是後續的成效仍不理想，例如提早在臺灣進行縣、市長選舉的主張，在臺灣省政府成立後，並未儘速實施。

　　改組後的第一任臺灣省主席，則由文人出身的魏道明出任，同時本省籍的社會菁英，雖然已有數位被延攬擔任省府委員，但仍未在省政府扮演關鍵的角色，各機關的首長仍多由外省籍菁英擔任。

陳　誠　治　臺

　　民國三十八年 (1949) 初蔣中正總統引退之前，曾對政治、軍事的配置有所安排，而陳誠接掌臺灣省政府是其最重要的人事安排之一。雖然，陳誠擔任臺灣省主席的職務不到一年，但是民國三十八年以後臺灣發展的重要方向，特別是中華民國政府遷臺之後的統治基盤就是在其任內奠定的。

　　陳誠的任內之所以能有如此的成就，與其所擁有的權限有相當的關係。他除了於民國三十八年一月五日接任省主席之外，二月一日兼任臺灣省警備總司令，三月奉命監督、指揮中央駐臺各機關的人員，五月在奉派擔任省黨部主任委員的蔣經國遲遲未能到任的狀況下，更奉命兼任國民黨臺灣省黨部主任委員，一手掌握臺灣黨、政、軍大權，對臺灣省主席而言，可謂是空前絕後。加上歷經二二八事件以後，臺灣的政治、社會菁英在事件的陰影下，對於省政的發言權，已自我抑

制，不致與行政主管當局發生強烈摩擦，這使得陳誠的意志更得以順利貫徹。

　　但是，並非陳誠對臺灣的看法，皆能得到蔣中正總統的支持。陳誠就職後對外宣稱：「臺灣是剿共最後的堡壘與民族復興之基地」，便遭到蔣中正的批評。他以中華民國總統的身分，發電報指示陳誠治臺的方針，指出前述陳誠的說法是不對的，因為「臺灣在對日和約未成立前，不過是我國一託管地帶之性質」，要求陳誠不要再做類似的發言。

戒　嚴

　　陳誠施政中對臺灣政治發展最具指標意義的，是根據《戒嚴法》在五月二十日開始實施的（臨時）戒嚴，使臺灣從此進入長達三十八年的戒嚴時期。戒嚴體制則成為戰後臺灣憲政體制的最主要特色，限制了臺灣政治發展的速度、方向與範圍（關於臺灣〈戒嚴令〉如何完成法定程序，並將臺灣劃入「接戰」地域，詳見下一節）。除此之外，陳誠就任之期，為了安定臺灣內部情勢，避免大量來自中國大陸軍民自由出入臺灣，先限制中國大陸人民來臺必須取得許可，部分軍隊抵臺則被要求先解除武裝；以及作為土地改革先聲的三七五減租，和新臺幣的幣制改革，都是他在省主席任內的施政重點。另一方面，在戒嚴前後陳誠也持續加強對臺灣內部的控制。當時由於中共有滲透臺灣內部，衝擊國民黨政權統治權的可能，民國三十八年(1949)初陳誠開始加強臺灣入境管制，之後更強化對校園、社會異議分子的壓制，加強對內控制。其中四月六日除對臺灣大學、師範學院彈壓，並順勢壓制文化界異議分子。

三七五減租

　　臺灣的土地制度在日本統治期間進行第一次土地改革,廢大租,以小租戶為地主。此時,為了避免農村的租佃關係惡化給予共產主義活動的空間,陳誠於二月四日宣布的「三七五減租」,規定佃租不得超過農地收成的 37.5%。雖然,《三七五減租條例》此時還沒有立法,欠缺足夠的法律依據,但是在陳誠強力推動下,縱使當時由地主階級出身的議員掌控的省參議會,亦無力反對。而陳誠兼任警備總司令,表明將抗拒「三七五減租」者移送軍法審判,達到威嚇反對者的效果,使減租順利推動。其後,減租進而成為臺灣土地改革的先聲。接著於民國四十一年 (1952) 陳誠在行政院長任內通過 《實施耕者有其田條例》,除了解決農村租佃問題外,同時也削弱了以土地為基礎的士紳力量,政府則取得農民支持,鞏固統治基礎。

新臺幣改革

　　戰後在公營事業為主體的經濟體制下,由於公營事業的資金供給及墊付中央政府 (機關) 在臺的支出,導致臺幣發行量持續增加。加上中國大陸嚴重通貨膨脹,透過低估臺幣幣值的匯兌,更造成臺灣惡性的通貨膨脹。

　　此一現象直到金圓券改革之後,不僅沒有減緩,反而更趨嚴重。民國三十七年 (1948) 八月九日,蔣中正總統根據《動員戡亂時期臨時條款》,第一次發布緊急處分令,進行金圓券的幣制改革,希望藉此可以改善惡性通貨膨脹所造成的經濟危機。當時,臺灣省政府奉命,由

臺糖公司撥款四千二百萬美金，臺紙公司撥款八百萬美金，充作金圓券發行準備金，這使得臺灣進一步被捲入中國大陸惡化的財經情勢。如同原本法幣與臺幣的匯兌類似，金圓券的幣值被明顯的高估，臺幣與金圓券匯率被規定為 1,835：1，於是大量的金圓券熱錢流入臺灣市場，使得臺灣陷入嚴重的惡性通貨膨脹。而至新臺幣改革前的民國三十八年 (1949) 五月底，價值被高估的金圓券對臺幣經過急速貶值，臺幣與金圓券的匯率已經來到 1：2,000 的價位。

　　民國三十八年陳誠就任臺灣省主席之初，即向蔣中正總統報告臺灣實施幣制改革的必要性。他同時要求軍費、中央在臺機關／企業的支出，應該運送物資來臺支付，不可再匯大量的金圓券來臺，否則如以臺幣兌換急速貶值的金圓券，將導致臺灣銀行增加臺幣發行，動搖經濟基礎。根據陳誠的估計，當時臺幣發行總額為一千五百億元，而每個月在臺軍隊的軍費，就必須支付臺幣三百億元（無論中央是否匯入金圓券，幾乎都透過發行臺幣支應）。為了充實臺幣發行的準備，他也主張臺灣銀行應該成為外匯指定銀行，將當時收兌及以後所收兌之黃金外幣一律撥充臺幣發行準備；此外，也應將中央銀行所有之黃金外幣撥出一部分充實臺幣發行準備。換言之，為了因應包括軍隊、中央駐臺機關及歸屬中央（資源委員會）所屬企業開銷發行的臺幣，如果不能以外匯、黃金或物資作為發行準備，臺幣及臺灣的經濟就難以穩定。

　　為了面對此一問題，中央政府在省主席陳誠及財政廳長嚴家淦的力爭下，同意將國庫所存的黃金折價，償還中央積欠臺灣省政府部分的代墊款，作為發行新臺幣的準備。而以一元兌換舊臺幣四萬元（兌換美元兩角）的新臺幣幣制改革，遂於民國三十八年六月十五日展開。此舉不僅開啟了新的貨幣階段，為了避免與中國大陸貨幣的匯兌，使新臺幣

圖43　舊臺幣壹萬圓

的幣值難以穩定，次日陳誠下令停止與中國大陸的匯兌往來，正式切斷臺海兩岸的財經聯繫管道，這也成為此後雙方經貿關係的基調。

　　值得注意的是，新臺幣改制初期，一元新臺幣和等值的四萬舊臺幣曾經短期同時通用，而不是一夕之間四萬舊臺幣就縮水為一元新臺幣的。至於造成貨幣擁有者嚴重的購買力下降（物價的飆漲），是戰後以來臺灣持續惡化的財經問題，特別是前述中國大陸金圓券改革失敗，不可收拾的財經情勢衝擊臺灣所造成的❻。換言之，除了國民政府接收臺灣以來，臺灣省行政公署（臺灣省政府）的「失政」之外，中國大陸惡性的通貨膨脹，加上中央政府的匯率政策持續低估臺幣，造成臺灣資產不合理的流往中國大陸，嚴重衝擊臺灣經濟所致。

中華民國政府遷臺

　　民國三十八年 (1949) 四月，李宗仁代總統與中共談判，由於周恩來提出要求中共人民解放軍開始接收政府轄區，幾近要求投降的和議

---

❻　當然，趁幣制改革之際調高的物價，也造成一定的影響。

條件，和談破裂。中共軍隊則於四月二十一日渡江，二十三日入南京，五月二十七日占領上海。此後情勢對國民政府越趨不利，美國則於八月五日發表對華白皮書，民心士氣再受重挫。十月一日，中共宣布中華人民共和國成立，而中華民國政府則從廣州遷往重慶，再遷成都，而於十二月七日再下令遷到臺灣。民國三十九年 (1950) 三月二十七日，中華民國政府在大陸最後的軍事據點西康西昌易手，中共政權席捲了整個中國大陸。

中國共產黨則早在民國三十八年十月一日，於北平宣布建立中華人民共和國，北平更名北京，定為首都，並改以西元紀年。

民國三十九年五月，海南島國軍在激戰後撤守，中華民國領土僅剩臺灣、澎湖，以及中國大陸東南沿海的零星島嶼。

由於一百多萬軍民隨著中央政府敗退來臺，臺灣稅收不足以因應，加上經濟仍有待復甦，使新臺幣改制以後稍告穩定的局面又遭到嚴重的衝擊，通貨膨脹隨之又起，雖然政府動用來臺的黃金，只能勉力支持，新臺幣兌美元也大幅貶值（由原本的五元新臺幣兌換一美元，迅速貶值到十元新臺幣兌換一美元）。必須等到韓戰以後，美國提供大量的經濟援助，才使經濟情勢得到結構性的改善。

習　題

1. 陳儀治臺的主要經濟政策為何？又造成那些影響？
2. 臺北二二八紀念公園的二二八紀念碑有碑無文，試查閱當時的報導，討論其原因。
3. 陳誠治臺有那些政策影響日後臺灣的發展？試說明之。

第二節　政治的鞏固與發展

中國國民黨改造

　　在民國三十八年 (1949) 以前，蔣中正總裁雖然是黨、政、軍實質的領袖，但在中國國民黨的權力結構中依然有 C.C. 派、政學系及黃埔系等派系。各個派系之間利益雖不一致，但卻都對蔣中正總裁效忠，而鞏固了他的領導地位。但是，面對中共強力挑戰，中國國民黨內部步調不一，加上在中國大陸的失利，使得蔣中正總裁對於原有的黨機器及運作方式的信心大減，乃提出中國國民黨改造的主張，並在民國三十九年 (1950) 開始，以黨的改造作為調整國家體制運作的基礎。

　　本來民國三十八年七月中國國民黨中央常務委員會即已通過改造案，但是擔心此舉會立即造成黨的分裂，而決定先不實施。次年六月二十七日，韓戰爆發後，美國總統杜魯門決定派軍介入臺灣海峽，以第七艦隊的強大武力為後盾，宣布將遏止臺灣海峽兩岸彼此的軍事攻擊行動❼。然而美國派第七艦隊介入臺灣海峽，是以「臺灣地位未

---

❼　由於《聯合國憲章》第二條第七項明文規定，聯合國不能干涉「本質上屬於任何國家內管轄之事件」，而美國當時是以不違背聯合國的憲章為前提，介入臺灣海峽，實施所謂臺灣海峽中立化的政策。因此美國官方當時也不能接受臺灣在法理上已歸屬中華民國的主張，而採取「臺灣地位未定論」的立場，作為其介入臺灣海峽的正當性基礎。

定論」作為依據，如此使中華民國領有臺灣的合法性基礎受到質疑。
因此，六月二十八日中華民國外交部長葉公超特別針對此一問題發表
聲明，宣告：「中華民國政府原則上接受美國政府協防臺灣的建議，並
強調在對日和約未訂定前，美國政府對於臺灣之保衛自可與中華民國
政府共同負擔責任，但是，臺灣是中國領土的一部分，美國在臺海提
出的備忘錄對於臺灣未來地位之決定並不具影響力，自也不影響中國
對臺灣的主權。」這也是當時中華民國政府一方面期待美國防衛臺灣，
另一方面卻對臺灣未定論的主張所作的官方回應。其中用相當曖昧的
方式，傳達對日和約尚未簽訂之前，臺灣尚未成為中華民國正式的領
土，因此二次大戰對日主要戰勝國的美國可以沒有事先和實際統治臺
灣的中華民國討論，就片面宣布派第七艦隊進入臺灣海峽實施所謂「中
立化」政策。

　　如此，在臺灣直接面對中共政權武力的危機暫告解除的歷史背景
下，七月二十二日，國民黨中央常務委員會才又通過「中國國民黨改
造方案」。蔣中正總裁遴選了陳誠、蔣經國等十六人為中央改造委員會
委員，排除原本主導國民黨黨務系統的 C.C. 派在黨中央的影響力。改
造的結果，蔣中正總裁直接建立其對黨組織的領導權，而蔣經國則透
過幹部組訓工作，奠定其日後接掌黨機器的重要基礎。至於 C.C. 派則
在某種程度上，扮演立法院國民黨內部在野派系的角色，特別是在
1950 年代抗拒行政院推動的電價調漲案，在攸關箝制言論自由的《出
版法修正案》，也透過動員展現不同意蔣中正總統意志的態勢。

　　民國四十一年 (1952)，黨的改造工作大體完成，原本派系林立的
黨組織，轉化成以組織為核心的「革命民主政黨」，並貫徹「以黨領
政」、「以黨領軍」的精神。在「以黨領政」方面，主要是以民國四十
年 (1951) 中央改造委員會制定的〈中國國民黨黨政關係大綱〉、〈中華

民國國民黨從政黨員管理辦法〉為架構；「以黨領軍」則是透過軍中黨部及政戰體制而確立。這成為以蔣中正總裁作為領袖，建立強人威權體制的基礎。而蔣經國透過民國三十八年開始負責情治單位的整編、統合，主控前述的幹部組訓工作，以及軍中政戰體制的建立與救國團的成立，逐漸有接班的準備。陳誠去世以後，他的接班態勢已經相當明顯。

　　整個黨的改造，則奠定了日後蔣中正總裁、蔣經國主席相繼領導的中國國民黨在臺灣的主政地位，和臺灣基本的政治格局。雖然對此的歷史評價，未來仍有進一步研究斟酌的空間，不過，此一行動則造成國民黨政權長期穩定的掌控臺灣政治的局面。

強人威權體制的建立與國際環境

　　就在進行中國國民黨的改造工作之前，臺灣瀕臨中共武力犯臺的危險，及李宗仁代總統滯外未歸，代行總統職權的行政院長閻錫山又萌生退意，中樞無主的情況。已經下野的蔣中正總裁，又有意再起，便在民意機關的敦請下，於民國三十九年 (1950) 三月宣布復職行使總統職權。此後，蔣中正總統便一直擔任總統一職，直到民國六十四年 (1975) 去世為止。

　　蔣中正總統復行視事後，外在的國際情勢對中華民國亦轉趨有利。民國三十九年一月，美國總統杜魯門原本宣布對臺灣海峽兩岸事務的「袖手旁觀」(hand-off) 政策，六月北韓南侵，韓戰爆發，使美國改採前述的臺灣海峽中立化政策。其後中共政權出兵朝鮮，使得美國對其更為不滿。

　　民國四十年 (1951)《舊金山和約》簽訂（次年生效），終結了第

二次世界大戰，但日本雖在和約中明確放棄臺灣與澎湖的主權，卻未明白說明讓予何國，這是所謂「臺灣未定論」的重要國際法層面的起源。也有學者認為，此後臺灣的主權應屬臺灣住民所有，惟臺灣住民的意向則未表明。當時中華民國政府由於是否能夠代表中國，遭到部分國家的質疑，根本無法與會。但是和約中對於中國應該取得的權利，也有規範，而不是完全未處理。《舊金山和約》第二條，日本已經放棄對臺灣、澎湖的「一切權利、權利名義與要求」。又在第二十一條承認韓國可以取得日本在第二條放棄的原屬朝鮮的領土，卻只承認中國可以取得第十條及第十四條的部分權利，排除中國取得臺灣、澎湖的權利。

　　而在美國的支持下，次年簽署《中華民國與日本國間和平條約》（《臺北和約》），在和約第二條除了重複《舊金山和約》第二條有關日本放棄臺灣、澎湖，而沒有處理後續歸屬問題的規定外，由於包括太平島在內的新南群島也在《舊金山和約》日本放棄的範圍，而在日治時期此區域是屬於臺灣的高雄州，因此《臺北和約》第二條也將其包括在內，這是臺灣擁有太平島主權重要的國際法依據。雖然和約沒有解決臺灣、澎湖的歸屬問題，但在冷戰「圍堵政策」的歷史結構下，美國大體上採取支持蔣中正總統領導的中華民國是中國合法代表的立場，也未挑戰其現實上統治臺灣的「事實」。

　　而民國八十九年 (2000) 前後，支持中華民國領有臺灣的國際法學者，以丘宏達為代表，不再強調《開羅宣言》和《波茨坦宣言》的重要性，認為日本放棄臺灣、澎湖的領有權後，中華民國政府統治臺灣的現實並未受到挑戰，因此可以依照國際法上的「先占」原則，合法領有臺灣。只是臺灣原本並非無主地，加上中華民國政府在日本宣布放棄臺灣之後，實際統治的主要就是臺灣，臺灣主權的歸屬，是否適用「先占」原則，仍有商榷的餘地。

　　民國四十三年 (1954) 十二月三日《中美共同防禦條約》的簽字，臺灣正式被納入由美國支持的防禦系統，這是雙方關係更趨密切而穩固的里程碑，臺灣也成為美國圍堵政策的一環。不過，由於條約的內容蘊涵沒有美國同意，中華民國政府不能以武力反攻的意義，因此共同防禦條約的簽訂，對志在反攻中國大陸的中華民國政府而言，亦有若干不利的影響。但是，對於中華民國統治下臺灣各方面發展而言，則提供了安定（全）的條件。

　　由於國際環境轉趨有利，以中國國民黨的改造為基礎，強人威權體制亦逐漸建構完成。本來為了尋求美國支持而任用具有自由派色彩的孫立人、吳國楨，因為軍中政戰制度與救國團和中國國民黨的政策發生牴觸，並與蔣經國產生衝突。結果民國四十二年 (1953) 四月吳國楨辭去省主席的職位，隨即赴美，後更因總統府祕書長王世杰被免職的風波中，影射吳國楨非法攜出外匯，使其更為不滿，開始發表言論攻擊政府的領導人及政策。孫立人則先調任總統府參軍長，繼而在民國四十四年 (1955) 八月正式被指控涉及軍事政變及匪諜案而失去自由。至於扮演蔣中正總統與自由派知識分子之間重要橋樑角色的總統府祕書長王世杰，也在民國四十二年十一月被免職。除此之外，早在同年的四月，中國國民黨黨中央亦決定，黨籍立法委員的提案必須先取得黨部同意，否則便有違紀之虞。基本上，當吳國楨、孫立人等可能阻擋威權體制鞏固的實力派政治人物退出臺灣政治舞臺，蔣中正總統對臺灣政治的掌控力更強，至遲到民國四十四年強人威權體制已告確立。

動員戡亂體制的建立

民國三十六年 (1947) 七月，國共衝突加劇，國民政府下令總動員以戡平共黨的叛亂。此後國民政府以《總動員法》為依據，對經濟物資、交通工具進行管制，限制反動集會宣傳，禁止罷工。這就是影響戰後臺灣發展相當深遠的「動員戡亂時期」的由來。不過，此時基本上仍不是憲政體制下的動員戡亂，而包括《總動員法》在內的動員戡亂體制的相關法規，早在三十五年 (1946) 一月的最高國防會議就決議不合憲政體制的常規必須修正、廢止。換言之，動員戡亂體制在行憲以後，就有違憲之虞。等到民國三十七年 (1948) 行憲後國民大會召開，才在憲政體制下，建構動員戡亂的憲法基礎。

中華民國的憲法雖然在三十五年 (1946) 底通過，三十六年十二月二十五日開始行憲，不過在行憲之初，就馬上面對戡亂的問題。三十七年第一屆國民大會在還沒有選出總統、副總統之前，於四月十八日就制定了提案為修憲案性質的《動員戡亂時期臨時條款》，規定以動員戡亂時期作為有效期間的修憲案，四月三十日更決議通過「全國動員戡亂案」。換句話說，當行憲之後的第一任總統尚未選出，中華民國政府還沒有根據憲法組成之前，國民大會已完成憲政體制進入《臨時條款》時代的準備工作（五月十日公布施行）。

《臨時條款》根據憲法修改的程序制定，制定之主要原因，就形式上來看，是在《緊急命令法》未立法的狀況下，憲法的緊急命令無法行使，而以《臨時條款》提供緊急處分的依據。但是，《臨時條款》排除的憲法第三十九條和四十三條，除了《緊急命令法》之外，實際上還包括戒嚴的規定在內。雖然其所規範的戒嚴、緊急處分要件及程

序比原來的憲政體制寬鬆，仍然必須以行政院的院會通過作為要件。因此，雖然有人批評《臨時條款》的制定代表總統擴權，但制定之初並沒有使總統在原本憲政體制的運作規則之外擁有其他獨自行使擴權的途徑，整體而言是行政權的擴大。隨著三十八年 (1949) 中華民國政府敗退來臺後，《動員戡亂時期臨時條款》體制才逐漸影響中央政府的基本憲政結構。

原本根據《臨時條款》的規定，三十九年 (1950) 必須召開國民大會臨時會，再討論《臨時條款》或是其他修憲的問題。但是，八月行政院開會，以在臺國民大會代表僅一千零九十人，多數淪陷在中國大陸，連開會通知都無法送達，建議暫緩召集。蔣中正總統進而召開五院院長會議，並以人數不足以召開臨時會為由，通知行政院及國民大會祕書處，取消臨時會的召集。

戒嚴體制的確立與白色恐怖

之前於民國三十七年 (1948) 十二月十日，蔣中正總統根據《動員戡亂時期臨時條款》之規定，經行政院會議決議後，宣告除「新疆、西康、青海、臺灣四省及西藏地方外」，全國戒嚴❽。而陳誠頒布前述〈臺灣省（臨時）戒嚴令〉之初，則未完成向中央政府呈報的法定程序。民國三十八年 (1949) 八月十六日，陳誠擔任長官的東南軍政長官公署呈請行政院，「要求將臺灣納入民國三十七年的〈全國戒嚴令〉，劃為接戰地域」。行政院於十一月二日決議通過，呈請代總統李宗仁公告。但是，此後李宗仁並未進入總統府批示此一公文，繼而先到香港，

---

❽　蔣中正總統下野後，李宗仁代總統曾宣告戒嚴令接戰地域的調整。

再赴美國。代總統李宗仁出國後，根據憲法代行總統職權的行政院長閻錫山，於十一月二十二日咨請立法院「查照」。十二月二十八日已經遷到臺北辦公的行政院再行文東南軍政長官公署及臺灣省政府，同意將臺灣省納入〈全國戒嚴令〉，實施劃為接戰區域的戒嚴。除接獲命令的東南軍政長官公署在報紙刊登公告外，臺灣省政府在民國三十九年(1950)一月六日公告並通知各單位，完成《臨時條款》規定的程序。

　　另一方面，立法院對於戒嚴的查照案，則於1950年三月十四日第五會期第六次會議根據《戒嚴法》規定的程序，議決「予以追認」，並由代院長劉健群咨請行政院及「復行視事」的蔣中正總統查照。行政院在收到立法院的咨文後，即「令知」國防部、司法行政部及臺灣省政府等機關。

　　廣義的白色恐怖，戒嚴之前就逐漸在臺灣展開。前述1949年的四六事件，不僅逮捕臺灣大學、省立師範學院（臺灣師範大學的前身）的異議學生，師範學院學生甚至必須辦理重新登記，才能繼續學業。四六事件也波及其他學校學生和文化界人士，楊逵因為之前在中國大陸發表〈和平宣言〉被捕，《台灣新生報》〈橋（副刊）〉的主編歌雷（史習枚）被波及（詳後），當時還是中學生的張光直（中研院院士）也被捕入獄。

　　其後，五月一日臺灣舉行戰後第一次戶口總檢查，不過和一般戶口調查不同，《中央日報》在檢查舉行的前一日發表社論，指出戶口總檢查的意義就是檢肅內部的一項必要措施，主張實施強度、嚴密的檢查，使各種「不良分子」無法混跡，以確保臺灣的安定。透過這篇社論，白色恐怖的氛圍已經呈現。

　　戒嚴之後，以《刑法》內亂、外患罪相關規定為基礎，加重其刑罰的《懲治叛亂條例》於五月二十四日完成立法，六月二十一日公布

施行。除了少數中共當局派來臺灣的共諜之外,以「言論叛亂」為主,戒嚴時期有為數可觀的異議分子,被移送軍法審判,原本憲法保障的包括批評執政者的言論被處重刑。

　　雖然過去強調來自中華人民共和國的武裝威脅和冷戰,是導致臺灣長期處於高壓統治與白色恐怖的原因。不過,中央政府敗退來臺初期的外在武力威脅,在 1950 年韓戰爆發之後,由於美國實施臺灣海峽中立化的政策,派第七艦隊巡弋,掌控臺海的制空權與制海權,雖然人民解放軍曾一再對外島發動攻擊,但對臺灣並沒有構成明顯或立即的威脅。因此,臺灣長期的戒嚴及白色恐怖欠缺足夠的正當性與合理性。

中華民國政府統治的內部正當性與外部正當性問題

　　中華民國政府遷臺後,由於失去中國大陸的統治權,在臺灣統治的正當性也是有待處理的問題。中華民國政府繼續動員戡亂體制,以身為中國唯一合法代表,特別是擁有聯合國安理會常任理事國的中國代表權,作為統治的外部正當性基礎,並藉此在宣傳實施民主憲政的同時,又以中國大陸地區無法進行改選為由,在臺灣建立萬年國會體制。另一方面,則透過地方政治參與制度的建立,呈現在臺灣的統治得到人民的支持,作為統治的內部正當性。

　　因此,爭取美國為主的國外支持,維護國際舞臺中國代表的地位,是對外政策的重點;而對內,在臺灣實施不致影響中央政府原有權限的地方自治,透過地方選舉取得支持則是重點。

地方自治體制的展開

　　民國三十四年 (1945) 國民政府接收以後，臺灣因為有亞洲數一數二的高識字率及普及的教育，加上日治時期已有選舉的經驗，要求地方自治的呼聲此起彼落。民國三十六年 (1947) 二二八事件告一段落後，三月十七日國防部長白崇禧抵臺宣撫，揭示了當時中央政府的處理原則，除了將臺灣行政長官公署改為省政府之外，更重要的是決定了臺灣省各級縣市長提前民選的原則。次年，第一屆國民大會也通過建設臺灣為自治模範省案。雖然如此，臺灣的地方自治卻始終無法按照中華民國憲法體制設計的基本原則來推動。

　　民國三十八年 (1949) 中央政府撤退來臺之後，實際有效治理的範圍，主要便是臺灣。在此情況下，發生中央政府與臺灣省政府轄區、職權嚴重重疊的問題。因此，雖然三十九年 (1950) 立法院已經二讀通過憲法所規定的《省縣自治通則》草案，但包括國民黨中央、行政院都不欲根據憲法實施地方自治，以免直選產生的臺灣省長擁有超過中央政府的民意支持。十一月底，行政院進一步指出此時並非制定《省縣自治通則》之時機，主張立法院應慎重考慮，此案遂告擱置。

　　地方自治的母法未能完成立法，而政府仍然推動地方自治，有其特殊的歷史背景。當年政府對外面臨中共政權的武力壓力，以及爭取國際支持的需要；對內則面對臺灣本土菁英要求參加臺灣地方自治事務的強烈意願。因此，在臺灣實行地方自治的迫切性急速增加，而在民國三十九年公布實施《臺灣省各縣市實施地方自治綱要》。比較特別的是憲法地方自治僅有省縣二級是自治團體，而在臺灣所實施的地方自治，則以行政命令賦予了鄉、鎮、縣轄市法人的地位，同時列舉了

其自治權限。由於地方自治並未完成法制化，因此省級、縣級乃至鄉鎮、縣轄市級的地方自治，本質上都受到上級行政命令的監督。整個地方自治的基礎也全建立在行政命令之上，因此，地方自治的推動往往受制於上級機關的決策。

民國四十二年 (1953) 行政院與立法院皆認為有重新考量完成《省縣自治通則》立法的必要性，但「認為本案之應否完成立法程序，政治性重於法律性，應請中央早作決策」，提送中央常務委員會仍決議：「暫緩完成立法程序」。直到八十三年 (1994)，才第一次根據法律實施臺灣的地方自治。

萬年國會的形成

中央政府遷臺以後 ，民國四十年 (1951) 第一屆立法委員即將任滿，行政院認為無法改選，建議由總統行文咨請立法院同意立法委員任滿後繼續行使職權一年，以解決立法機關不能依法運作的困局。此後便逐年依此模式，由立法院自己同意繼續行使職權。民國四十三年 (1954)，不僅立法委員，監察委員與國民大會代表也面臨任期即將屆滿的問題，同年一月由司法院大法官會議通過釋字第三十一號解釋，賦予第一屆立法委員及監察委員未能改選前繼續行使職權的依據。至於國民大會代表部分，則由行政院通過決議，經總統核可後，行文國民大會祕書處，表明第二屆國民大會代表選舉召集前，第一屆國民大會代表任期未滿，依憲法規定自應繼續行使職權。透過前述的運作，臺灣的中央民意機關便成為多年未改選，民意代表性日漸薄弱的「萬年國會」。

動員戡亂時期憲政體制的變動

中華民國政府遷臺以後，由於能來臺灣開會的國民大會代表人數根本達不到修改憲法所需要的法定人數，因此，不可能透過修憲的途徑變動憲政體制。是故，民國四十三年 (1954) 第一屆國民大會第二次會議，只能形式上通過《臨時條款》繼續適用案。國民黨黨政高層開始思考憲政體制的變動，是在民國四十八年 (1959)。由於憲法規定總統只能連任一次，蔣中正總統面臨突破憲法原有規定，尋求三連任的問題。因此，民國四十九年 (1960) 二月大法官會議通過釋字第八十五號解釋，改變國民大會代表總額的計算方式，以能應召集會之國民大會代表人數作為總額後，第一屆國民大會第三次會議集會，在具足法定修憲人數的條件下，便修改《臨時條款》。其中最重要的是，總統可以不受中華民國憲法第四十七條連任一次的限制。國民大會由於對創制複決權在憲政體制中被剝奪，始終企圖翻案，因此，在《臨時條款》中也新增有關國民大會創制複決二權的行使將在國民大會臨時會召開時討論，此規定帶有相當濃厚的政治交換性質。對國民黨高層而言，修改《臨時條款》凍結了憲法限制總統只能連任一次的規定，既能使蔣中正總統得以三連任，形式上又可以合乎蔣中正總統不修改憲法的宣示。但是，《自由中國》及流亡海外的民社黨、青年黨籍第三勢力領袖，仍然嚴厲批評修改《臨時條款》就是「毀憲」。

既然突破了修憲所需的門檻限制，民國五十五年 (1966) 二月國民大會召開臨時會，再修改《臨時條款》，規定動員戡亂時期國民大會可以制定辦法創制和複決中央法律。但是由於國民黨當局基本上對於國民大會的擴權仍然抱持相當保留的態度，所以此一條款雖然制定，卻

從來未曾行使過。

　　如前所述，國民黨當局已經可以修改《臨時條款》來進行「憲政」體制的改造，因此，進一步的修憲已經不再被視為禁忌，民國五十五年三月國民大會第四屆會議中，再次修改《臨時條款》。它的重點在於授權總統在動員戡亂期間可以設置動員戡亂機構決定動員戡亂之大政方針，同時也授權總統可以調整中央政府的行政與人事機構，並且對於因為人口的增加或者因故出缺的中央公職人員，可以增選或補選的方式來加以充實。透過此一條款的修正，以總統作為主席的國家安全會議得到了法源及合法性的基礎，而蔣中正總統透過此一體制的變動正式達到了自 1950 年代以來成立國防會議體制的擴權目的。相對的，行政院長的職權以及行政院的決策地位則呈現一定的萎縮。

　　而根據《臨時條款》，民國五十八年 (1969)，以臺灣地區人口增加，及原有臺灣地區選出的中央民意代表出缺為由，進行（第一屆）中央民意代表增補選，選出者比照資深中央民意代表，不必改選。到了民國六十一年 (1972) 由於面對中華民國政府失去聯合國中國代表權的大變局，執政者的正當性亟待補強❾。因此，遂有《臨時條款》進一步的修正，制定了定期改選的中央增額民意代表制度，此後《臨時條款》就不再進行修正。但是《臨時條款》在民國六十一年修正時，由於正式賦予第一屆中央民意代表繼續行使職權而無需進行改選的憲法位階依據❿。因此，與國會全面改選的推動產生了體制上的嚴重衝突，

❾　雖然中華民國政府長期以來宣稱：是在國際情勢不利的狀況下「退出」聯合國，但是聯合國的立場則是以第二七五八號決議案，對中國代表權的問題作了處理。透過此一決議案「決定：恢復中華人民共和國的一切權利，承認他的政府的代表為中國在聯合國組織的唯一合法代表，並立即把蔣介石的代表從他在聯合國組織及其所屬一切機構中所非法占據的席位上驅逐出去。」

《臨時條款》也飽受部分憲法學者的批評，認為是憲法的違章建築。

　　民國七十九年 (1990) 隨著總統選舉過程中，部分國民大會代表要求擴權的表現與國民黨內部流派的對抗，除遭受反對黨攻擊外，也引起學生不滿，發生了所謂三月學運。面對體制內外要求國會全面改選的訴求，《臨時條款》的變動已經迫在眉睫。同年五月二十日李登輝總統在就任演說中，承諾要以修憲的方式，於兩年內實施政治改革，正式宣告《臨時條款》即將終結。

《憲法增修條文》體制的出現

　　政治推動的速度，比李登輝總統的宣示更快。民國七十九年 (1990) 十二月二十日國民黨中常會決定要以一機關兩階段來進行修憲，先由尚未改選欠缺、民意基礎的國民大會透過修憲處理《臨時條款》廢除後的調整問題。之後，再由改選的第二屆國民大會進行更具實質意義的第二階段修憲。當時主導修憲的國民黨所採取的憲改策略是終止動員戡亂時期，使《臨時條款》成為歷史，同時則以增修條款的方式來進行憲政改革，以應付現實的需要，其中首先解決的是中央民意代表全面改選的問題。因此，在八十年 (1991) 四月二十二日第一次通過的《中華民國憲法增修條文》之中，主要的內容便是國會全面改選，以及朝向正常憲政體制的過渡安排作為憲政改革核心。既然如此，原有憲政體制所留下的緊急處分權的問題、動員戡亂法律的修正廢除問題、以及包括國家安全會議及行政院人事局的問題，都必須要

---

❿　因為《臨時條款》在中華民國憲政體制中，係憲法位階之規範，與憲法有同
　　等之效力。

有一個過渡的安排。同時，為了解決國家實際統治領域與憲法領域的落差，而對中國大陸人民的權利義務採取另外的規範，以免在「一個中國」架構下，必須面對中國大陸人民享有中華民國國民權利的問題，因而也在增修條文之中，賦予以法律特別加以規範的憲法依據。

以《憲法增修條文》的方式來進行憲政改革，固然告別《臨時條款》而有回歸憲法體制常態的效果，不過，《憲法增修條文》與《臨時條款》卻有相當類似之處。其中二者基本上皆採取凍結憲法本文體制的方式，以修憲程序在憲法本文之後增訂條文。同時，《憲法增修條文》也與《臨時條款》一樣都有時間的限制，不同的是《臨時條款》的限制在於動員戡亂時期，而《憲法增修條文》則在前言標舉出國家未統一前的時間限制。

《憲法增修條文》的體制變動

完成第一階段憲改之後，國民大會進行全面改選，民國八十一年(1992)五月二十七日第二屆國民大會完成第二階段修憲，根據《憲法增修條文》，擴大國民大會的權力，將原有監察院的同意權轉移到國民大會，使監察院失去民意機關的性質，成為純粹由總統提名國民大會同意的準司法機關。再者，由於中華民國憲法的設計給予地方政府相當大的自治權限，行憲以來，就沒有實施過，至此，基於中華民國單一國體制的考量，本來即有限制地方自治權限的傾向，加上中央政府體制與臺灣省政府所轄區域嚴重重疊的現實條件，因此也凍結了部分憲法的相關條文，同時賦予省長民選及地方自治法制化的新的憲法依據。但是由於總統直選的問題沒有解決，使得第三階段的修憲勢在必行。在開始進行第三階段修憲之前，發生了總統與行政院職權的衝突，

特別是在立法院改選之後，行政院長是否能拒絕辭職的憲法爭議，更使得民國八十三年 (1994) 七月第三階段修憲時，除了確立總統直選之外，行政院長的人事副署權也成為當時修憲的主軸。而國民大會則藉著修憲之便，取得了設置議長的憲法依據，朝國民大會常設化更邁進了一步。

此後，由於臺灣省與中央政府轄區重疊過大，再加上中央與省政府現實政治運作的考量與四級政府是否有必要存續的問題，因而民國八十六年 (1997) 所進行的第四階段修憲過程中，才進一步進行憲法體制的調整：凍結省級地方自治的選舉，也剝奪了臺灣省政府透過選舉取得民意基礎，及作為地方自治機關的憲法依據。

另外，民國八十五年 (1996) 首次公民直選總統後，總統的正當性基礎增加，在行政院長的任用上又發生副總統兼任行政院長的違憲爭議，因而在修憲時便賦予總統行政院長的任命權。另一方面，則回歸民國三十五年 (1946) 政治協商會議制憲的原始精神，使立法院取得對行政院的倒閣權，而在立法院倒閣時則賦予總統解散國會的相對權限。同時，原有行政院取得總統支持向立法院提出的「覆議權」(veto) 亦大幅縮小，立法院僅需過半數的決議（而不是原來的三分之二），即可以否決行政院提出的覆議，而維持立法院原本的決議，行政權失去原本相對的優勢，在此次修憲後，行政、立法兩權的互動，進入新的階段。

同時，由於在修憲的過程中，國民大會一再試圖擴權，與立法院職權衝突可能發生憲政危機的問題，也受到各方關注。原本國民大會通過先延長任期與立法委員同時卸任，再廢除國民大會的修憲案，但是由於自行延任被大法官會議宣布違憲，因而在民國八十九年 (2000) 陳水扁總統就任前，再次修憲，使國民大會成為任務型國大，必要時再選舉產生，平時則不設置，包括大法官、考試委員、監察委員等人

事同意權與總統、副總統的罷免提案權則全部劃歸立法院的職權。

　　國民大會雖然虛位化，但在臺灣外在政治情況已經進入總統直選的時期以後，其存在與功能是否有存續的必要，更受外界質疑。民國九十四年 (2005) 在推動立法委員席次減半的修憲工程中，任務型國大複決通過立法院所提的國民大會的修憲案，臺灣的國會體制進入新的時代。

　　此次修憲還制定條件限制相當嚴苛的公民投票制度的憲法依據，而立法院通過高門檻（全體立法委員四分之一之提議，全體立法委員四分之三之出席，及出席委員四分之三之決議），提出的憲法修正案、領土變更案，經公告半年，應於三個月內由公民投票複決。此後，臺灣現實政治的運作下，除非國民黨和民進黨兩個主要政黨達成共識力推，否則縱使絕大多數民意支持，修憲幾乎仍是不可能的任務。

地方自治體制的根本問題

　　在 1980 年代之前，臺灣地方選舉是唯一能定期舉行，並達成行政機關（省除外）及議會的改組的選舉，在地方自治的選舉下，省以下的地方自治無論是民意代表機關，或者是行政首長皆由人民直接選舉產生。相對的，在省級政府雖然有民選議員組成的省議會，不過行政首長則是官派的省主席。換句話說，基本上越是基層，其民主選舉所帶來的正當性越高；反之層級越上，政治所賦予的正當性則越顯不足。不過，由於當時省對縣市的監督能力相當的大，因而呈現了民意較薄弱的上級行政機關監督民意基礎較充分的下級政府地方自治的現象。

　　隨著臺灣政治局勢的發展，以及都市化程度的加深，民國五十六年 (1967) 七月一日先是臺北市升格為院轄市，其後高雄市也升格，形

成臺灣自治體制一省二市的構造。當北高兩市升格為院轄市之後，所擁有的自治權限比省轄市時期有相當的提升，但是相對的由於市長由民選改為官派，地方政府來自民意的正當性相對減弱。

　　整體而言，當時臺灣的地方自治，除了在省級、直轄市層次未能由人民直接選出行政首長而有所不足之外，各級地方政府的人事權及財政權也由於中央獨大體制而呈現嚴重不足。此一現象，雖然在《省縣自治法》及《直轄市自治法》通過以後，有相當程度的改善，不過直到今天，仍然是中央與地方政府爭執的一個焦點。

地方自治的法制化及其後續問題

　　民國八十三年 (1994) 以《憲法增修條文》為依據，《省縣自治法》及《直轄市自治法》完成了立法程序，進而推動省市長直選，臺灣的地方自治也正式進入了法律規範的時代。臺灣的地方自治比起過去依行政命令實施的時代，多了一重法律保障，不至於完全必須依上級機關之意志而行。特別重要的是，臺灣省省長及直轄市市長的民選，使得原有地方層級的自治機關，無法由人民選出首長的現象，得到根本的改善。省及直轄市，地方自治的正當性也較前更為增強。伴隨著此體制改變，地方自治機關原有權限，亦有相當程度的擴張。但是，由於臺灣與中央政府轄區嚴重重疊的問題，並沒有解決。反而隨著省長民選之後，省長與總統的正當性，產生了某種程度的緊張。而省自治的地位確立後，臺灣四級政府的狀態，以及不同層級政府所制定法規，所產生職權的衝突問題，不僅沒有較過去改善，反而更趨嚴重。因此透過前述民國八十六年 (1997)《憲法增修條文》的改變，凍結臺灣省級的選舉，省長及省議會民選的時代，也隨之結束。「精省／凍省」之

後，臺灣省虛級化，臺灣的地方自治根據《地方制度法》，於民國八十八年 (1999) 又進入一個新的時代。但是原有中央政府獨大並未完全改善，攸關地方自治的財源劃分問題、人事自主問題，仍舊是中央與地方衝突的根源。此外，直轄市與其他縣市之間長期存在資源分配嚴重不均的現象，人口達到直轄市設立標準的各縣也積極爭取升格，以取得更多資源。臺北縣（新北市）之外，臺中縣市、臺南縣市、高雄縣市（高雄市原本即是直轄市）也透過合併升格，使臺灣出現所謂的五都，加上民國一〇三年 (2014) 桃園縣升格為直轄市，六都與其他縣市之間政經資源分配不均的問題，仍亟待透過地方自治體制的改革來解決。

習　題

1. 政府遷臺後，《臨時條款》體制為何會修正？試說明其原因，及歷次修正的主要意義。

2. 《憲法增修條文》與《臨時條款》都凍結部分憲法條文，試比較其差異何在？

3. 臺灣為何在地方自治未完成法制化時，即推動地方自治？其原因為何？

第三節　戰後臺灣經濟的發展

戰後初期的經濟問題

　　民國三十四年 (1945) 日本投降之後，臺灣經濟處於戰後亟待復甦的局面。當時臺灣與遼東半島及津滬地區，列為所謂中國三大經濟先進區域，換句話說，臺灣一定程度上必須扮演支持中國大陸經濟情勢以及戡亂戰爭的後勤角色，難以取得經濟復甦所需要的人力、財力。所以臺灣工業的復甦就比起較不需要財力、技術人才投入的農業為慢。

　　二二八事件以後，官方放鬆原本對私人資本的抑制，原有的經濟統制政策也有所改善。但因為當局始終低估臺幣的幣值，透過法幣與臺幣的匯兌，使臺灣被中國大陸嚴重的通貨膨脹波及。更嚴重的是民國三十七年 (1948) 八月十九日中華民國政府頒布〈財經政策緊急處分令〉，以發行金圓券作為應付中國大陸惡性通貨膨脹的手段時，臺灣雖然仍繼續沿用臺幣，卻進一步被捲入中國大陸惡化的經濟情勢之中。如同過去法幣高估一樣，金圓券對臺幣的幣值也有明顯高估的現象，中國大陸與臺灣套匯的活動，熱錢湧進臺灣使得臺幣發行大量增加，通貨膨脹壓力更趨沉重，臺灣經濟也更加惡化，這是臺灣被迫推動新臺幣一元兌換舊臺幣四萬元的幣制改革的重要背景。

通貨膨脹的緩和

　　民國三十八年 (1949) 蔣中正總統在下野前後下令，將中央銀行所有的黃金準備與外匯遷至臺灣，其中，臺灣省政府以中央政府撥還臺灣銀行八十萬兩黃金及撥借的一千萬美元外匯作為發行準備，進行四萬比一的新臺幣幣制改革。雖然如此，以軍公教為主的上百萬人民，於民國三十八年前後跟隨中央政府來臺，政府為了安頓這批為數頗多的軍民，財政的支出勢必要增加。這些費用加上當時原本在重建中的臺灣經濟，以及中央政府來臺以後所需要的行政支出，使得新臺幣很快的在民國三十九年 (1950) 就面臨原有兩億元發行限額，並不足以應付政府財政需要的狀況，「限（額）外發行」便成為當時政府為了籌措資金常常採行的手段，因此，1950 年代臺灣通貨膨脹的壓力始終存在，同時新臺幣對美元也開始貶值。從民國三十八年的一美元兌換五元新臺幣，到民國四十年 (1951) 一月已貶為一美元兌換新臺幣十・三元，而在通貨膨脹之外，外匯不足也是臺灣重大的經濟問題。

美援的貢獻

　　在 1950 至 1960 年代初期有效促進臺灣經濟安定最重要的外在因素，便是來自美國的經濟援助。民國三十七年 (1948) 年七月三日中華民國政府與美國簽訂《中美經濟援助雙邊協定》，由美國政府對華提供經濟援助。為了順利運用美援，政府成立了行政院美援運用委員會，成為「美國經濟合作總署中國分署」（援華分署）的對口機構。民國三十九年 (1950) 前述杜魯門總統的「袖手旁觀」政策中，再次宣示停止

對中華民國政府的軍事援助外，也表示將繼續對臺灣的經濟援助。不過，經濟援助早已急遽減少。韓戰爆發後，起初美國政府主要根據之前《1948 年援華法案》的預算經費，繼續對臺灣經濟援助；次年美國國會完成立法，正式展開新一波對臺灣的經濟援助，直到民國五十四年 (1965) 才中止。當時美援至少透過兩個有效的途徑來維持臺灣經濟的安定，首先是經由剩餘農產品、進口物資的援助及貸款的援助，協助解決臺灣當時外匯短缺及重要民生物資供應不足的問題，減輕需求大於供給所產生的物價上漲壓力。其次則是將出售剩餘農產品所得新臺幣的相對基金，存入臺灣銀行，產生抵消貨幣膨脹的效果。

除此之外，美援對於臺灣基本設施的投資及維修亦有相當正面的作用。由於財源短缺，政府無法自力重建臺灣戰爭期間受損的基本設施。美國的經濟援助在此時便給予適時的支援，使得臺灣的電力、交通運輸、水利灌溉等等基本設施皆能陸續運作。整體而言，美援直接增加了當時臺灣嚴重不足的物資供給，一方面平抑物價上漲的壓力，另一方面也提供工業發展所需要的動力與原料。

縱使在韓戰爆發以後，大批美援來臺，臺灣外匯短缺所呈現的經貿問題並未解決。民國四十年 (1951) 臺灣由於外匯儲存全數用罄，且積欠國外銀行外匯超過一千萬美元，遂由美國援華分署向美國政府洽請特別援助，同年六月美國緊急核撥經濟援助四千一百零一萬美元，解決當時的外匯短缺問題。民國四十四年 (1955) 臺灣銀行外匯儲存又出現負數，且積欠國外銀行外匯達三百三十萬美元，當時美援的負責人遂提出國軍退除役官兵安置計畫，依照該計畫得到四千八百多萬美元的撥款，使得臺灣的外匯短缺危機得以度過難關。

工業的進口替代與米糖輸出的貢獻

　　政府在 1950 年代的經濟發展策略，是「以農業培養工業，以工業發展農業」。在農業方面，受戰爭的影響，戰後初期生產總值只有戰前高峰期 1938 年的一半，之後農業迅速復興，大約在民國四十二年 (1953) 前後就恢復了戰前的高峰水準。其中原有甘蔗及稻米的生產復甦，提供了臺灣在推動工業進口替代期間，除了美援之外，主要的外匯取得來源。1950 年代單單以日本作為主要出口地區的米糖外銷，一年就有一億美元左右的收入，對於進口生產原料，以及政府經濟政策的推動，發揮了極大的作用。

　　為了促進工業的發展，政府除了運用從農業部門擠壓出來的資源，並採取包括高關稅壁壘及進口管制等措施，使得本土的產業可以確保在國內市場取代原有的外國進口商品，以達成所謂進口替代的目的。

　　在進口替代期間，臺灣處於外匯不足及入超的狀況下，而生產物資及設備的進口又難以避免，因此維持了新臺幣改革之初就採取的高估策略。而為了避免消費品的進口，消耗有限的外匯，政府同時在民國四十年 (1951) 至四十七年 (1958) 之間實施了複式匯率的制度，使進口匯率高於出口匯率，進口消費品必須負擔類似加徵進口稅的外匯成本。而為了降低工業發展進口設備、物資成本，除了高估的新臺幣之外，政府也儘量使用可動用的美援物資及外匯，進口工業發展所需要的原料及工廠設備。

從進口替代到出口擴張

　　以下擬以早年的進口替代產業中與日後出口關係最為密切的紡織業和水泥業為例，說明政府工業政策的展開。

　　電力是工業發展的要件，在美援支助下，臺灣電力設備的恢復與新的投資，提供後續工業發展所需的電力。當時臺灣一開始採取以紡織工業為優先發展的產業，乃是著眼於由中國大陸轉進來臺的大量紡織工業。但是外匯短缺，棉紡織等工業的原料又必須進口，因此進口替代紡織業能夠有效開展，與美國援助的棉花，以及政府在分配棉花原料時以有利的優惠匯率提供低價的原料，有密切關係。為了減少競爭，使原有廠商得以維持高獲利下的成長，政府除了不准成立新的紡織企業，並限制原有的生產設備規模。以民國四十二年 (1953) 為基準，紡錘增加每年限額為兩萬錠。

　　紡織的巨額利潤，使得本土的資本家亦有意投資。因而政府在四十六年 (1957) 解除了部分的投資限制，此舉導致國內紡織業生產與市場的激化，隨即造成進口替代滿足之後的生產過剩問題。政府本來考慮以減產的方式來因應此一狀況，不過這對新投資的廠商而言相對不利，而且政府也有現實上外匯不足的問題，最後，在臺南紡織集團為主的新投資廠商遊說下，政府改採以內銷補貼外銷的方式促進出口的政策，使得臺灣紡織業由所謂的進口替代往出口擴張的方向發展，並賺取外匯。

　　而水泥業的原料來自臺灣本土，無須進口，又是重要的軍事物資，而且在日治時期已有相當的基礎，是較為成熟的產業，因此也成為官方發展工業的重要標的。在官方的保護政策下，水泥業是在「生

產壟斷」和「流通統制」的條件下展開。最初只有臺灣水泥一家，民國四十六年 (1957) 才有嘉新水泥、亞洲水泥和環球水泥加入，以後陸續有其他企業投入，不過主要是以前述四家公司為主力。在銷售方面，政府也要求以軍事工程為優先，其次是電力、水利和兵舍，再來則是生產事業、公共投資、及防空疏散設施，最後才是一般消費。

　　政府並對水泥售價進行管制，民用價格是軍用價格的一倍。不過，在進口替代政策的保護下，水泥業是利潤受到保護的產業，在民國四十六年完成了進口替代，而在次年開始出口擴張，1960 年代的出口以越南、東南亞（透過香港轉口）、菲律賓、韓國為主。其中民國五十年 (1961) 美國規定援助越南的後勤物資統籌區域政策，使越南成為臺灣水泥最主要的出口國，根據民國四十七年 (1958) 到民國五十三年 (1964) 的統計，占出口總值的四成以上❶。

出口擴張政策下經濟體制的修正

　　各種不同的產業達到進口替代滿足的時間並不一致，但大體上 1950 年代末期紡織、水泥等產業出口擴張的趨勢已然明朗，因此，政府的財經體制也有所修正，以配合此一發展。

　　為了增加出口產品的競爭力，民國四十七年 (1958) 放棄了複式匯率，將匯率調整至一美元兌換新臺幣三十六‧三八元左右，初步解決了原本因新臺幣幣值高估不利出口的問題。另外在財政部及臺灣銀行配合之下，提供出口產業進口機器所需要的外匯，並且以低利融資的方式提供外銷產業所需的生產資金，以及外銷品特案稅捐辦法、鼓勵

❶　隅谷三喜男、劉進慶、涂照彥，《臺灣之經濟：典型 NIES 之成就與問題》（臺北：人間出版社，1993），頁 110–113。

外銷聯營組織等等，來推動出口擴張的政策。而為了擴張出口取得外
匯，政府往往將廠商原料的取得與出口的業績合併考量，在此狀況之
下，業者一方面為了在受保護的國內市場獲取高額的利潤，再則為了
取得低廉的原料，不惜採取賠本流血的輸出方式，而達到擴張出口的
目的。

十九點財經改革與《獎勵投資條例》的歷史角色

　　當時政府為了實現促進出口和持續經濟發展，除了進行前述貿易
制度的改變之外，民國四十九年 (1960) 在美國顧問建議下推動的「十
九點財經改革措施」成為其後經濟體制改革的主要方向。此一改革緣
起於前一年 (1959) 美國國際合作總署駐華分署長郝樂遜 (W.
Haraldson)，致函美援會建議八項改革措施，而後美援會再根據此八項
建議制訂「加速經濟發展大綱十九點財經改進措施」。

　　「十九點財經改革措施」包括獎勵儲蓄、單一匯率、創設資本市
場、經濟活動正常化、扶植民營事業、鼓勵投資、改善投資環境等，
目的在於美援結束後，臺灣經濟能夠自給自足。其中最重要的是民國
四十九年完成的《獎勵投資條例》。此一條例立法的主要目的是為了保
護和獎勵本國人及外資的投資活動，而吸引投資的主要策略，則是在
稅制上給予特殊優惠。由於這些措施會造成國內稅賦不均與財政資源
分配扭曲問題，因而立法之初明定實施期限為十年的權宜政策。但是，
基於出口擴張的政策及繼續吸引投資的考量，先後延長兩次，直到民
國八十年 (1991)《促進產業升級條例》完成立法實施之時，《獎勵投資
條例》才在完成歷史任務之後正式結束。

外資的引進及其影響

　　1960 年代美國、日本、西歐等國戰後的經濟復甦已有相當的成效，企業具備向外投資的能力，而《獎勵投資條例》的立法，則提供臺灣吸引外資有利的條件。加上民國五十四年 (1965) 加工出口區的設置，使得臺灣比起其他發展中國家更搶先一步取得吸引外資的有利地位。

　　民國五十四年美援中止，吸引來的外資，便取代了美援所提供的經濟資金。外資中以日本的資本最為重要，其次則是美國的資本，直到 1980 年代為止兩國總共占了來臺投資資本的 60% 以上。

　　由於當時美、日資本來臺投資的目的並不相同，因而影響到以後臺灣與美、日三方的貿易關係。美國資本投資的主要目的，是要把產品回銷本國市場，而日本資本一開始就把重點放在確保在臺市場，以及將其投資生產產品外銷的傾向。因而，美國在臺投資的增加就促進了臺灣對美國出口，相對的，日本在臺的投資配合技術轉移以及關鍵零組件的提供，隨著臺灣對外出口的擴張，相關的日本產品，成為臺灣進口的大宗。這是後來臺灣對美國出超擴大，而對日本入超擴大的重要歷史因素。

　　相對於外資，華僑資本亦是屬於當時政府努力吸收的對象。由於華僑資本可以經營包括金融、保險等特許行業，其中還包括連臺灣本土資本都無法觸及的銀行業。由於華僑資本主要投注在服務業方面，其投資產業的項目及技術水準上與臺灣本土的資本有較多的競爭。相對的，與美日資本相較之下，在產業技術發展方面，華僑投資則較不重要。

十大建設及後續經濟發展

　　1960 年代末期，行政院對臺灣基礎建設及產業結構問題，提出一連串的建設計畫，民國六十二年 (1973)，行政院長蔣經國宣布全力推動十大建設❷。

　　十大建設包括兩部分：一是由核能發電廠及六項交通建設組成的基本設施投資；二是包括一貫化作業煉鋼廠、石油化學工業、造船廠構成的重工業化投資。在基本設施投資方面，十大建設可以說是戰後臺灣第一次大規模的基礎建設，其推動之目的在於解決當時重大基本設施不足的瓶頸，並提高經濟活動的效率；而重工業化的投資則是希望改善臺灣原有產業結構的第二次進口替代。

　　可是，縱使到此階段臺灣產業仍以勞力密集為主，在工資水準持續增加，勞動條件需要改善的狀況下，技術、資本密集產業的發展便成為臺灣產業發展的重要方向。

　　為了追求產業升級，民國六十九年 (1980) 設立以電子工業為重心的新竹科學園區是一個重要的典範。除了獎勵相關投資，引進外資及技術之外，透過國科會、工研院發展的技術轉移給民間，也是此時政府重要的產業政策。而電子工業迅速發展，在臺灣整體工業所占的比例上與日俱增，目前已經成為臺灣最重要的產業。

---

❷　此時宣示的是「九大建設」，其後再加上核能發電廠。不過，其中包括大造船廠、石油化學工業等早在 1960 年代末期就開始推動，並不是蔣經國接任行政院長後，為了因應石油危機而展開的。

民間及中小企業的貢獻

　　長期以來，民營企業、中小企業對臺灣經濟發展的貢獻頗受肯定，但是其具體的貢獻，則有待進一步釐清。石田浩曾經探討臺灣工業生產總值中，公營企業與民間企業的比率。因為戰後的日產接收，以及因戰爭而導致民間企業的停滯，在民國三十五年 (1946) 公營企業占 81.6%，民間企業則沒有超過 18.4%。但是，之後民間企業逐漸擴大，慢慢的縮小差距。在民國四十七年 (1958) 兩者比率幾乎相等，民間企業生產總值首度超過公營企業。1960 至 1970 年代二者差距拉大，也就是說，1960 年代後臺灣的工業化是在民間企業扮演重要角色的狀況下展開。

　　其次，過去臺灣執政者最常自傲傲人的經濟成績之一，便是經濟高度成長過程中，所得分配並沒有惡化。針對此點，資本密集的重化工業（公營部門）聘雇吸收力較弱；相反的，勞動密集、輸出加工導向的民間中小企業的聘雇吸收力較大，在民國六十五年 (1976) 時占了 61% 的規模，也就是未滿一百人的中小企業吸收了約六成的勞動力。由於民間企業中小企業的色彩濃厚，以及服務產業的發展，就業的機會很多。中小企業員工薪資差距較小，工資收入增加的結果，則使臺灣當時形成貧富差距或財富分配不致惡化的經濟成長。這就是世界所讚揚的「臺灣經驗」。

　　再者，臺灣出口的主體是民間中小企業。此點與韓國以財閥為主體的經濟發展大異其趣。臺灣在 1980 年代的高度經濟成長期，民間中小企業占了出口額的三分之二，由此可見臺灣民間中小企業對於經濟成長的影響力。而中小企業對透過出口貿易取得的外匯，也有相當大

的貢獻。

出超擴大及開放措施的實施

1980 年代臺灣經濟最重要的特色，便在於逐年擴大的對外貿易出超。不過巨額出超下外匯存底的增加，則造成了經濟問題，使得外匯金融管制制度必須面對改革的壓力。

從民國七十年 (1981) 至七十五年 (1986) 六年間臺灣對外出超的貿易金額達到四百四十三億美元，為了維持出口的競爭力，中央銀行強力操作將新臺幣盯住美元。在此政策下，出超持續擴大。由於賺取的外匯，依外匯管制的規定，皆必須結匯成為新臺幣，因此造成新臺幣貨幣供給的增加，以及隨之而來物價上漲的壓力。中央銀行則藉著強力公開市場操作的方式，來沖銷釋出的新臺幣。

在民國七十四年 (1985) 以前，中央銀行的措施頗有成效。不過在民國七十五年以後，出超及外匯存底增加所造成的壓力大增，中央銀行公開市場操作的方式，已無法阻止貨幣供給年增率迅速竄升，為了國內市場的安定，又怕傷害出口競爭力，中央銀行遂採取新臺幣對美元溫和升值的策略。不過，臺幣升值態勢已然明顯，造成企圖賺取匯兌利益的大批熱錢流入，更增加了中央銀行外匯操作的困難，外匯管理制度的改革已是勢在必行。民國七十六年 (1987) 七月十五日實施新的《管理外匯條例》，使人民可以自由持有並運用外匯，經常帳的交易也完全取消管制，資本帳交易則是有限制的管制。隨著大幅放寬外匯管制，使得臺灣外匯存底過多及熱錢流入問題所導致的經濟問題得到相當程度的解決。

產業外移與經濟問題

(一)資本外移

在 1990 年代以前臺灣的對外投資區域，以美國最為重要，其次則是東南亞地區。前者以取得技術、確保市場及擴充銷售網路為重心，後者則主要是以逐漸失去競爭力的夕陽產業為主。其後，對歐洲及中南美洲的投資也有日漸提升的趨勢。

而隨著解嚴及臺灣國內政治的日益自由化，臺灣投資的觸角，也伸向了中國大陸。就在六四天安門事件，西方先進國家紛紛對中華人民共和國採取經貿制裁之際，臺灣資本則趁機迅速提升。雖然政府曾經強調「戒急用忍」、「南進政策」，希望減少在中國大陸投資的比重。民進黨執政之後，對中國大陸的經貿政策，採取「積極開放，有效管理」政策，雖積極開放，卻無力有效管理。臺灣對中國大陸投資金額及占 GDP 比率都高居全球之首。整體而言，至民國八十九年 (2000) 為止，臺灣對中國的投資呈現增加的態勢，當年占臺灣對外投資比例約三成左右。民進黨執政後，投資比重仍迅速擴大，民國九十三年 (2004) 廠商對外投資中超過六成投資中國，遠較同年度南韓的 38% 以及日本的 12% 為高。次年美國國會「美、中經濟與安全委員會」發布的報告，臺商對中國投資約占中國接受海外直接投資 (FDI) 金額的一半。此後，投資比重雖然一時較為冷卻，但是民國九十七年 (2008) 國民黨再度執政後，正式突破七成，民國九十九年 (2010)《兩岸經濟合作架構協議》(ECFA) 簽訂後，投資中國大陸占臺灣對外投資的八成以上。根據經濟部核准赴中國大陸投資金額，民國一百年 (2011) 比前一

年增加 7%，超過一百三十億美元，達到歷史高峰。此後隨著中國大
陸生產成本提高，臺商赴中國大陸投資金額也出現降低的現象。不過，
根據民國一〇二年 (2013) 前七個月核准投資金額，投資中國大陸仍占
臺灣對外投資的六成五以上。就財經的理論而言，避免對單一市場過
度依賴，留意風險分擔問題，並無太大爭議。加上中華人民共和國並
未放棄以武力犯臺的可能，且其官方可以強力介入經濟活動，與一般市
場經濟不同，投資過度集中中國，更必須注意風險分擔問題。不過，前
述現象的發生，凸顯政府並未採取有效措施，以政策輔導廠商的投資。

㈡產業轉型／空洞化與結構性失業的產生

由於傳統製造業大量外移，服務業所占比重日漸增加，所謂產業
空洞化問題，日漸明顯。無論是服務業或是電子業，都無法吸納原本
製造業釋放出的大量勞動力，產業結構的改變，造成可觀的中年失業
問題。原本在中小企業發達之時，臺灣經濟成長，所得分配不致惡化。
但在中小企業出走，重要性大不如前的狀況下，已不容易維持。加上
結構性失業與大批電子新貴的產生，臺灣所得分配也有惡化的現象。

㈢對外貿易與國內市場開放的問題

如前所述，臺灣原本最重要的貿易對象是美國與日本，其後為分
散市場，也積極擴展對歐洲及其他地區的經貿。隨著對中國大陸經貿
的開放，臺灣對其貿易的依存度逐漸上升。陳水扁總統執政的最後一
年，臺灣對中國大陸的出口依賴超過四成，此後則比重大致相當。不
過在進口方面，民國九十七年 (2008) 以後自中國大陸的進口比率則增
加較為明顯，特別是 ECFA 簽訂後，一年的增長率曾達 8%。

由於外銷產業對外投資增加，臺灣接單、中國大陸生產的狀況十

分明顯，目前約有超過五成外銷接單在國外生產，使得外銷出口數雖
然成長，卻無法有效反映在臺灣國內經濟上。另一方面，ECFA 簽訂
後對臺灣經濟的助益有限，民國一〇二年六月《兩岸服務業貿易協議》
簽署，國人對其成效看法不一，特別是服務業中的中小企業及從業者
反對最力。更在次年引發大規模的太陽花運動，批判馬英九主政下經
濟與中國進一步結合的政策，引發社會強烈的關注，影響其後臺灣政
經情勢的發展方向。

投資回流與臺灣經濟的發展

臺灣從 1980 年代末期開始，尤其 1990 年代，廠商赴外投資，資
金外流的狀況十分嚴重，特別是包括投資在內的對中國大陸經濟依賴
度持續增加。針對此一現象，政府透過租稅優惠等方式，積極吸引臺
商回流，加上外在經濟情勢的改變，使得成效更為明顯。而中國大陸
在經濟發展之後，不僅人事成本逐漸增加、物價提高，包括環保、社
會保險要求的外在條件也與之前的優惠大不相同，且又有一定程度的
政治風險，因而有部分臺商陸續回流。而從民國一〇七年 (2018) 起，
美中經貿對峙的局面日漸明顯，為了因應此一外在情勢改變，加速臺
商進行經營分散的策略，加上政府的新南向政策，部分臺商的投資、
生產移往越南、印度或是其他東南亞國家，而回流臺灣的情形也更為
明顯。

民國一〇九年 (2020) Covid-19（俗稱武漢肺炎、新冠肺炎）疫情
爆發，導致國際經濟受到嚴重衝擊。臺灣則因防疫成果良好，整體經
濟持續成長，民國一〇九、一一〇年的經濟成長表現相當亮眼，不僅
重返過去所謂「亞洲四小龍」的首位，而且和其他國家相比，經濟成

長也名列前茅。

不過，回流臺灣投資的增加，臺灣生產基本條件的改善與供應，便成為重大的課題。不僅環境保護問題必須注重，電力需求的增加，也有待處理。原本以燃煤火力發電為主的電力供應，由於環境（空氣）污染問題必須改善，而在核能發電風險增加、核四無法運轉的狀態下，近年來政府積極發展的風力發電、太陽能發電，以及最近受到矚目的地熱發電，也為臺灣未來的電力供給提供新的可能方向。不過，如何透過天然氣發電作為減少燃煤火力發電的過渡，成為臺灣關注的問題。民國一一〇年為大潭發電廠天然氣進口需要而計畫建設的觀塘液化天然氣接收站（三接），因為大潭藻礁的保護問題，引發不同立場的衝突，政府則採取接收站「外推方案」，大幅縮小開發面積（約為保留原訂計畫的十分之一面積）。

國際經貿組織的參與

臺灣加入世界貿易組織 (WTO) 後，和其他國家簽署自由貿易協定 (FTA) 並不順利，如何積極參與新的國際經貿協定，成為政府重要的經貿政策。其中強化與美國的經貿關係，及加入「跨太平洋夥伴全面進步協定」(CPTPP) 等議題持續成為輿論熱點。

不過，臺灣雖然開放美國牛肉進口，卻在國際含萊克多巴胺肉品標準制定後，成為少數限制美國豬肉進口的國家，引發美國不滿。而臺灣也是目前極少數限制日本三一一福島核災地區（包括東京迪士尼樂園及成田機場所在地）食品進口的國家，日本也一再要求開放。而這也影響臺灣與美國、日本的經貿關係，以及能否順利加入 CPTPP 的問題。

為了化解和美國的貿易歧見，政府決定開放含萊克多巴胺的美豬

進口，並從民國一一〇年實施。此舉與前述「三接」都引起國內社會爭
議，並成為同年的公投案。十二月十八日，公民投票結果，贊成政府政
策的票數超過反對票數，公投案沒有通過，政府政策得以繼續推動。

習　題

1.新臺幣改革的主要意義為何？試說明之。

2.美援對臺灣經濟發展有何意義？試討論之。

3.十大建設對臺灣經濟發展有何影響？試申述之。

第四節　民主運動、政治改革與體制轉型

本土在野力量的衰微

在日本統治時代，面對日本的殖民地統治，本土的政治社會菁英也有結社及爭取民主自由的行動，從右派到左派包括地方自治聯盟、臺灣民眾黨，到臺灣共產黨，都是當時臺灣人的政黨組織。以後由於日本大正民主時代的結束，軍國主義抬頭，使得臺灣本土菁英的各種結社，在其壓制下一時沉潛。戰後國民政府接收之後，對臺灣政治本土菁英企圖恢復原有的政治組織甚至是政黨，抱持相當保留的態度。隨著政治文化體制的大幅度修正，臺灣本土的政治菁英逐漸處於權力的邊陲地帶，二二八事件之後，政府嚴密的控制，加上部分活躍人士因為捲入政治事件，而死亡、出國、沉潛，使得本土政治菁英的活動力更大為削弱。至於流亡海外的臺灣本土菁英，受二二八事件刺激後，開始積極尋求獨立建國的可能。廖文毅領導的臺灣共和國臨時政府，是早期主要的獨立運動代表。而在 1950 年代，爭取臺灣自由民主的主導力量，是由來自中國大陸主張自由民主的知識分子扮演主要的角色。其中最具代表性的，便是由雷震所代表的《自由中國》。

《自由中國》與 1950 年代的自由民主訴求

　　《自由中國》雜誌是在民國三十八年 (1949) 蔣中正總統下臺的前後，基於「擁蔣反共」的政治立場而籌辦。在開辦之初，曾得到國民黨總裁蔣中正及臺灣省主席陳誠的支持，開辦的部分經費也得到官方的資助。由於臺灣當時面對外在中共政權的武力威脅，因此，一開始「擁蔣反共」 的色彩勝於民主自由的爭取 。 不過隨著民國四十年 (1951) 五月聯軍在韓戰的戰場取得了主控的地位，美國更加堅定支持在臺灣的中華民國政府，外在的壓力已無形的減低。此時，《自由中國》雜誌對於自由人權的宣傳趨於積極，其中更以〈政府不可誘民入罪〉的社論攻擊當時情治機關，導致《自由中國》與彭孟緝主導的保安司令部嚴重的衝突，是《自由中國》與執政當局關係變化的重要轉捩點。因為就在《自由中國》對自由民主日益重視之時，由於國家安全得到保障，國民黨主導下的黨國體制朝向強人威權體制發展，此後雷震及《自由中國》與國民黨當局越行越遠，雙方的摩擦對抗形式則越趨嚴重。

　　雷震及《自由中國》一開始對於民主憲政體制的追求，主要是以文字的宣傳作為重心，他們以中華民國憲法體制，及制定憲法所依據的政治協商會議憲草十二項修改原則作為基礎，對當時的臺灣中央政府至地方的制度及運作提出批評。在地方政府方面，強調必須根據憲法的精神推動地方自治，落實省長民選。而在中央政府體制方面，則反對強人威權體制，特別是總統擴權的行為，更是其批判的重點，因而導致《自由中國》與執政黨之間，更為嚴重的摩擦。雷震及《自由中國》強力批判蔣中正總統三連任，以及支持，甚至投入組織反對黨

的活動,為雷震與國民黨當局最大的衝突點。

　　1950 年代要求自由民主改革的另一個主要力量,是以投入地方選舉的臺灣本土菁英。面對國民黨黨政軍勢力的選舉操作,以及不公平的遊戲規則,他們除了在議會發聲要求改革之外,也思考組成政黨在選舉中和國民黨競爭。當時省議會的在野派人士以李萬居、郭雨新、郭國基、李源棧、吳三連(五虎將)及許世賢六人最為著名,被稱為「五龍一鳳」。民國四十六年 (1957) 地方選舉過後,為檢討選舉所開的檢討會便決定組織關於自治法規的研究委員會,定名為「中國地方自治研究會」,後延至隔年夏季才開始正式向政府申請登記,然而,申請歷程遭到阻礙,相關人士受到國民黨當局嚇阻,最後再以已經有全國性地方自治研究團體為由,不准「中國地方自治研究會」成立。

　　民國四十九年 (1960) 五月針對選舉結果召開的檢討會中,組黨大抵成為與會者的共識。會後並決定「另組新的強大反對黨問題,由座談會與民青兩黨協商進行」揭開了稍後「中國民主黨」籌備的序幕。

　　《自由中國》主張民主政治必須要有反對黨,進而從言論上要求執政的中國國民黨必須培植有力的反對黨,再試圖結合民社黨、青年黨與其他自由派人士組黨,最後實際的結合來自中國大陸的自由民主人士,投入臺灣本土的政治菁英以選舉為主的反對黨運動,籌組「中國民主黨」。國民黨當局在雷震和《自由中國》反對蔣中正總統三連任,已經持續採取壓制雷震和《自由中國》的行動,而在「中國民主黨」即將正式組黨之際,更直接採取鎮壓的手段,因而發生「雷震案」,雷震、傅正等人被捕,《自由中國》也隨之走入歷史。

沉寂的 1960 年代與《大學》雜誌的登場

　　《自由中國》雖然落幕，黨禁也正式浮上檯面。但是臺灣定期改選的地方自治體制，仍提供當時在野人士繼續活動的空間。由於欠缺有力的在野黨，具有代表性的在野人士，主要是以個人的身分在政治舞臺，繼續鼓吹自由民主的理念，並且追求地方自治的進一步落實。以前述的「五龍一鳳」為代表，他們在省議會中針對人民的權益及政治體制改革的質詢與提案，則是當時政治體制內自由民主主張的重要代表。

　　另一方面，雖然沒有了類似《自由中國》的政論雜誌，言論市場上自由派的代表刊物《文星》雜誌，成為許多知識人的精神糧食。雖然如此，《文星》相較於《自由中國》政治性已大幅減弱，而社會上推動民主運動的團體也始終闕如。大體上，1960 年代是一個沉寂的時代。

　　以中華民國在國際舞臺上的嚴重挫敗，包括被迫退出聯合國與蔣經國即將接棒上臺作為背景，可能在蔣經國的鼓勵下，民國五十七年 (1968) 的《大學》雜誌於民國六十年 (1971) 改組，逐漸成為臺灣鼓吹自由民主的重要言論園地。但是，隨著蔣經國接班地位的鞏固，以及《大學》雜誌內部成員的分裂與重組，使雜誌的重要性逐漸衰退。不過，《大學》雜誌提出的改革方向，不僅衝擊當時沉寂的輿論界，許多主張也為日後的反對運動所吸納，成為其選舉時的主要政見。其中中央民意代表全面改選的問題，重新成為討論的主題，更具有時代意義。

蔣經國與革新保臺

　　美國的支持與中華民國政府作為中國合法代表的地位，一直是臺灣強人威權體制得以存續，保持外部正當性的重要因素。但受到 1960 年代末期美國與中華人民共和國關係的逐漸改善，以及民國六十年 (1971) 失去聯合國中國代表權的影響，中華民國的「法統」和統治正當性不斷受到衝擊。為了因應這樣的情勢，以行政院長蔣經國為首的執政當局，採取了「革新保臺」的有限度政治改革補強內部正當性，以穩固政權。但另一方面，政府對黨外人士與臺灣本土文化，仍然繼續採取壓制的措施。

　　在政治改革方面，蔣經國主政的革新保臺時期，有著部分的成效。首先，民國六十一年 (1972) 三月十七日國民大會通過《動員戡亂時期臨時條款》修正案；透過這次的修正，同年舉行第一次「增加中央民意代表名額選舉」，開始每三年一次的定期增額中央民意代表改選。儘管這樣的方式，相較於當時臺灣基督長老教會（簡稱長老教會）或《大學》雜誌提出的「國會全面改選」主張保守許多。但此一制度使臺灣本土政治菁英，得以經由選舉參與中央政治，成為突破政治菁英族群二重結構的重要開端。不過，由於增額中央民意代表名額有限，中央民意機關實際上仍由第一屆資深中央民意代表所主導。

　　除了提供有限的增額中央民意代表名額，打開人民透過選舉參與中央政治的可能性外，蔣經國還任用一些臺灣籍政治菁英，擔任中央政府、國民黨中央黨部的職務，希望藉此強化其統治內部正當性，形成一股俗稱「吹臺青」的「臺灣化」人事政策。民國六十一年 (1972) 的蔣經國內閣中，便有行政院副院長徐慶鐘、政務委員李登輝等七位

臺籍人士出任閣員；臺灣省主席及臺北市長亦分別由臺籍的謝東閔、張豐緒擔任。其後，在蔣經國競選總統時，更先後提名謝東閔、李登輝擔任副總統候選人。在國民黨方面，臺籍中央常務委員人數也呈現增加的趨勢。

蔣經國雖然任用部分臺灣籍的「青年才俊」擔任黨政幹部；但最重要的國防、政經、情治、外交乃至中央教育主管的職位，仍由老一輩來自中國大陸（或其下一代）的「外省籍」黨國菁英擔任。在國民黨中常委部分，臺籍菁英的數量雖有明顯的增加，但實際上，蔣經國主政期間的國民黨中常委，不僅其名位是來自於蔣經國主席的欽點，中常會的運作也是以蔣的意志為依歸，因此臺籍中常委人數的增加，象徵意義大於實質意義。

改革形象下的政策壓制

在政治改革的另一方面，蔣經國主政的 1970 年代國民黨當局對言論及臺灣本土文化，則採取壓制的政策。民國六十二年 (1973)，國民黨中央對《大學》雜誌的言論採取壓縮的態度，次年在中央黨部主導下，由警備總部、新聞局等機關介入，迫使《大學》雜誌改組。其後包括《臺灣政論》等黨外雜誌，因觸及國民黨當局的底線而遭到打壓。連《八十年代》出版 1950 年代《自由中國》雜誌的政論選集，有關反對黨的部分也遭到查禁。而黨外人士結合言論與群眾，試圖衝擊國民黨當局的政策底線，也遭到壓制，其中以高雄「美麗島事件」影響最大（詳下）。

另外，在蔣經國指示下，行政院成立「研究小組」，對電視臺進行進一步的控制，審查電視劇劇本、廣告影片、監看電視節目，進行

電視臺管制。當年紅極一時的新聞主播盛竹如，由於新聞內容遭忌被迫離開主播臺，雖然有其他當政高層的關注，仍然只能往非新聞領域發展。至於臺灣本土語言方面，除了電視布袋戲被迫改為北京話播出，限制「方言歌曲」播出的數量之外，民國六十三年 (1974) 在教會禮拜進行中，警察進入教堂強行帶走泰雅語《聖經》及聖詩，次年警備總部更沒收中華民國聖經公會新譯的「臺語羅馬字」《聖經》。

臺灣住民論的自決、改革主張

　　一般以為臺灣住民自決的主張是由海外傳入、影響臺灣內部的政治思潮。但是就歷史的脈絡而言，在某種意義上，它是由臺灣內部提出，在海外得到迴響後，再回頭影響臺灣的政治發展。

　　在國內首先提出的是民國五十三年 (1964)，臺灣大學教授彭明敏與其學生謝聰敏、魏廷朝起草的〈臺灣人民自救宣言〉。他們意識到當時國民黨當局所抱持的「一個中國」立場，不僅對國民黨政權不利，也將影響臺灣的生存。自救宣言中，明白以「一個中國、一個臺灣」的「一中一臺」主張作為解決臺灣國際定位問題的訴求，並公開要求：以臺灣一千二百萬人民（當時人口）自由選舉產生的政府，取代蔣中正總統領導欠缺民意基礎的政權。在此宣言中，並以前述的主張為基礎，建構以對外確立主權，對內追求民主憲政的三個基本目標：(1)「團結全島人民，不論其出生地」，「建立一個新的國家和新的政府」；(2)「制定新憲法」，建立「保障基本人權，實現真正民主」的制度；(3)以新會員國身分加入聯合國。此一宣言尚未散發，他們便被情治人員逮捕，不過卻有傳單流出海外，而受到重視，結果當時在海外的影響遠比國內大得多。

　　而隨著中華人民共和國在國際舞臺的影響力日增，中華民國政府
作為中國代表的正當性越遭到質疑，為了生存、發展，住民自決的主
張，正式在臺灣發表。民國六十年 (1971) 聯合國大會通過阿爾巴尼亞
提出的第二七五八號決議案，由中華人民共和國取代中華民國在聯合
國的中國代表權。換言之，對聯合國及國際社會而言，這才是解決中
華民國政府與中華人民共和國政府有關聯合國中華民國（中國）代表
權問題的正式決議，此後中華人民共和國便成為聯合國中國的代表，
國際上的「一個中國」所指的也就是中華人民共和國。此舉不僅嚴重
影響中華民國的國際地位，臺灣的生存空間也遭到嚴重的打壓。

　　為了求取臺灣自由民主改革的可能 ，並避免中華人民共和國以
「一個中國」架構要求併吞臺灣，追求政治改革與住民自決的主張有
進一步的發展。十二月十六日，臺灣基督教長老教會總會通過〈對國
是的建議與聲明〉，反對任何國家罔顧臺灣地區一千五百萬人民（當時
的人口）的人權意志，作出任何違反人權的決定，並強調臺灣人民有
權利決定自己的命運。此聲明發表，震驚海內外，隨即獲得海外關心
臺灣前途的臺灣鄉親熱烈的迴響，掀起海外的「臺灣人民自決運動」。

　　除了長老教會之外，戰後自由主義重要代表人物雷震也向蔣中正
總統及蔣經國等五位國民黨當局的權力核心人士提出具體的主張——
〈救亡圖存獻議〉。主張為了避免被中華人民共和國併吞，除了必須改
國號為「中華臺灣民主國」外，並應制定新憲法，作為一個合乎「權
力分立」原則的民主憲政國家。

　　民國六十六年 (1977) 臺灣基督教長老教會已經深刻感受美國與
中華人民共和國即將建立外交關係的危機，而國民黨當局特別是外交
工作人員，則仍沒有足夠的警覺。為了希望美國方面在與中華人民共
和國發展關係之際，能注意到臺灣住民的權利，八月十六日，長老教

會發表著名的〈人權宣言〉。透過此一聲明，長老教會向美國卡特總統 (Jimmy Carter)、有關國家及全世界教會宣示：在「面臨中共企圖併吞臺灣之際，基於我們的信仰及《聯合國人權宣言》」，堅決主張「臺灣的將來應由一千七百萬住民（當時的人口）決定」。同時「促請政府於此國際情勢危急之際面對現實，採取有效措施」，使臺灣成為「新而獨立的國家」。這種臺灣住民自決的要求，在 1970 年代末期影響了臺灣的黨外運動❸。

本土反對力量的再興

民國六十一年 (1972) 開始，國會雖然沒有全面改選，定期進行改選的增額中央民意代表選舉，卻提供了臺灣本土政治菁英透過選舉進入中央民意機關的管道，也使得中央民意代表機關，因為具有民意基礎的新血輪加入，其正當性得到了補強。

透過中央民意機關的定期改選，本土的反對運動也有一定整合的現象，而定期舉行的選舉則成為宣傳民主理念的重要場合。民國六十六年 (1977) 五項公職人員的選舉中，雖然因為桃園縣長選舉開票爭議，發生中壢事件，引起了國內各界的關注，不過，蔣經國推動的本

❸ 此一揚棄「一個中國」架構並要求民主改革的主張，從民國六十七年 (1978) 底開始成為黨外運動的主流訴求，當時黨外人士簽署〈黨外人士國是聲明〉除延續包括中央民意代表全面改選的共同政見外，更明白要求臺灣住民自決。此一主張的基調，在民國七十一年 (1982)「市政研討聯誼會」的改革主張中被延續，次年成為黨外人士全國共同政見。而直到民進黨成立以後，以在野的地位提出的民主要求，基本上也是以揚棄「一個中國」思考，作為其基本架構。

土化政策並未改弦易轍。另一方面，反對運動的政治菁英則在群眾的支持中得到相當的鼓舞，希望透過次年展開的中央民意代表選舉，進一步擴展其政治版圖。他們言論的尺度較過去更為激烈，而籌組團體的行動也更為積極。因此，與執政黨之間的摩擦也較過去在野人士來得激烈。

民國六十七年 (1978) 十二月增額中央民意代表選舉期間，美國宣布將於次年一月一日與中華人民共和國建交，並不再承認中華民國是一個國家。蔣經國總統決定根據《臨時條款》的規定，動用緊急處分權，停止舉行中的中央民意代表選舉。以《美麗島》雜誌與其他在野雜誌的成員為代表的反對派政治菁英，失去了選舉的舞臺，因而改採以群眾集會的方式，企圖擴張其在政治上的發言權，而與保守派之間的對立情勢更為緊張。

次年十二月十日（國際人權日）在高雄爆發了轟動一時的「美麗島事件」，黨外菁英大量的遭到逮捕。民國六十九年 (1980) 舉行的軍法審判，在國內外的關注之下，特殊的採取公開的方式。透過大眾媒體的相關報導，美麗島事件涉案人的政治主張得到一定程度的傳播機會，也取得了部分人民的支持。因而，使其反對運動的努力並未因此一事件而完全中止，不致發生類似「雷震案」對臺灣民主運動造成根本性打擊的結果，反而透過了家屬及辯護律師的加入，持續了臺灣民主運動的發展。

進一步改革的內外背景

美麗島事件後，反對運動持續展開，要求政府改革，此外，其他國內外要求政治改革的壓力也接踵而來。為了因應情勢的變化，蔣經

國總統／主席領導的國民黨當局，決定推動進一步的改革。

　　美國與中華人民共和國關係正常化後，在關心臺灣情勢的在美僑胞遊說，以及裴爾、甘迺迪、索拉茲等參、眾兩院議員強力支持下，美國制定了《臺灣關係法》。臺灣與人權相關的政治改革，正是美國《臺灣關係法》一個關注的重點。《臺灣關係法》第三條第三項中，規定：「本法律的任何條款不得違反美國對人權的關切，尤其是對於臺灣地區一千八百萬名居民人權的關切。茲此重申維護及促進所有臺灣人民的人權是美國的目標。」如此，美國國會透過聽證會或決議案持續要求國民黨當局推動改革，行政部門透過美國在臺協會 (AIT) 也曾直接對國民黨當局施壓。

　　而在臺灣國內，中產階級的崛起、壯大，也成為此時推動改革的推力。新興的中產階級，除了律師、醫師、會計師等專業人員之外，主要是以中小企業主／經營者為主。因長期處於「動員戡亂」的非常體制下，他們傾向支持臺灣的政治、經濟改革，要求改善政治、社會環境。中產階級為尋求出路，透過團體結社，包括扶輪社、獅子會、青商會等組織，擴張其影響力。

　　在國民黨當局方面，1980 年代以降，多起的人權、政治事件與弊案，也迫使主政者不得不採取改革的措施。民國七十年 (1981)，任教於美國卡內基美侖大學的陳文成博士，在警總約談後，被發現陳屍於臺灣大學校園內，死因不明；但黨外人士認為陳文成的死因和警總有關。七十三年 (1984) 以撰寫《蔣經國傳》聞名、具有美國公民身分的旅美作家江南（本名劉宜良），於自宅遭暗殺。其後，國防部軍事情報局局長汪希苓、副局長胡儀敏、第三處副處長陳虎門，及竹聯幫的陳啟禮、吳敦等人，皆因涉及此事遭到起訴與判刑。而七十四年 (1985) 爆發的臺北第十信用合作社嚴重違規弊案，其實政府早在當年二月八

日就已發現十信問題嚴重而發出停業的裁示令,卻沒有下令立刻停業,而延後到二月十一日停業,致使在這段期間又發生十信有鉅額出金的現象。

　　以上這些事件,特別是陳文成命案及江南命案更因牽涉到美國,尤其江南案還牽扯到蔣經國之子蔣孝武,引起美方高度的關注。上述一連串事件,對蔣經國總統及國民黨之威信帶來相當大的傷害,特別是江南案的衝擊,促使蔣經國公開聲明:繼任總統必依憲法產生,蔣家人「不能也不會」競選下任總統;這顯示遵循憲政體制進行政治交班,已經成為臺灣未來政治發展的重要方針。對蔣經國而言,選擇推動改革,爭取美國支持,以對抗來自中共政權的威脅,是主要的政策考量。

反對（民主）運動與國家走向

　　前述中華民國作為中國唯一合法代表的論述,在國際政治舞臺失去存立的空間,中華人民共和國則在國際上取代中華民國成為「一個中國」的代表,此舉對臺灣的生存及國際活動空間造成嚴重的威脅。在此一背景下,以黨外人士為代表的政治反對運動,也逐漸將民主改革與國家走向問題結合起來。

　　民國六十七年 (1978) 十月三十一日,「臺灣黨外人士助選團」向各候選人提出「十二大政治建設」作為黨外候選人的共同政見。強調「為了追求我們的政治人權、經濟人權與社會人權,我們主張聯合所有愛鄉愛國的同胞,共同致力於『十二大政治建設』。」其內容基本上乃是以中華民國的憲政體制作為訴求的依據,並未牽涉國家走向。但是在美國明白轉向承認中華人民共和國作為中國的代表後,十二月發

表的〈黨外人士國是聲明〉除了表示「堅決擁護民主憲政，反對暴力、熱愛和平」，並延續黨外共同政見外，並在這份聲明中更進一步揭櫫「我們的目標」，首次以集體的方式，主張臺灣的命運應由一千七百萬人民（當時臺灣住民總數）來決定。

　　美麗島事件發生後，黨外人士的訴求雖一度比較保守，以「制衡」作為重點。民國七十一年 (1982) 九月二十八日，由臺北市議會黨外市議員促成的「市政研討聯誼會」，提出六項政治改革主張，再度標舉臺灣的前途應由臺灣一千八百萬人民共同來決定。此後，住民自決成了黨外人士的政治訴求主軸之一。無論是次年組成的〈黨外編輯作家聯誼會組織章程〉，或是「黨外中央後援會」都延續了「臺灣的前途應由臺灣全體住民共同決定」的主張。這也是直到民進黨成立，黨外人士對國家走向的核心主張。

反對黨的組成與解嚴

　　美麗島事件以後，反對派的政治菁英透過定期舉行的選舉，勢力及影響力繼續擴大，同時，也繼續爭取組織的可能性。透過幾次後援會的提名方式之後，民國七十二年 (1983) 立法委員選舉以後，黨外開始以「黨外公政會」的名稱嘗試設置常設機構。相對於黨外人士力量的發展，民國七十五年 (1986) 三月蔣經國領導的中國國民黨在十二屆三中全會中決定了政治執行的方向，確定了政治自由化的基本政策。會後並在中常會設置了政治革新十二人小組，與黨外勢力進行溝通工作。由於當時國內外情勢的改變，臺灣政治的改革更是美國《臺灣關係法》架構下關注的重點，加上國內要求實施政治改革，在此環境下已逐漸為國民黨政策所容忍，甚至接受。因此，黨外公政會試圖成立

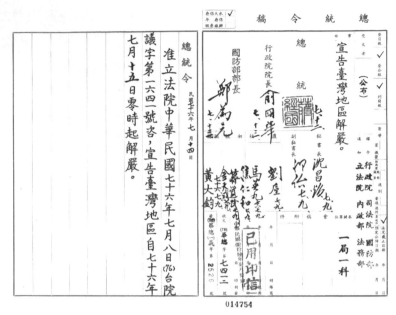

圖44　總統宣告〈解嚴令〉稿

　　分會的行動，固然引起執政黨的不滿，但是仍然透過溝通的方式尋求解決，而未採取斷然的取締行動。

　　民國七十五年在當年中央民意代表選舉之前，黨外原定於九月二十八日舉行選舉後援會的推薦大會，但在推薦推選人的會議上，以變更議程的方式，通過組織民主進步黨的決議，突破「黨禁」。蔣經國主導下的執政黨先採取了既不承認也不取締的態度，繼而在國內外要求政治改革呼聲中，於十月十五日中央常務委員會通過了制定《國家安全法》、解除〈戒嚴令〉，以及修正原有的《非常時期人民團體組織法》、《動員戡亂時期公職人員選罷法》的決議，為新政黨成立的合法化踏出了重要的一步。當年年底的選舉，臺灣出現了歷史上第一次多政黨的選舉，自由化的發展方向有了重大的突破。民國七十六年

(1987) 六月，為了替解除戒嚴進行前置的體制發展工作，執政黨開始大力推動《國家安全法》，而在《國家安全法》通過以後，七月十五日歷經三十八年的戒嚴也告一段落。

解除戒嚴的改革意義

嚴格來說，雖然一般常將解嚴與自由化、民主化的改革等同，但是，就制度而言，則有相當不同。因為如果人民不能透過定期舉行的大選決定執政者，民主的要件便不完備。而蔣經國總統晚年在此部分，仍然停留在漸進的增加增額中央民意代表比例，沒有推動全面的國會改選，因此離民主的實現還有一大段距離。再從制度來看，號稱行憲的臺灣，實際上長期處於動員戡亂與戒嚴複合的非常體制下，縱使解嚴，近年來陸續被大法官會議宣布違憲的《國家安全法》「不得違背憲法或主張共產主義，或主張分裂國土」三原則，顯示了解嚴的改革限度，動員戡亂體制依然不變，《懲治叛亂條例》依然有效，憲法保障的人權仍受到非常體制的限制。更重要的是，原本《戒嚴法》下受軍法審判的人民，擁有「解嚴之翌日起，依法上訴」之權，但解嚴後《國家安全法》卻凍結了此項權利。換句話說，固然宣布解嚴，戒嚴體制下受軍法審判的人民，解嚴後卻連《戒嚴法》體制內原本保障的救濟途徑，都遭剝奪。因此，解除戒嚴雖是戰後臺灣體制內自由化改革的重要里程碑，不過，自由化的改革並未完成，亟待進一步展開。

民國七十六年八月，臺灣政治受難者聯誼總會成立，蔡有全、許曹德因為會章列入「臺灣應該獨立」的訴求被捕入獄。而為了聲援蔡、許案，並主張臺灣獨立，支持者展開一連串救援活動。十一月，鄭南榕與黃華更結合臺灣政治受難者聯誼總會發動「新國家運動」。次年，鄭

南榕負責的《自由時代》雜誌則因為刊登許世楷的〈臺灣共和國憲法草案〉，被以言論叛亂罪偵辦。他為了維護主張臺灣獨立的自由，以及百分之百言論自由的價值，民國七十八年 (1989) 四月七日面對治安機關強制拘提時，選擇自焚殉難表達抗議。為了紀念此一維護言論自由的行動，一〇五年 (2016) 底行政院訂四月七日為言論自由日。

國會全面改選及動員戡亂體制的結束

　　民主進步黨成立以後，繼續推動黨外時期所主張的中央民意代表全面改選，而國民黨則在蔣經國的主導下，一開始想以充實中央民意代表機關的方式來解決國會的問題，希望透過採取增加中央民意代表的席次，與資深中央民意代表退職的方式，來解決國會的根本問題。不過，縱使民國七十八年 (1989) 公布「第一屆資深中央民意代表自願退職條例」（立法院一月通過）之後，在國民黨大力的遊說之下，退職的中央民意代表人數卻相對的少，因而七十八年底增額立法委員選舉之後，在立法院仍是由資深委員主導。不僅立法院如此，國民大會的問題也相類。

　　次年適逢總統選舉及國民大會召開，三月國大代表不僅抗拒退職，更在陽明山集會時企圖推動修憲，進一步擴權，此舉與社會期待背道而馳，被稱為「山中傳奇」。立法院首先通過正式的抗議聲明，抗議國代擴權。再者，學生團體也從三月十八日展開延續多時的「三月學運」，提出「解散國民大會，廢除《臨時條款》，召開國是會議，提出政經改革時間表」等四大訴求。隨即李登輝總統承諾召開所謂的國是會議，繼而在五月二十日就職演說，承諾以修憲的方式在兩年以內實施政治改革，二十二日明白指出在一年以內廢除《臨時條款》的施政

方針。

　　立法院當時也是國會全面改選的另一個動力，民進黨及國民黨的部分增額立法委員在立法院通過釋憲申請，面對要求國會改革的壓力，司法院大法官會議在民國七十九年 (1990) 六月對此做成釋字第二六一號解釋，決定民國八十年 (1991) 底為第一屆的中央民意代表退職的最後期限，才完成中央民意代表的改革工程。

　　另一方面，在黨禁突破以後，解嚴的七十六年 (1987) 年底，政府已決定解除報禁，自民國七十七年 (1988) 一月一日起開始實施。民營的大報在此時開始採取增張及改版，而有意辦報的社會人士也展開辦報的行動，臺灣的平面媒體走向自由化而多元的時代。但動員戡亂的體制依然持續，國家的法令秩序仍然無法回歸憲政的常軌。民國八十年四月國民大會通過了《憲法增修條文》，李登輝總統宣布五月一日終止動員戡亂時期，廢除《臨時條款》，同時公布《憲法增修條文》。此後，隨著八十年底第二屆國民大會代表選舉，八十一年 (1992) 底第二屆立法委員的選舉，臺灣自由化、民主化有了進一步的發展。特別是國會全面改選，意味著人民開始得以透過定期舉行的「大選」（此時總統在體制內仍由國民大會選舉）決定執政者，這也使臺灣開始具備民主政治的基本要件。在另一方面，隨著動員戡亂體制的結束，對中華民國政府而言，也是在法律上結束與中華人民共和國之間內戰的關係。

言論「叛亂」的終結

　　解除戒嚴以後，海外異議人士因為《國家安全法》無法回臺的「黑名單」問題，逐漸受到重視。而臺獨聯盟遷盟回臺，更受到矚目。部分盟員被逮捕後遭驅逐出境，包括張燦鍙、郭倍宏、李應元等領導

人都因主張臺灣獨立被捕入獄。

　　民國八十年 (1991) 五月一日，李登輝總統剛宣布廢除《動員戡亂時期臨時條款》，回歸《中華民國憲法》體制之後，五月九日隨即發生法務部偵破獨臺案。此一案例中係以言論宣傳導致叛亂作為其中犯罪的主體，因而使得自民國三十八年 (1949) 以來以《懲治叛亂條例》配合《刑法》一百條，箝制言論自由的問題受到普遍的重視。五月十二日大專院校的學生靜坐聲援獨臺案，雖然遭到警方驅散，但十三日即有一些教授學者成立「知識界反政治迫害聯盟」，十五日更有上千名學生於臺北火車站集結靜坐，要求廢止《懲治叛亂條例》，面對群眾龐大的壓力，立法院旋即於五月十七日廢止《懲治叛亂條例》。而陳婉真則和林永生等人成立臺灣建國運動組織，持續挑戰「言論叛亂罪」，遭逮捕移送法辦。

　　由於《刑法》一百條的規範下仍有言論叛亂的問題，因而不僅五月二十日知識界反政治迫害聯盟與學運團體舉行大規模的遊行抗議，連臺灣省議會也在五月二十一日決議要求立法院廢除《刑法》一百條。其後歷經朝野一年的折衝以及社會持續要求改革的壓力，民國八十一年 (1992) 五月十五日立法院通過《刑法》一百條修正案，使得所謂的言論、結社、叛國的問題，得到解決，因為言論叛亂被捕的人士也恢復自由。由於白色恐怖時期，所謂的叛亂案多屬於言論及結社層次，很少有真正以武力從事叛亂的層次，而受難者也多因《懲治叛亂條例》入罪，因此《懲治叛亂條例》的廢除及《刑法》一百條的修正，在某種意義上，也可以視為白色恐怖的終結。

總統直選時代的來臨

在臺灣邁向自由化的過程中，總統直選的呼聲日漸高昂，不僅反對黨如此主張，國民黨內部也出現相當大的支持力量。而透過國是會議的決議，總統直選已經逐漸成為臺灣政治改革的重要方向。民國八十三年 (1994) 第三階段的修憲，明確賦予了總統直選的法源，八十五年 (1996) 第一次由選民直接投票的總統選舉正式展開。國民黨的候選人李登輝、連戰以超過 50% 的得票率，領先了民進黨的彭明敏、謝長廷及自行參選的林洋港、郝柏村，陳履安、王清峰，臺灣正式走向人民直接選舉決定執政者的歷史時代。而由於總統直選的展開，臺灣自由化、民主化的程度，也日漸受到國際的重視。次年，臺灣正式名列自由國家之林。

多黨競逐的時代

政府遷臺後，臺灣在形式上有三個政黨：執政的國民黨及在野的民社黨、青年黨。由於在中央民意機關的席次有限，民、青兩黨在野制衡的功效相當有限，加上遷臺以後政黨內部派系分立，甚至互爭黨中央的正統與代表權，勢更不振。1950 年代中國民主黨的籌組，多少是受此一現實政治情勢刺激。

民國七十五年 (1986) 民進黨成立後，由於具有選舉所賦予的民意基礎，加上黨外運動長期資源的累積，便成為有力的在野黨。但是，因為黨內對於勞工問題及國家認同見解的歧異，先後有王義雄另組工黨，及朱高正組織社民黨，不過，聲勢有限，成為個人魅力的政黨。

以後因為領導人選舉失利，或與其他政黨結合，在政治舞臺日漸式微。

而國民黨內部也因為對政黨及政治改革的方向見解不同，出現分裂，民國八十二年 (1993) 趙少康、郁慕明等人正式另組新黨，並以正統自居。

民國八十四年 (1995) ，民進黨中央倡言大聯合 ， 進而主張大和解 ， 使其原有堅持臺灣獨立的支持者發生動搖 。 而民國八十六年 (1997) 香港回歸問題，更加深其危機感，因而有堅持主張臺灣獨立建國的建國黨成立。

民國八十九年 (2000) 總統大選，民進黨提名的候選人陳水扁、呂秀蓮當選，執政多年的國民黨下臺，出現首次「政黨輪替」。但在總統大選時脫離國民黨參選的宋楚瑜，則與支持者組成親民黨。至於李登輝總統卸任後，亦先淡出國民黨核心，後因政治路線與國民黨中央不合，亦遭到黨紀處分，脫離國民黨。而部分李登輝的支持者則組成臺灣團結聯盟，參與民國九十一年 (2002) 的立法委員選舉，成為執政黨（民進黨）的友好政黨。

當時在立法院擁有席次的政黨，沒有任何一個政黨擁有過半的席位，而政黨彼此之間互相競爭、抗衡，又在某些議題擁有共同點，政黨關係越趨複雜。大體上，經過黨禁突破後的發展，臺灣已從「一黨獨大」體制演變成政黨競爭的態勢。

民國九十三年 (2004)，陳水扁、呂秀蓮在國民黨與親民黨合推的連戰、宋楚瑜的強力挑戰下，得到連任。國民黨則持續主導立法院，朝野及行政、立法對峙的狀態無法解決。民國九十七年 (2008) 國民黨提名的馬英九、蕭萬長擊敗民進黨提名的謝長廷、蘇貞昌，二次「政黨輪替」，行政、立法部門皆由國民黨主導，完全執政。民國一○一年 (2012) 馬英九與吳敦義搭檔，擊敗民進黨提名的蔡英文、蘇嘉全，得

到連任。

　　而之前民國九十四年 (2005) 通過的修憲案，則嚴重衝擊國內政治生態。由於國會席次減半，又規定一縣市至少一席立法委員，出現連江（馬祖）與宜蘭皆選出一席的票票不等值的現象❶。

　　在單一選舉中，大黨本較小黨居於優勢，而除了藍綠競爭外，兩大陣營中的小黨更遭到強力擠壓，親民黨及臺灣團結聯盟在立委選舉中，幾乎沒有舞臺，國民黨及民進黨成為國會中實質的兩大黨。其中挾著選舉制度的優勢，在金、馬及原住民選區擁有絕對優勢的國民黨，更取得遠超過得票率的國會席次，成為國會的多數。

　　民國一〇一年 (2012)，臺聯及親民黨在不分區代表選舉中，皆超過 5% 的得票門檻， 分別在立法院取得三個席次 （親民黨含區域一席），各自在立法院成立黨團。雖然仍維持朝野兩大黨的政治版圖，但是立法院的政黨協商，也必須尊重兩個小黨的意見才能達成。

　　民國一〇五年 (2016) ， 臺灣再次政黨輪替 ， 民進黨提名的蔡英文、陳建仁搭檔，擊敗國民黨提名的朱立倫、王如玄及親民黨提名的宋楚瑜、徐欣瑩。立法委員選舉，民進黨單獨過半，是第二個同時取得行政權和立法權完全執政的政黨，國民黨立委席次大萎縮。而太陽花運動以來，要求臺灣主體性及世代交替的社會氛圍，時代力量崛起，取代臺聯，成為立法院第三大黨，親民黨維持三席，各自在立法院成立黨團。民進黨取得立法院的多數席次，使需要立法通過才能推動的改革，成為可能。

　　民國一〇九年 (2020) 大選前，受到一〇七年 (2018) 地方選舉民進

---

❶　以民國九十八年 (2009) 底為例，馬祖公民數有七千六百九十七人，宜蘭公民數有三十五萬一千八百五十八人，應選之立委皆為一人。

黨大敗的影響，使得蔡英文總統的連任一時受到黨內外的挑戰，民進黨能否維持國會的穩定多數，也受到矚目。最後，蔡英文總統除通過民進黨的提名，並和黨內初選對手賴清德搭檔，擊敗國民黨提名的韓國瑜、張善政及親民黨宋楚瑜、余湘，創下總統直選以來最高得票八百一十七萬票連任。民進黨也在立委選舉維持過半的席次，除國民黨外，臺北市長柯文哲領導的民眾黨成為第三大黨，時代力量取得三席不分區，維持立法院的黨團，而臺灣基進也取得一席立委席次。

習　題

1. 1950 年代在野言論的代表刊物為何？其與國民黨的關係為何由合作轉為摩擦？
2. 動員戡亂體制結束後，臺灣言論自由的發展歷程如何？試說明之。
3. 臺灣目前在立法院有席次的政黨有那些？你能說明他們的黨名和成立的背景嗎？

第七章

社會與文化
的變遷

第一節　教育的發展

隨著日本在第二次世界大戰的戰敗，國民政府於民國三十四年 (1945) 接收臺灣，臺灣教育體制進入另一個階段。當時中國大陸本身尚未進入憲政體制，處於中國國民黨以黨治國一黨訓政的時期，教育體制至少在理論上，是在「國民黨的根本政策之上」，建立「教育方針」，使學校的課程「與黨義不違背」，「並能發揮黨義和實施黨的政策」。三十四年九月，教育部全國教育善後復員會議決議：臺灣教育以「祖國化」為前導。以此為原則，臺灣的教育體制與中國大陸的教育體制才連帶起來，而此一體制基本上也是由國家權力掌控。

當時的臺灣省教育處提出所謂的五大教育方針：闡揚三民主義、培養民族文化、適合國家和本省需要、獎勵學術研究（與民族文化相關）、教育機會均等。就其內涵而言，體現了當時黨國體制下的教育特色，而以中國國民黨的主張作為國家教育的方針。

國民政府接收臺灣以後，在教育體制方面進行與中國大陸一致性的調整。首先根據《國民學校法》將所有六年義務教育的學校一律改稱國民學校，去除其原本不平等的限制。而中學則由日制四年制的中學改編成三年初中、三年高中的六年兩階段中學教育。至於高等教育則沿用中國大陸原有的《大學組織法》與《專科學校法》來處理。

民國三十五年 (1946) 臺灣省教育處頒發國定本教科書一覽表，將臺灣初等教育的教科書加以統一，而由中小學教科書供應委員會統籌印製。但是囿於時間緊迫，必須要等到三十五學年度第二學期起，臺

灣才真的改用部頒課程標準。

動員戡亂時期教育體制的展開

民國三十八年 (1949) 中華民國政府從中國大陸撤退到臺灣，教育的目的更明白必須合乎推行國策，配合動員戡亂的需要。三十九年 (1950) 教育部頒發〈戡亂建國教育實施綱要〉，明示「務使全國教育設施皆以戡建為中心」。而臺灣省教育廳也於同年公布〈臺灣省非常時期教育綱領〉，使臺灣教育體制進入戡亂建國的非常時期。

為了配合國家的基本政策，並切實推動民國三十九年四月頒訂的「本省非常時期教育綱領及其實施辦法」，教育廳乃於四月六日至八日在臺北市召集全省各級教育主管舉行會議，研究具體辦法。而在五月十九日以皓教祕字第〇一一九一號代電頒行〈臺灣省各級學校加強民族精神教育實施綱要〉、〈臺灣省各級學校加強生產訓練及勞動服務實施綱要〉、〈臺灣省各級學校課程調整辦法綱要〉及〈策勵本省教育人員推行各種方案辦法〉。

除了教育主管機關的相關政策之外，配合中國國民黨的改造，蔣中正總統（總裁）透過組織的方式，直接掌握黨部，以黨領政、以黨領軍，以及民國四十一年 (1952) 扮演動員青年學生及落實政治社會化的救國團成立，是強人威權體制黨化教育的重要里程碑。至此，臺灣的教育發展，基本上是以強人威權體制下黨化教育作為核心而展開。

基本上，在 1950 年代，課外要求學生念三民主義、總理遺教、總統訓辭及前述救國團發下的其他小冊子，為一般常態。而安全室以及校內書刊審查小組的設置，更是以行政的力量，限制學校內資訊的流通，使校園內不至於出現異端的聲音，並藉此使學校的教育價值一

元化，進而鞏固強人威權體制。

　　其中，在〈臺灣省各級學校加強民族精神教育實施綱要〉中，明白規定各校實施童子軍教育、軍事訓練。但是由於籌備不及，除了師範學校先實施軍事訓練以外，高中以上各級學校從民國四十二年(1953) 秋季開始實施，而由救國團負責。其後，由於救國團並非政府機構，引起批評，遂將軍訓業務移交教育部軍訓處負責。到民國六十八年 (1979) 通過的「高級中學法」，更使軍訓教官的地位明確化。

教育政策重心的轉變

　　從民國三十八年 (1949) 以後，為了反共基本國策及國家的需要，民族精神教育及科學教育成為國家教育的重點政策。

　　早在民國四十二年教育部根據蔣中正總統的指示，整理《論語》、《孟子》等中國文化典籍，提供中學以上學生閱讀。這與高中教育著重民族精神教育，是相互配合的。而四十三年 (1954) 俞鴻鈞行政院長更表示根據蔣中正總統的《民生主義育樂兩篇補述》，國家教育政策將著重民族精神教育與科學教育。四十五年 (1956)，科學教育正式成為國家教育政策的重點之一，但是，所謂的科學教育實際上與講求實用的科技或職業教育是相類的，而對於自然科學的抽象知識層面，則並不重視。而早在四十一年 (1952)〈臺灣省各級學校課程調整辦法綱要〉中，便表現出此一趨向。

　　民國五十六年 (1967) 十一月，蔣中正總統推動中華文化復興運動，在此前後，九年國民教育也正積極籌辦之中。嚴振興教育部長的施政也與「最高當局」的動向密切配合，同年針對九年國民教育的課程設計，他在立法院便表示，遵照蔣中正總統的指示，應以「民族精

神教育及生活教育為中心」。而五十七年 (1968) 二月十日，蔣中正總統以手令的形式發布「革新教育注意事項」：國民小學教育應以倫理教育、生活教育為重；國中教育則著重思想教育、人格教育、職業教育；高中教育則強調科學教育、服務教育及管理教育；至於在大學教育，則以科學教育掛帥，不過在教育內容上則重視民族文化的優越性。教育部則根據此一手令，進行國家教育政策的具體設計。

此後國家教育政策的方向大抵維持不變，隨著強人威權體制的鬆動，教育行政部門才不斷受到要求改革、開放力量的衝擊，而教育的發展則凸顯了國家教育政策目標工具化的色彩與軍國民教育的取向。此一時期所謂的民族精神教育基本上包含了對於中國國民黨黨義——國父遺教、三民主義——的宣導、傳授，同時蔣中正總統的言論、主張也是其中的一大重點。而且民國六十三年 (1974) 教育部再整理蔣中正總統歷年發表的思想言論，分別列入高、初中國文、公民與道德、指導活動、童子軍與國小的國語、生活與倫理的教材內容中。整個國家的教育目標，亦以強人的意向為政策導向。

教科書體制

臺灣光復後，臺灣省教育處設立「中小學教材編輯委員會」（後改為編審委員會）及臺灣書店，負責辦理教科書的編印工作，而實際上只有語文、史、地等科。民國三十五學年度開始改採（教育）部頒課程標準，統一教科書，並指定由臺灣書店、正中書局、開明書店供應。

而從四十一學年度開始，教育部為了配合國策的需要，由國立編譯館重編國民學校各科教科書，經教育部核定後，陸續發交臺灣省教育廳印發各校使用，此一工作持續到四十七學年度才告完成。民國四

十七年 (1958) 教育部主導教科書內容的方向已然確定，臺灣省中小學
教材編審委員會便告撤銷。後來在民國五十七年 (1968) 曾經將國民小
學生活與倫理、常識、音樂、美術四科交由書局簽約印行。但是，由
於蔣中正總統的指示，僅實施一年而止。直到八十四學年度，國民小
學教科書才打破部訂統編本的格局，由小學一年級開始實施審定本。

　　至於中學本來是以部頒課程標準，各書局自編教科書送教育部審
查合格後印行的審查制。民國四十二年 (1953)，蔣中正總統指示教育
部編輯中學（初高中）國文、公民、歷史、地理標準教科書。表面上
起先並未明文規定部訂統編本壟斷，但在強人威權體制之下，已然形
成部訂統編之局。民國五十七年實施九年國民教育以後，教育部根據
蔣中正總統「中小學課程、教材、教學法，應根據倫理、民主、科學
之精神，重新整理，統一編印」的指示，使國民中學的教科書全盤由
部訂統編本壟斷，至民國九十一年 (2002) 才開放審定本。

　　至於高中部分，教育部根據前述蔣中正總統民國四十二年的指
示，下令國立編譯館編輯國文、公民、歷史、地理四科的標準教科書，
交臺灣省教育廳印行。民國六十年 (1971) 配合九年國民教育，高中教
科書中的三民主義、國文（含中國文化基本教材）、公民與道德、歷
史、地理、地球科學六科教科書由教育部中小學教科書編印指導委員
會負責編輯，軍訓教科書由教育部軍訓處負責編輯，其他科目則維持
審定本的形式。直到民國八十八年 (1999)，高中教科書繼國小教科書
之後，全面開放審定本。

國民教育的發展

　　國民政府接收臺灣以後，在初等教育部分，以日本時代已經推動的義務教育及中國大陸的教育體制作為基礎，在臺灣除了推動學制改革以外，主要的工作項目包括：課程的改訂、教師的甄選及訓練、義務教育的實施、山地教育的推行，還有民間私塾的登記與管理，但是整個國民教育的重心仍然是放在國語教育的普及，和三民主義思想的積極灌輸為主。

　　民國三十八年 (1949) 中央政府遷臺以後，臺灣的國民教育在原有以中國化作為教育基本方針、落實以三民主義為中心的民族思想以外，有兩次較為重要的變化。一次是民國三十九年 (1950)，臺灣省教育廳頒布〈臺灣省非常時期教育綱領〉，及教育部訂頒〈戡亂建國教育實施綱要〉，要求國民小學的教育必須配合反共抗俄的基本國策，增加反共抗俄的意識，以發揚三民主義的精神。而與此政策直接相關的國語、社會兩科課程標準，便以此為基準，進行修訂，在民國四十一年 (1952) 底完成。其次則是在民國五十六年 (1967)，為了配合即將實施的九年國民教育，自五十六年底至五十七年 (1968) 初重新完成「國民中小學暫行課程標準」，以配合國民中學教育，採取九年一貫的精神。但是，在本質上則是強調繼續加強民族精神教育、生活教育及職業教育。整體而言，政府遷臺以後，臺灣的國民教育基本上先是在量方面進行擴充，以求達到普遍就學的理想，再經由多次的改革計畫，提升教育的品質。

　　在二次大戰結束的民國三十四年 (1945)，臺灣國民教育的就學率已達到 80%，國民政府接收以後以此為基準，努力推動在臺灣的國民

義務教育。到了民國六十四年 (1975)，則超過 99%。其中特別值得注意的是，男生的就學率從民國四十年 (1951) 的 93% 提升到民國七十五年 (1986) 的 99.84%，而女生則是從 68.58% 增加到 99.80%，換句話說，女性就學的比率在政府遷臺以後，有大幅度的提升。

隨著國民教育規模的擴大，師資培育也有相當程度的發展。臺灣在戰後國民教育的迅速普及成長，並不只是因為政府提供入學的機會而來。雖然早在民國三十三年 (1944) 國民政府就制定《強迫入學條例》，不過在中國大陸成效不彰，臺灣的強迫入學制度，則在民國三十五年 (1946) 便於各鄉鎮市區，設置強迫入學委員會，負責推行。民國三十六年 (1947) 一月，行政長官公署更規定〈臺灣省學齡兒童強迫入學辦法〉，以強制推動。不過此種強迫入學的制度，基本上是備而不用，鮮少有依此一條例而處罰的案例。

由於國民教育規模迅速的擴張，師資的培育自然是相當重要的一環。日本時代有留下四個師範學校，包括臺北兩所，臺中、臺南各一所，另外在屏東、新竹也有兩所分校。國民政府接收以後，在民國三十六年便頒布〈修正師範學校規程〉，規定師範學校修業三年，而為了因應師資的不足，除了實施各種甄選辦法，普通師範招收初中畢業生修業三年之外，也設立各種簡易師範科等性質特殊的臨時措施，甚至招收國小畢業生入師範就讀以擔任教師。同時並在新竹、屏東、臺東、花蓮、高雄等地陸續增設師範學校，而使得原本在民國三十四年 (1945) 代用教師達到 73% 的狀況，於民國四十八年 (1959) 只剩下 4% 左右，其餘的教師皆是由師範系統出身。國民學校師資的培育制度，在民國五十二年 (1963) 有了正式的變革，首先將試辦改為三專的臺北、臺中、臺南三校改為五年制師專，其他學校亦陸續改制，到民國五十六年 (1967) 全部改制完畢。此後國小的師資就由五年制的師專負

責培訓。民國七十六年 (1987) 又將全臺所有師範專科學校，一起升格為四年制師範學院，招收高中畢業生入學，將國民小學的師資提高到大學畢業的程度。

中等教育的發展

如同國民學校一般，國民政府接收臺灣以後，首先將臺灣的中等學校與中國大陸的制度齊一，中學修業六年：初級三年、高級三年，同時將原有的州廳立中學一律改為省立。各縣市除將原有部分學校改為中學以外，或者另行重設。而在課程方面，為了去除所謂皇民化的思想，朝向中國化的教育課程內容邁進，整個教學科目也著重加強民族精神與三民主義教育。對嚴重的師資短缺，除了採取向中國大陸各省約聘甄選師資外，另一方面則是擴充臺灣原有師範院校的科系，積極培育師資。

在學校的體制上，從民國四十四年 (1955) 開始，政府便有意以省辦高中、縣市辦初中之原則，來推動中等學校的教育，也某種程度鼓勵私人興學。但省辦高中、縣市辦初中的方案，一直到九年國民教育實施，將省中的初中部全部結束，省立中學一律改制為高級中學，而縣市立中學的高中部亦完全取消，取消了原本兼辦初中、高中的公立完全中學，才完成其政策的目標。

至於在中學課程方面，最主要的課程內容改變如同國民教育一樣，也是在民國四十一年 (1952) 為了配合前述教育部頒發的〈戡亂建國教育實施綱要〉，而於同年修訂原有公民、國文、歷史、地理四科的課程標準，以求配合國家政策，加強反共抗俄及民族精神的教育內容。其後在民國五十一年 (1962)，更將中學教育目標第一次明白分為初、

高二級，分別加以規定。此後課程的重大改變，便是因為九年國民教育的實施。

九年國民教育的實施

政府自 1960 年代起，便開始思考如何延長義務教育的年限。本來預計從民國五十三年 (1964) 提出的自願就學方案，希望以八年的時間漸進落實研究改革的方案。但是民國五十六年 (1967) 六月二十七日，蔣中正總統在國父紀念院會上，宣示加速推行九年義務教育，又於八月十七日正式發布命令，表明根據《動員戡亂時期臨時條款》之規定，經由國家安全會議決定，國民教育之年限自民國五十七年 (1968) 度起，延長為九年。為了配合此一措施，教育部緊急草擬〈九年國民教育實施條例草案〉，並在立法院火速通過後，於民國五十七年一月二十七日由蔣中正總統明令公布。同年九月九日全國國民中學如期開學，此後國民教育分為兩個階段，前六年為國民小學，後三年為國民中學。

由於九年國民教育從政策定案到落實時間僅有一年，中學所需之師資急遽增加，因此教育部除了訂頒《公立大學及獨立學院設置教育選修科目實行辦法》外，並且推動《國民中學教師儲訓及職前訓育辦法》，廣開師資取得之途徑，以應一時之急需。而臺大、政大、成大及中興大學亦從此時開始，直到民國六十八年 (1979) 止，開設教育學分課程，長期培養國民中學教師。除此之外，根據前述之辦法，普通大專學校畢業生在九年國民教育推動初期，經過甄選訓練後，也可以取得中學教師的資格。

九年國民教育實施之際，一方面政府同時加強對教科書內容之控

制，以及對於私人興學採取更加緊縮的態度，私立的小學及初中在此後將近三十年的時間幾乎沒有新設立的空間，國家在國民教育體系下的掌控力更為加強。

在職業學校制度方面，中等教育的職業學校原本如中學一般，分為初級及中等兩種體制，由於實施九年國民義務教育，因此自同年度起，停招初級職業學校的新生，而強化高級職業學校的體制。基於省辦高中職之原則，因此在籌劃九年國民教育之時，同時建議省接辦縣市立職業學校計畫，使原有的公立職業學校皆改為省立之高職。

「十二年國教」的推動

民國一〇三年 (2014) 八月起推動「十二年國教」，不過性質與之前的國民教育不同，前九年維持國民教育，主要內涵包括：普及、義務、強迫入學、免學費、以政府辦理為原則、劃分學區免試入學；至於三年的高級中等教育，對象為十五歲以上之國民，主要內涵包括：普及、自願非強迫入學、免學費、公私立學校並行。其中高中升學名義上以免試升學為原則，不過，並非採取劃分學區的升學方案，因此將原本為了了解學生學習狀況及進入高中後進行補救教學參考的「會考」成績，作為免試升學的重要依據，加上能否進入理想學校的成績計算十分複雜，而引起部分家長團體的反彈。

而 「十二年國教」 啟動之後，各級學校新的課程安排也隨之改變。根據總綱的設計規定，電腦資訊課程的比重增加，而社會科包括歷史、地理、公民在中學的時數則減少。另一方面，必修時數減少，選修科目及時數則調增。不過，大校、小校師資資源不同，影響部分學校開設選修科目的狀況。

　　整體而言，隨著少子化問題的發展，漸次影響各級學校的經營，特別是師資的聘任，往往無法開正式缺，而多是代課職缺，影響教師工作的安定性。這對偏選地區新進教師而言，更不具吸引力。就不同性質的學校而言，職業學校的衝擊較早發生，而私立學校減招，甚至停招的問題也陸續浮出檯面。

高等教育

　　民國三十四年 (1945) 國民政府接收之際，臺灣原有的大學只有臺北帝國大學，接收後改名臺灣大學，並將原臺北經濟學校改制的省立臺北專科學校，於民國三十六年 (1947) 併入法學院之中。除此之外，臺中農林專門學校則先改名臺灣省立農業專科學校，次年改為省立農學院，成為今天中興大學的前身。而臺南工業專業學校則先改名為臺灣省立臺南工業專科學校，次年 (民國三十五年) 改制為省立工學院，而成為今日成功大學的前身。同時，並在民國三十五年 (1946) 設立臺北省立師範學院（使用原日治時期臺北高等學校改制的省立臺北高級中學校舍），也就是今天臺灣師範大學的前身。這四所學校也是臺灣最早的公立大學。另外，為了培養工業技術人才，民國三十七年 (1948) 創設省立臺北工專，民國三十八年 (1949) 為配合臺灣地方自治的實施，培養行政幹部，創立了省立地方行政專科學校，到民國三十九年 (1950) 為止，臺灣共計有大學一所，獨立學院三所，專科學校兩所，學生總數六千三百人。同時政府當時也鼓勵私人興辦大專院校，第一所私人興辦的大專院校，是民國四十年 (1951) 成立的私立淡江英語專科學校，也就是今天淡江大學的前身。此後由於中國大陸大專院校在臺灣復校，以及公私立新設的大專院校，臺灣高等教育的數量有迅速

增加的趨勢。

　　民國五十六年 (1957)，在前述省辦中等教育、中央辦高等教育的政策下，省立的大專院校逐年改制為國立，由教育部主管。在另一方面，到了民國六十一年 (1972)，政府認為部分私立專科學校在迅速膨脹之餘，素質有低落的現象，因此採取緊縮的措施，自民國六十一年起暫停私人創立大專院校。此後雖然迫於現實上的需要，陸續開放部分大專院校的設立，但是大體上所開放的乃著重於工科、醫科為具有職業性質為主的學院，一直要到 1990 年代以後整體高等教育私人興學的限制才有明顯的放寬。

　　普設高中、大學政策推動後，私立學校比起國立學校增加甚多，而且技職專科院校紛紛爭取升格，對臺灣技職體系造成重大的衝擊。而在少子化之後，私立的大學院校，特別是技職院校受到的打擊更大。如何處理部分私校退場的問題，成為教育主管機關的重要課題。

教育法制的演進

　　行憲前國民政府原有的教育體制並未因民國三十六年 (1947) 底中華民國憲法的施行而有太大的更張，憲法第一五八條的教育文化目標並未取代民國十八年 (1929) 公布的〈中華民國教育宗旨及其實施方針〉，反而又被民國三十九年 (1950) 頒發的〈戡亂建國教育實施綱要〉取代了其指導教育目標的功能。在 1950 年代及 1960 年代這二十年間，除民國四十二年 (1953) 制定《社會教育法》、民國四十八年 (1959) 修正《社會教育法》以及民國五十六年 (1967) 制定《九年國民教育實施條例》外，教育立法呈現停滯狀態，而原有的教育法律也多未進行修正，教育法制的變動則多以行政命令的方式為之，形成以行

政命令為運作主軸的教育法制。此種現象直到 1970 年代以後才逐漸有所改變，許多法令的制定及修正也於此一時期展開。

首先，於民國六十一年 (1972) 修正《大學法》，六十三年 (1974) 則制定 《私立學校法》 以取代原有之 〈私立學校規程〉，六十五年 (1976) 修正《專科學校法》、《職業學校法》，並將《補習學校法》修正為《補習教育法》，六十八年 (1979) 則接連制定《師範教育法》、《高級中學法》 及 《國民教育法》，以取代原有之 《師範學校法》、《中學法》及《國民學校法》。此一時期的教育立法除為配合經濟發展技職教育外，更為因應九年國民教育實施後的實際需要，對教育法制作了較大幅度調整，以建立較國民教育及師範教育新的法律依據。

到了 1980 年代，除修正《社會教育法》（民國六十九年）、《大學法》、《國民體育法》、《補習教育法》（民國七十一年） 及 《私立學校法》（民國七十三年） 外，並制定《幼稚教育法》（民國七十年）、《特殊教育法》（民國七十三年） 及 《教育人員任用條例》（民國七十四年）。此一時期之教育立法除新制定的《幼稚教育法》、《特殊教育法》與《教育人員任用條例》係較重要之教育法制發展外，其餘多屬枝節性的修正，未有大幅度的更動。

1990 年代，則隨著強人威權體制的逐步鬆動，以及民間教育改革運動的興起而有重大的轉變。首先在長期的抗爭下，以保障大學學術自由與大學自治為精神的《新大學法》於民國八十三年 (1994) 修正公布。其後打破師資培育一元化及師範院校壟斷，改採師資培育多元化體制的《師資培育法》也於民國八十三年修正公布，第一部規範教師權利義務的《教師法》也於民國八十四年 (1995) 制定實施。

目前各大學培養的師資已經正式進入教育領域， 從事教育的工作，而民國八十五學年度起，小學統編本教科書成為歷史名詞。根據

既有的進度，在民國九十一學年度以後，國小、國中、高中部定教科書制度都由審定制度來取代。

習　題

1. 九年國民教育提早實施的原因為何？試說明之。
2. 國民小學的課程內容在政府遷臺後有那些重要變革？試申述之。
3. 救國團與軍訓教育有何歷史關係？試說明之。

第二節　社會的轉變

社會脈動的軌跡

　　二次大戰結束後，在國民政府接收臺灣之前，臺灣社會的活動力即從日本軍國主義統制體制下解放出來，呈現相當大的活力，各種社會團體、組織相繼成立。陳儀接收臺灣以後，雖然採取種種管制的措施，但是大體上，臺灣社會力仍然處於活躍的狀態。此一狀態發生轉變的關鍵，是民國三十六年 (1947) 的二二八事件。二二八事件結束，伴隨而來的清鄉、掃紅，使臺灣社會原本蓬勃發展的面貌遭到長期的壓制。民國三十六年七月，國民政府通過〈動員戡亂完成憲政實施綱要案〉，正式宣告國民政府以《總動員法》為主要依據，可以對經濟物資、交通工具進行管制，限制反動集會宣傳，並且對於罷工等情事加以限制禁止。此舉使得仍然籠罩在二二八陰影的臺灣，已然進入動員戡亂體制。民國三十八年 (1949) 五月二十日，臺灣開始經歷長達三十八年之久的戒嚴時期，五月二十七日警備總司令部進一步發布有關戒嚴時期的相關條例，防止非法行動、管理書報、非經許可不准集會結社、禁止遊行、請願、罷課、罷工、罷市、罷業等一切行為。在政府有效的控制下，臺灣的社會進入了長期安定的狀態。

　　1980 年代以後，臺灣原有穩定的政治結構，在民主自由的改革衝擊下，開始發生鬆動。民國七十五年 (1986) 反對黨的成立，突破了黨

禁，在政治改革的衝擊下，社會活動的空間也隨之擴大。民國七十六年 (1987) 政府決定解除報禁，民國七十七年 (1988) 開始實施，臺灣的言論自由大幅度的開放，各種社會運動也方興未艾。民國八十年 (1991) 五月一日，動員戡亂時期終止，臺灣在政治體制上回歸正常的憲政體制，本來就給予社會更大的活動空間，而隨後發生的獨臺會事件，引發廢止《懲治叛亂條例》及次年修正《刑法》一百條，集會結社言論的自由尺度更有了突破性的發展，進入一個新的時代。

　　戰後臺灣社會的發展，雖然大部分皆處於非常體制下，由政府強力的主控，但是已有相當大的社會變動，並未與政治體制的變化有直接的關聯。如人口、都市化等等，都是相當重要的課題。

人口的成長

　　臺灣在 1920 年代開始，因為死亡率下降而引起大幅人口成長。民國三十四年 (1945) 政府接收臺灣前後，臺灣人口約六百萬人。民國三十八年 (1949) 前後，隨著中央政府遷臺，大約有一百萬左右的軍民同胞也自中國大陸來臺，而臺灣的人口結構發生新的轉變。原本在民國三十五年 (1946)，在臺灣的外省人只有三萬一千人左右，到此時已成為原有閩南人、客家人、原住民之外的一大族群❶。

　　民國四十年 (1951) 起，臺灣的出生率及育齡婦女的生育率開始下降，不過，隨著公共衛生條件的改良，死亡率降低，臺灣人口數仍然迅速膨脹，民國四十七年 (1958) 突破一千萬，民國六十一年 (1972) 突

---

❶　民國三十八年來臺的軍民同胞，仍有相當多並未列入戶籍登記（主要為軍人），因此在戶籍登記上，民國四十年外省籍的同胞總數約有六十萬左右，較實際人數嚴重偏低。

破一千五百萬，民國七十八年 (1989) 更跨過二千萬的門檻。大體上在民國四十年人民的粗出生率約有 49.9‰，到了民國六十年 (1971) 已急速下降到 25.64‰，相對的死亡率從民國四十年的 11.57‰，民國六十五年 (1976) 達到 4.69‰，爾後則稍有上升。

　　面對臺灣高密度人口所產生的壓力，由於在孫中山遺教中強調人口不足是中華民族生存的壓力，因此節育政策始終不敢正面提出，直到民國四十八年 (1959) 蔣夢麟認為必須面對人口壓力問題，此一問題才正式浮上檯面。而行政院也於民國五十七年 (1968) 通過了〈人口政策綱領〉，推動以節育為重要內涵的人口政策。

　　人口增加伴隨土地改革實施後的政策導向，以及工業部門勞動力需求的增加，使得農村人口往都市移動，成為趨勢。

土地改革的社會效應

　　臺灣土地改革主要有三個重要項目：民國三十八年 (1949) 臺灣實施的三七五減租政策、民國四十年 (1951) 實行的公地（官有農地）放領政策（之前已經試行）、以及民國四十一年 (1952) 十一月，立法院通過的《實施耕者有其田條例》。民國四十二年 (1953) 完成了「耕者有其田」的初步成果，佃耕地的比例從原本的 44% 減少到 17%。而給地主的地價補償，除了 70% 的實物債券外，另外 30% 則是以水泥、造紙、農林、工礦四家官營企業的股票作為補償，使得四家官營企業民營化。

　　耕者有其田實施以後，極少數的地主參與四大公司的經營，而部分的地主則在當時沒有股票市場的情況下，加上四大公司當時大部分沒有股息股票的配發，因而往往低價讓售，逐漸沒落。相對的取得土

圖 45　耕者有其田宣導活動

地的佃農,則分十年償還取得土地的價款。

　　土地改革後原本的佃農所得有相當的提高,不過,當時政府基於
經濟及軍事上的考量,配合以農業扶持工業的政策,因此透過田賦徵
實❷、肥料換穀❸以及隨賦收購的方法,低估穀價,以擠壓出部分農
村的剩餘,其中高估肥料價格和低估的穀價交換的肥料換穀,是影響
農民所得最大的政策。透過前述政策的推動,農民支付潛在的稅捐,
來支持國家財政的需要及工業的發展,使得農民所得有較勞工為低的

---

❷　田賦徵實是以徵收農地生產之實物為原則 ,實際上是以徵收糧食為主要目
　　標,因此徵收作物僅限於米及小麥,其他作物則以現款繳納。
❸　肥料換穀是國家統制糧食的手段。米穀與肥料的交換比率,自始即由政府決
　　定,而非依一般市場價格,以重量而言大體上是 1:1。稻穀的價格通常比肥
　　料高,1960 年代稻穀價格是肥料的三倍強。

趨勢。加上土地改革以後，自耕農雖取得土地，但土地的面積也相對
零細化，因而在十年償付取得土地的價款後，配合工業發展提供的大
量就業機會，農村年輕的一代便出現離農化的現象。

都市化

1960 年代，也正逢臺灣經濟的轉型，原本進口替代帶動的工業化
已有初步的成果，配合政府改行出口擴張政策，以獎勵投資等方式，
吸引外資及本地資本的投資，創造大量工業部門的就業機會，使農業
部門的人口有外流轉往工業部門的現象。雖然在以中小企業為重心的
工業化下，起初工廠以設在農村、小城鎮為多，因此通勤者甚多。但
仍有相當多的企業（工廠）設在大城市及其鄰近區域，加上後來加工
出口區的成立，也吸引了來自農村的勞動力，人口往工業都市移動的
趨勢更加明顯，而工業都市的興起連帶也促成都市化的發展。

1960 年代中期開始出現從農村移往都市人口的趨勢，在 1970 年
代初期更為明顯，由於都市住民對鄉村社會而言，有較好的報酬和較
高的聲望，因此可以吸引農村人口移入。直到 1970 年代為止，由農村
遷出的人口，主要集中在臺北、臺中、高雄三個都會區，特別是臺北
和高雄。而隨著臺北、高雄兩大都市逐漸呈現飽和狀態，從 1970 年代
中期開始，主要的人口搬遷對象變為大都市周遭的市鎮。如果配合職
業別來考查，1970 年代製造業部門比例最高的地區，是以行政區域中
的「市」最為重要，或者是都會區的中心城市。1980 年代以後比例最
高的地區在二十萬到五十萬人口規模的城市，相對的臺北、高雄兩大
都市所占的比例反而低於前述的中型城市，而這些中型城市成為製造
業人口主要的集中地。整體而言，在 1970 年代中葉以前，農村人口主

要的外移地是重要的大都會，而 1970 年代中葉到 1980 年代中葉，縣轄市級的都市則是農村人口最重要的外移區域。

社會的轉型及其衍生問題

隨著農村人口的外移與都市化的發展，原本在農村三代同堂、親友共居的現象有了相當大的轉變，特別在都市地區，往往是由父母和小孩組成的核心家庭為主。縱使是在農村地區，隨著青壯人口外移，原有的家庭結構也不得不有所轉變。

隨著家庭的轉變，傳統社會本來由家庭負擔的幼兒托育及老人安養，已無法再由家庭所吸納，出現結構轉變後的新問題。隨著父母受教育水準的提高及就業機會的增加，雙薪家庭也日漸普遍。在此情況下，傳統社會幼兒的托育問題，逐漸成為都市家庭普遍的問題。相對的，老人的安養問題也不再如過去能由家庭完全吸納，特別是在臺灣老年人口逐漸增加，已於民國一〇七年 (2018) 步入高齡社會，社會轉型所帶來的問題日益嚴重。

家庭本身隨著轉型之後，內在的緊張性也隨之增加，原有家庭制度的穩定性也因而發生轉變。此一現象的發生乃是因為，男女雙方共組家庭之後，隨著受教育水準的提高，以及雙薪家庭的普遍，女性取得了較為自主的地位，再加上原本傳統透過人際關係來維繫的家庭運作，已無法有效提供化解婚姻摩擦的問題，再加上個人自主意識的高漲，臺灣的離婚率在家庭制度轉型之後，也有增高的趨勢。單親家庭的增加以及其所衍生的社會問題，逐漸成為臺灣家庭教育及社會整體發展另一個值得思考的問題。

另一方面，大量外移進都市的人口，對於臺灣整個社會關係的網

絡，也產生了重大的衝擊。公寓的住宅、早出晚歸的生活使得家庭與家庭欠缺連帶感。傳統農村社會各個家庭之間彼此密切互動的關係，逐漸成為歷史，各個家庭之間的關係出現了疏離的現象，縱使在一個社區之內，彼此的認同連帶也難以有效的運作，亟待重新建構。

　　整體而言，都市化程度日益加深，也就意味著都市人口的迅速增加，這使得臺灣的生活品質受到了嚴重的挑戰。由於農村人口大量移入都市，都市原本的都市計畫及公共部門提供的服務，都難以與人口增加的速度有效的配合，因而都市內的交通、環保、衛生、居住環境、住宅等問題皆隨之發生。在人民知識水準不斷提升，傳統社會控制因轉型而失效之後，這些衍生的問題固然因為強人威權體制的控制，不致立刻成為社會變動的議題，但是隨著臺灣社會自由化的發展，當政治的控制逐漸鬆動以後，新的社會運動自然也隨之展開。

社會運動的展開

　　隨著臺灣工業的迅速發達，離開農村往都市工作的勞工，人數也大量的增加，他們已經跟過去農村兼業的勞工不再相同，是以受雇賺取薪資的方式，作為其主要生活的依靠，而難以再從傳統農村中得到有效的奧援。另一方面，在講求工業發展，推廣外銷的經濟優先考量下，臺灣產業的發展在早年對於造成污染的外部成本，基本上並未加入考量，使得因為工業生產所造成環境污染的問題也隨之日益嚴重。

　　由於在強人威權體制下的經濟發展策略，對於勞工權益及環境問題，相對較忽視。欠缺足夠的制度安排，使得勞工的勞動者三權❹不

---

❹　指勞工組成的工會的團結權，與資方進行集體協商的團體協商權，以及與資方抗衡的爭議權（如罷工）。

僅在戒嚴體制下難以運作，也沒有替代的制度足以保障勞資之間合理的運作方式。而在強調經濟發展的過程，環境保護的問題一開始成為政策的犧牲品，縱使重視環保設施的重要性，在產能急速擴張時，亦無力處理污染問題。

因而，在政治變革的衝擊下，臺灣的社會逐漸往自由化的發展歷程中，勞工運動與環保運動便成為相當有力的社會運動。如同勞工運動及環保運動的推動必須取得資訊、知識的來源，政府及企業主在政治社會運動的衝擊下，一方面吸收先進國家的經驗，增加良性互動的可能，因此對於勞工及環保問題，較過去重視，使問題有一定程度的改善。

由於人民知識水準的增加，以及社會力活動空間逐漸從政府掌控中釋放出來，以都市為主的消費者運動也有了較佳的活動場域。為了自身食的安全、用的安全等，消費者必然更加注重購買產品資訊的獲得，以保障其基本消費的權利。同時對於原有經濟結構下以提高內銷價格，補貼外銷價格的生產秩序也有所批評，迫使原有的制度面臨轉型的壓力。

如同新式思想的傳播及人民對自我權利的意識，促成消費者運動一般，基於對自我權利及地位的尊重，知識提高並取得部分財產自主的婦女，成為女權運動的主要推動者。在 1970 年代，雖有人自國外引進女權思想，但當時民風保守，發展不易。其後，女性透過婦女運動的推展，凸顯社會政治制度的不足，並透過遊說及立法行動要求改革，女權運動也成為重要的社會運動項目。

另一方面，1970 年代建設核能發電廠之後，隨著國外傳入核能安全的訊息，加上核廢料的處理爭議，使得反對核電成為臺灣社會（環保）運動重要的一環。2011 年，日本福島核災後，核能安全問題更受

國人重視，不僅核四存廢成為臺灣社會重要議題，另外三個核能發電廠的延役問題，也備受關注。

此外，由於官方長期推行國語政策下，臺灣各族群的母語與文化遭到打壓，人數最少、社會經濟最為弱勢的原住民，民國七十三年 (1984)，成立以原住民知識青年為主的「原住民權利促進會」，解嚴後，從破除「吳鳳神話」、「還我姓氏」到「還我土地」系列運動陸續展開。民國八十五年 (1996)，行政院成立原住民委員會，提高原住民事務的行政層級。其後，針對客家事務，行政院又設立客委會。透過母語教育的推動，各族群的母語文化，在體制內得到延續、發展的機會。

在教育方面，高等教育的學院本來就是新式思想的傳播所，社會的開放以及教師及學生對自身權利的覺醒，學生與大學自主運動遂成為臺灣教育改革議題上首先端上檯面的項目。而隨著政治社會的轉型，教育改革的議題也隨之擴大，傳統國家與公權力宰制教育內容、教育行政的方式在自由化、民主化的潮流下受到衝擊，原有師範體系壟斷中小學教師培育的現象，與部定教科書主導臺灣中小學教育內容的問題，在教改運動下有相當的改善。

而在教科書制度部分，由於民國一〇三年 (2014) 教育部不顧學術界及社會對程序及專業的質疑，強硬推動社會科及國文科的「微調課綱」，引起持續近兩年的反課綱運動，而學生參與後更提高抗爭的力道，甚至發生自殺抗議的事件。民國一〇五年 (2016) 民進黨執政後，蔡英文總統落實競選的承諾，由教育部根據程序廢止「微調課綱」，爭議才告平息。

媒體的開放效應

社會運動的展開與所屬團體成員自我認同及知識的提升有密切的關係，而知識的傳播又與媒體息息相關。從報禁的開放，有線電視的普及，無線電臺的新設，到第四家電視臺成立，臺灣的大眾傳播進入新的時代。隨著媒體的開放、新知識不斷傳入、社會更加開放的結果，甚至整體生活型態也有隨著轉變的趨勢，這是臺灣社會在 1990 年代中葉以後出現的新轉型。不過，媒體競爭的機制，特別是大量有線電視加入之後，更趨激烈。由於原本被壓抑的新聞專業自律文化並未建立，未來如何進一步強化，成為臺灣新聞媒體的重點課題。

社會安全制度的建立

臺灣的社會安全制度，在政府遷臺初期即已展開，如民國三十九年 (1950) 開始實行勞工保險，但是囿於制度設計，保障的層面並不普及，且多欠缺法律保障。民國四十七年 (1958)，立法院先後通過《公務人員保險法》及《勞工保險條例》，是社會安全制度建立的里程碑。大體上，過去政府對於社會安全制度所投入的人力、物力，多偏重於軍公教範疇，整體社會安全制度仍有所不足。

其後，政府先於民國七十三年 (1984) 通過《勞動基準法》，使適用的三百多萬勞工之基本權利得到保障，繼而老農津貼等福利措施陸續開辦，民國八十三年 (1994) 全民健保體制完成立法，次年正式實施。其後失業救助的問題逐漸納入制度保障，民國九十四年 (2005) 修正勞工退休制度，勞工的退休金給付得到制度性的保障。加上國民年

金制，實施以後的社會安全制度將更具規模。

　　隨著低利率時代的來臨，以及經濟成長減緩，臺灣由政府推動的軍公教退休制度及年金給付，都出現財務結構的根本性問題，甚至有破產的疑慮。在改革會議上各方意見差異甚大，但是，如何推動可行的改革工作，不僅是政府無法迴避，也是國人矚目的重大課題。

少子化與高齡化社會

　　相對於先進國家，臺灣少子化問題出現較晚，不過，出生率下降速度卻相對快。主要原因，在於晚婚或是不婚的狀況增加，而且結婚後不生育的「頂客族」也為數不少。大抵上，1980 年代出生人數緩步開始下降時，一年出生人口還超過四十萬人。民國八十五年 (1996)，出生人口數還有三十二萬多人，出生率 15.18‰。九十三年 (2004) 出生率跌破 10‰，達 9.56‰，出生人口數二十一萬六千多人。九十七年 (2008) 出生人口數低於二十萬，只有十九萬八千多人。之後，政府政策對生育問題日漸關注，各縣市也紛紛推出生育津貼鼓勵生產。而透過稅制改革及育兒津貼政策，鼓勵結婚、生育也成為趨勢。縱使如此，卻無法扭轉少子化的趨勢。一〇九年 (2020)，出生率降至 7.01‰，而且出生人口數少於死亡人口數，人口出現負成長。

　　而從民國九十九年 (2010) 到一〇九年，臺灣六十五歲以上老年人口，從兩百四十四萬五千人增加到三百六十七萬一千人相比，增加一百二十二萬六千人，人口結構繼續呈現少子化，快速進入高齡化社會。預估民國一一四年 (2025) 每五人當中，就有一人是六十五歲以上老人，臺灣就會進入超高齡社會。而為了因應人口老化，失能老人人口增加的問題，《長期照顧服務法》於民國一〇六年 (2017) 三月正式上

路，協助失能老人的照護問題。為了實現在地老化，提供從支持家庭、居家、社區到住宿式照顧之多元連續服務，普及照顧服務體系，政府再推動「長照2.0」政策，希望建立以社區為基礎的照顧型社區，期能提升具長期照顧需求者與照顧者的生活品質。

習　題

1. 臺灣人口政策的提出，遠較人口的成長晚，其原因為何？
2. 土地改革以後，農村人口仍流往都市，試討論其原因。
3. 政治逐漸自由化以後，有那些社會運動逐漸抬頭？試擇其一，討論其原因與意義。

第三節　文化的演進

戰後臺灣文化發展的脈絡

　　民國三十四年 (1945) 國民政府接收臺灣以後，臺灣的文化發展大
體上由三個主要的潮流匯整而成。首先是日本統治時代臺灣文化原本
發展的結果，其次則是來自中國大陸由官方或者是民間帶來的文化傳
承，第三則是在戰後西方文化的衝擊下，西方相關文化理論及其內容
的引進。

　　這三種不同源流的文化傳承，在戰後臺灣歷史發展的時空脈絡之
下，彼此互相衝擊互動而呈現戰後臺灣發展的整體脈絡。而在非常體
制之下，官方也有意主導文化的發展，以利於「動員戡亂」的需要。
以下擬先討論戰後初期臺灣本土文化發展的狀況，其次，再說明官方
代表性的文化政策，接著再分為文學、美術、音樂三個不同的面向來
說明臺灣文化發展的脈絡。

戰後初期的臺灣文化現象

　　日本統治臺灣期間，一方面以殖民體制對臺灣進行掠奪，另一方
面也引進近代西方為主的文化傳統，使得臺灣整體文化的發展歷經了
前所未有的西方文化洗禮。而後隨著日本軍國主義的發展、皇民化運

動的推動，臺灣整體文化的發展也籠罩在此一歷史環境之中。雖然如此，文學、美術、音樂的處境並非截然相同。其中，臺灣在日本時代雖然有建立新文學的努力，但是在軍國主義昂揚、皇民化運動的潮流下，臺灣的文學發展被統治體制壓制，甚至強制收編，為其帝國的利益服務，如此文學的體裁、內容、寫作的語言，都受到相當大的箝制。

音樂，特別是流行音樂的部分，在日本統治時期隨著近代科技及音樂的引進，臺灣本土的流行歌曲也有相當程度的發展，但是在推動日語，壓制臺灣本土語言發展的情況下，臺語音樂存活的場域也所剩無幾。

在美術方面，與文學、音樂有其相類之處，都是日本統治體制之下外來文化衝擊的產物。不過，其發展的脈絡，卻與文學及音樂有相當的不同之處。本來日本自明治維新以後，即以各種制度推動美術方面的現代化，包括教育及各種美術展覽一些制度性的運作，日本在臺灣推動公教育之後，透過公學校以至於中學校國語學校、師範學校等

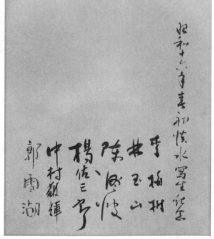

圖46　陳澄波、楊三郎、李梅樹、林玉山、郭雪湖、陳敬輝，《淡水寫生合畫》，
　　　1941 年，紙本墨彩，27.2 × 24.2 公分

美術課堂，培植了不少對美術有興趣的臺灣子弟。他們進而深造，成
為日治時代臺灣本土美術家的主流，特別是民間組成的臺陽美術協會，
更是從戰前一直延續到戰後，成為臺灣民間美術運動非常重要的主軸。
相對於文學及音樂在軍國主義時期遭到的壓迫，美術的發展固然也隱
含著與官方抗衡的味道，但是大體上鮮少受到不堪忍受的歧視與壓迫。

政府的文化政策

自從政府輾轉遷臺之後，在動員戡亂體制下，揭櫫反共抗俄的基
本國策，臺灣文化的發展在此一歷史時空下，官方主導的文化政策自
以配合前述的基本國策為宗旨，並以相關的法規命令及大眾傳播媒體
的強烈宣導積極落實。

民國五十五年 (1966)，中國大陸發生文化大革命，傳統中國文化
遭到嚴重的破壞，同年十一月十二日，蔣中正總統提出三民主義與中
華文化的關係，並以三民主義的本質——「倫理、民主、科學」作為
中華文化的基礎。此後，全國各界即發起中華文化運動，並在民國五
十六年 (1967) 七月成立中華文化復興運動推行委員會，推蔣中正總統
擔任會長，隨即積極推動各項文化運動，如制定「國民生活須知」，交
由政府相關部會及教育系統積極推展，即為其中一例。

戰後文學的發展

日本戰敗以後，臺灣文學工作者，嘗試重新建立日本時代的新文
學發展，然而，在二二八事件之後，大量的報紙被查禁，不僅民間的
《民報》、《人民導報》如此，甚至跟國民黨關係密切的《和平日報》

也被查封。這種風氣下自然不利於文學的發展,不過何欣、歌雷相繼在《台灣新生報》主編文藝版,對於臺灣新文學的發展有重大的貢獻。特別是歌雷一方面導入來自中國大陸的新文學傳承,一方面也嘗試與臺灣原有的新文學發展脈絡進行良性的互動,由於當時國語化的政策已經十分明顯,日治時代臺灣的作家們發表的園地受到相當大的打壓,歌雷則在他主編的〈橋(副刊)〉,主動協助臺灣作家將日文作品翻譯為中文,以提供本土作家發表的園地。當然在彼此互動的過程中,也有衝突的一面。特別是來自中國大陸的部分作家,以及官方政策的執行者,往往存在著要去除臺灣文學中奴化思想的看法,忽視臺灣文學發展的主體性,引起臺灣本土文學工作者的不滿,而在民國三十七年(1948)發生臺灣文學論戰。

民國三十八年(1949)鎮壓校園的「四六事件」,是戰後初期臺灣社會運動發展的一個終結,同時也是對臺灣新文學發展的重大打擊。歌雷被捲入此一事件,繼而退出文壇,〈橋(副刊)〉的停刊,楊逵的被捕,都象徵著一個階段的結束。此一文化發展方向的改變,並不只是日治時代以來臺灣新文學傳承的頓挫而已,在另一方面隨著政府在1950年代促其開始推動的戰鬥文學、反共文學,也使中國大陸來臺知識分子帶來1930年代的文學傳統,也在這一波歷史脈動中與臺灣文學的發展切斷關係。

1950 年代臺灣的文學發展

在政府的政策下,戰鬥的反共文學是1950年代甚至到1960年代臺灣文學發展中政治力所支持的主流。民國三十九年(1950)五月四日,中華文藝獎委員會便明白揭示其甄選之作品以敘有反共抗俄之意

者為原則。在民國四十四年 (1955) 蔣中正總統更親自發起實施戰鬥文藝的運動，軍中的文藝也在此一年代有相當蓬勃的發展。在這一波反共文學中，最值得重視的是姜貴的作品，他的《旋風》、《重陽》便受到包括胡適等人在內自由派人士的欣賞。

相對於官方支持的反共文學，在民間方面，文學的發展也有三個不同的脈絡。首先是民國四十五年 (1956) 由夏濟安成立的《文學》雜誌，在夏濟安及梁實秋等人的領軍下，是此一時期臺灣較強調文藝本然的立場，嘗試擺脫過多政治牽絆。在詩方面，現代詩的發展也有紀弦、覃子豪所推動的現代詩運動，甚至連軍中作家瘂弦、洛夫也有相當可觀的成果。在本土作家方面則由鍾肇政為首，包括廖清秀等人在民國四十五年組成的《文友通訊》於次年問世，彼此互通訊息。

整體而言，1950 年代，雖然反共文學在政府的支持下成為文學的主流，但是學術界及民間作家也努力在文學的領域中嘗試開出不同的道路。

1960 年代的發展

夏濟安的弟子以白先勇等人作為代表，在民國四十九年 (1960) 三月，成立了《現代文學》，是大量引進西方文學的里程碑，同時《文星》雜誌也提供了引進西方文學作品的另一個重要舞臺。

在 1960 年代，部分臺灣的鄉土文學作家也逐漸跨入舞臺，包括黃春明、王禎和、陳映真等人都在此一年代逐漸展露頭角。在此時期，臺灣本土的文學也有相當程度的發展。民國五十三年 (1964)，吳濁流在當時諱言臺灣的時空下，創辦了《臺灣文藝》，同時白萩、陳千武、杜國清、趙天儀、林亨泰等詩人則成立了《笠》詩刊，是此一時期臺

灣本土作家相當重要的園地，甚至連日治時代的日文作家王詩琅、王昶雄、張文環等人也重新踏入久別的文壇。民國五十四年 (1965) 十一月，葉石濤在《文星》雜誌發表〈臺灣的鄉土文學〉一文，可以視為本土作家對於臺灣本身文學發展一個重要的里程碑。民國五十八年 (1969)，吳濁流文學獎的成立，可以視為當時民間對於本土文學標準的自我認定的重要表徵。相對於現代主義文學及本土文學的強調，民國五十五年 (1966) 十月創刊的《文學季刊》是介於其中的另一個文學支脈，是以後鄉土文學的一個重要源頭。

鄉土文學的興盛與論戰

西方文化衝擊下的臺灣社會，於 1970 年代開始出現回歸鄉土的文化思潮。而 1970 年代中葉以後，鄉土文學的發展無疑是臺灣戰後文學發展史上的重要因素。在此一時期鄉土文學的興盛，主要受到三個因素的影響：⑴首先在農業方面，隨著工業的發展，農村人口外移，使得臺灣農業的處境面對著前所未有的困境；⑵其次則是人口移往都市之後，在整個工業生產體制之下，各種新的都市問題、工業問題隨之產生；⑶則是部分的西方文學理論引進臺灣之後，其文學的內容往往有失根的現象，與人民的現實生活體驗嚴重脫節，因而有所謂鄉土文學的發展。

此一運動的發展，是對於當時臺灣現狀的批判，以及衝擊政治主流的意識型態。但是鄉土文學發展之後，也引起相當程度的反彈，此一反彈的原因來自三個不同的考量。首先，鄉土所指為何？它所隱含作品描寫的範圍是否僅限於臺灣？其次則是鄉土文學著重寫實與中國 1960 年代小說的特色，或是所謂的工農兵文學可能有部分的類似，一

方面引起反共者的恐慌，另一方面也有部分的學者對於鄉土文學的發展反西化的一面感到憂慮，擔心會造成傳統文化的復辟。民國六十五年 (1976)，官方開始圍剿鄉土文學，民國六十六年 (1977)，不僅圍剿加劇，甚至明白對鄉土文學與中國 1930 年代左翼文學的關係提出質疑，在政治的風聲鶴唳之中，鄉土文學運動由於高舉所謂的鄉土文學與民族精神的大纛，因而一定程度化解了政治上的疑慮。

不過就在此時，鄉土文學論者之中本來就隱含著鄉土定義以及認同的衝突問題也引發內部的爭議。在民國六十六年，葉石濤提出〈臺灣鄉土文學史導讀〉，強調臺灣文學的自主性與主體性，而陳映真則認為臺灣的鄉土文學是「在臺灣的中國文學史」，批評葉石濤主張是臺灣自己的「文化民族主義」。因此，不同立場的作家也出現一定程度的冷戰。

無論如何，經過了鄉土文學論戰之後，原本官方支持的反共文學在文壇的影響力日漸衰弱，而強調描寫作家生活體驗與現實社會狀況的文學潮流則日益受到重視，同時以臺灣的歷史發展作為小說的主要背景之長篇小說，包括鍾肇政的《臺灣人三部曲》、李喬的《寒夜三部曲》、東方白的《浪淘沙》也在 1970 年代陸續完成，或者開始動筆。

1980 年代以後臺灣的文學發展

接續著 1970 年代，臺灣文學發展的脈絡，在 1980 年代以後，文學中的認同問題並沒有解決，因此一定程度上也有論戰產生，而且論戰的主軸已從現實中文學寫作進一步延伸到對於臺灣整體文學發展歷史的解釋。除此之外，隨著文學發展已經著重現實社會各種議題的描寫，包括婦女、環保，甚至以老兵、原住民等弱勢團體作為描寫對象

的小說也紛紛出爐，臺灣的文學發展亦日益多元化。

　　而在資訊、電腦普及以後，文學藝術的表現方式也有新的發展，不僅網路文學日益發達，二十一世紀以後，「部落格」在臺灣也日漸興盛。

戰後臺灣美術的發展

　　如前所述，光復初期與原臺陽美展為中心的本土美術家們，仍然延續其在本省畫壇的影響力，不過就其內容細分，西畫部分在民國三十八年 (1949) 中央政府遷臺以後，大體上仍在官方支持的美術活動中繼續發展，相對的東洋畫的部分，則受到較大的衝擊，特別是由中國大陸來臺的國畫作家，大多對東洋畫採取敵視的立場，在民族主義的大纛之下，東洋畫的發展較西畫更為坎坷。

　　整體而言，由於本土畫家及理論家對於國語的使用並不在行，因此在整個 1950 年代，臺灣畫壇的論爭與理論的陳述都是由來自中國大陸的畫家或是新生的學者主導。因此，當現代抽象理論引進，衝擊臺灣畫壇之際，幾乎沒有本土美術工作者在論辯過程中扮演重要角色。

現代派的衝擊

　　在 1950 年代，透過國外資訊的取得，新興的畫壇新生代便已經逐漸掌握新的繪畫創作觀念及技巧，因而對臺灣當時相對保守的美術發展相當不滿。而以集體的方式推動引進西方現代繪畫的思潮，對臺灣本土畫壇造成衝擊的是民國四十六年 (1957) 成立的「五月」及「東方」兩個新銳畫家團體。

　　新舊兩個不同畫風的對立，從展覽會場擴延到大眾傳播媒體。由

於新生代畫家對於語言、文字及媒體掌握的優勢,使得以抽象畫為主的現代繪畫色彩透過座談、演講、文章的鼓吹與創作,動搖了原本臺灣畫壇主流派的基礎。進入 1960 年代以後,抽象畫為主的美術發展潮流,已席捲臺灣畫壇。在 1960 年代他們也面對一定程度的挑戰,其中最重要的考量便是現代派的畫風與作品曾被批評潛伏共產主義的意識,對當權者而言,有與左派掛勾的危險,因而也面臨到當時反共氣氛下政治性猜疑的危機。然而由於當時現代派畫家許多是軍旅出身、烈士遺族、社會名流,甚至是當朝權貴的後代,因此降低了政治性的高度敏感,也使對他們的猜疑急速下降。其次他們以西方現代的藝術理論,與不同主張者辯論,也為現代派的畫家打下了歷久的基礎。最後現代派的畫家,不僅引進西方現代的抽象理論,而且也進一步希望能夠取得中國原有山水國畫正統繼承的角色,宣稱他們呈現了中國山水畫的新傳統,也使得他們在當時特殊的時空環境下有較好的活動空間。

鄉土運動下的衝擊

以抽象主義為主的現代派畫家,其基本理論既然是承襲著西方,因而隨著西方畫壇主流的不斷演變,他們也必然面對來自西方不同畫派理論的挑戰,但是更為重要的是,隨著鄉土文學的興盛,飽受西潮洗禮的畫壇自然也難以避免鄉土運動的衝擊。

在這一波潮流之下,以畫家存立的時空作為繪畫的主題,不僅在某種程度上化解原有抽象畫理論過度發展,所導致的與土地和人民的疏離,更重要的是在整個鄉土運動的潮流之下,不少大眾傳播媒體和知識分子,也為這一個新的潮流提供了助力。

1970 年代中葉, 以民國六十五年 (1976) 洪通畫展及朱銘雕塑的

登場，配合媒體的報導與宣傳，使臺灣的美術領域再一次受到強大的衝擊。類似洪通的素人畫家，固然無法成為推動時代的主流，不過這種對現代抽象主義的衝擊，卻使得原本在 1950 年代中葉以後，逐漸脫離畫壇中心，成為美術邊陲的本土老一輩畫家及其畫作，再一次受到普遍的重視。以後，隨著政治與道德的限制漸次鬆綁，新的資訊及衝擊較過去更容易進入臺灣，一些與傳統價值大異其趣的表現方式及內涵，如人體素描、裝置藝術、普普藝術等也正式進入美術館的殿堂，臺灣的畫壇隨之更趨多樣而複雜。

戰後初期臺灣音樂的發展

如同美術一般，臺灣近代音樂基本上也是在日本殖民體制之下，透過殖民體制的教育系統，以及近代大眾傳播工具而展開。但是在面對日本軍國主義昂揚、皇民化運動大力展開之餘，具有反映臺灣人民心聲以及臺灣語言的歌曲，便成為打壓的對象，甚至在動員的考量下，原曲填上與本意不相關的歌詞，成為日本統治者御用的宣傳工具。

日本戰敗以後，原本被禁唱的臺灣歌謠終於得到重唱的機會，但是，在國民政府接收初期，以消滅日本軍國主義文化遺毒為名，曾經取締日本的唱片，其中不少便是臺語流行歌曲。雖然如此，在 1940、1950 年代，不少臺語歌曲仍因為能反映社會的現象受到相當大的歡迎，如民國三十六年 (1947) 楊三郎的《望你早歸》，寫出了大戰末期以來臺灣人期待親人返臺，甚至臺籍日本兵個人的經歷。民國三十七年 (1948) 李臨秋的《補破網》、民國三十八年 (1949) 張邱東松的《燒肉粽》都反映了當時的時局。特別是三十八年呂泉生的《杯底不可飼金魚》更被認為反映了當時臺灣不同省籍糾紛下期待化解的心聲。

1950 年代臺灣音樂的發展

民國三十八年 (1949) 中央政府遷臺之後，國語流行歌曲也慢慢的自香港傳入臺灣，並且在政府政策及媒體的支持下，逐漸成為臺灣流行歌曲重要的部分。

1960 年代是國語歌壇盛行，而臺語歌壇相對沒落的時代。由於政策對推動國語的支持，政府本來就有種種不利臺灣本土語言文化傳播的措施，特別是民國五十一年 (1962) 臺視開播以後，透過電視的強勢傳播，國語流行歌曲已經成為流行歌曲市場的主流，特別是在廣播電視媒體限播臺語歌曲之後，臺語流行歌曲的市場受到更嚴重的打擊，而有萎縮的現象。

面對不良的存活空間，在 1960 年代以後，臺語歌曲取得市場資源支持的可能性更低。以東洋歌曲填詞的臺語歌甚至成為主流，只有少數如《舊情綿綿》、《淡水暮色》、《思慕的人》等是臺灣本土創作的流行音樂。

西洋歌曲的衝擊

如同文學、美術受到西方文化的衝擊一樣，戰後臺灣的音樂發展也受到西潮的強烈衝擊，特別是相對的較少受到政治箝制的西方熱門音樂，更是臺灣青年休閒文化重要的一頁。

正如 1970 年代鄉土運動對文學及美術的衝擊一樣，「唱自己的歌」 的呼聲在 1970 年代也造成了校園文化的改變，校園民歌興盛一時。雖然創作者大部分是臺灣制式教育下成長的一代，因此許多校園

民歌在當時被視為清流，更可以替代政府所欲掃除的灰色歌曲的地位。但是由於民歌的蓬勃發展，造就了不少具有創作力的歌手，對於臺灣流行歌曲的發展注入了新的生命力。

　　就在校園民歌蓬勃發展之時，這種「唱自己的歌」的呼聲自然也反映到臺灣傳統民謠與創作，除了簡上仁透過金韻獎民歌系列相繼發表新的鄉土風歌曲之外，民國六十六年 (1977) 電腦音樂家林二重新為李臨秋的舊作譜曲，也是臺語歌壇重新復甦的重要象徵。

1980 年代以後的音樂發展

　　隨著 1980 年代臺灣政治社會逐漸有開放的趨勢，特別是正式的解嚴更是重要的里程碑。無論是臺語、國語流行歌曲，都呈現出更多元的面貌。不僅歌曲創作內容的自由度，已經隨著政治的開放有了前所未有的空間，歌曲的本身也有不同面向的發展。除了原本流行歌曲以商業化作為主要考量的路線之外，透過民歌以及受西方流行音樂影響的新流行歌曲型態，也有相當大的市場。

　　基本上隨著政治的開放，走入 1990 年代的臺灣流行音樂，已經進入自由競爭、各家齊鳴的多元時代。

民歌的採集

　　除了流行音樂之外，戰後流行音樂的發展中，一方面作為文化傳承及研究，一方面也為流行歌曲注入更豐富的生命力，便是民歌的採集。其中最大規模的當推民國五十六年 (1967) 前後，由許常惠及史惟亮發起的民歌採集運動，他們當時總共採錄了三千首各族群的歌謠，

其內容包括閩南、客家、原住民以及各族群互動之後所產生的民歌。這些民歌呈現了臺灣音樂文化的多元性，也保留了先民們的藝術傳承，因此不僅許多流行歌曲採取民歌重新賦與生命，甚至也受到國際樂壇的普遍注意，特別是原住民的民歌，也被收錄在民國八十五年 (1996) 亞特蘭大奧運主題曲當中。

臺灣主體性發展與國際漢學、華語文教學

　　長期以來在教育或是文化場域上，臺灣基本上是以大中華架構作為主流。雖然本土派政治菁英針對臺灣教育文化主體性持續發聲，特別是文化界對此也相當強調，不過成效終究有限。民國七十八年 (1989) 地方選舉之後，民進黨取得了六席的縣市長，而在憲法規定地方政府擁有部分教育權限的狀況下，雖然沒有法律的依據，但根據地方自治的精神，次年，臺北、宜蘭、彰化陸續推動了本土語言、本土歷史文化的教學，進而衝擊國民黨及中央政府原有的教育文化政策，開啟了臺灣本土化、教育文化改革的契機。八十五學年度起國小實施「鄉土教材」，而國中「認識臺灣」課程，在八十七學年度正式使用。其中《認識臺灣》在國中的展開，是臺灣歷史、地理、社會第一次在體制內作為獨立單冊的科目存在。「認識臺灣」課程在九年一貫之後告一段落，臺灣歷史則從民國九十五年 (2006) 起成為高中歷史第一冊。

　　另一方面，雖然 1990 年代初期立法院要求設立臺灣史研究所的決議沒有透過教育體系付諸實行，不過，真理大學則在民國八十六年 (1997) 設立第一個臺灣文學系。民國八十九年 (2000) 政黨輪替後，包括臺灣歷史、臺灣文學、臺灣文化、臺灣語言的系所在各大學陸續成立，而客家更以「客家學院」的方式，在國立大學為主的教育體系開

展。這對臺灣主體性文化的發展而言，是相當重要的一頁。而教育部、文化部在國外推動臺灣研究，也提升臺灣歷史文化在國際的能見度。

　　另一方面，由於自由化、民主化的改革，伴隨著學術自由發展的環境，使得作為臺灣文化重要一支的來自中國大陸的漢人或華人文化，在臺灣得到較好的保存與研究的契機，因而國際漢學以及華語教學也在臺灣陸續展開。特別是在中華人民共和國政治意涵主導的孔子學院在歐美民主國家陸續遭到批判之後，臺灣漢學研究和華語文教學往國際教育體系發展，成為受到矚目的學術課題。

習　題

1.戰後臺灣文化的發展主要有那些源流？

2.鄉土文學興起的背景為何？又為何會發生論戰？

3.鄉土運動對臺灣的美術發展有何影響？試說明之。

第四節　國際舞臺的演變與官方的立場

美國支持下的「外部正當性」與國際情勢發展

由於中華民國政府於民國三十八年 (1949) 播遷來臺,實際統治的區域基本上以臺、澎、金、馬為主,而中國大陸中國共產黨則成立中華人民共和國,以此為背景,國際上中國代表權之爭已然展開。

本來民國三十八年,中央政府撤離南京之後,以美國為首的西方各國大使館,並未隨之搬遷,而期待與中共政權進行某種程度的協調,但因中共政權當時倒向蘇聯的政策,對西方列強採取不友善之態度,甚至限制各國大使行動的自由,使西方各國與中共政權外交關係無法順利建立,相對的中華民國政府在國際外交舞臺也取得了改善的生機。如前所述,對中華民國政府而言,作為中國唯一合法的代表,是統治臺灣重要的「外部正當性基礎」。除了聯合國代表權之外,能否代表中國簽署條約或國際公約也是重要指標。

民國四十年 (1951) 各國與日本進行舊金山和會之時,中國代表權之爭便正式浮上舞臺,雖然有美國的強烈支持,中華民國政府仍然無法以中國代表的身分參加此一和會,而另行在美國支持下與日本政府簽訂和約,當時國際情勢存在對中華民國政府不利的因素,可見一斑。

雖然如此,韓戰爆發對於中華民國而言,取得了改善國際地位的契機。民國三十九年 (1950) 七月,美國先派藍欽 (Karl L. Rankin) 為駐

華公使代辦，繼而在民國四十二年 (1953) 改任大使，使美國與中華民國的關係歸於正常❺。次年十二月簽訂《中美共同防禦條約》，臺灣正式被納入以美國為首的民主陣營防禦體系中，國際地位更為鞏固。

　　自 1950 年代起，中華人民共和國在其友邦的支持下，要求取代／繼承聯合國中華民國政府的席次（代表權）。而在美國支持下，透過「緩議」研究的方式，在聯合國擱置、封殺支持中華人民共和國的提案，中華民國政府也維持中國代表的地位。不過，美國一方面採取不承認中華人民共和國的外交政策，另一方面也對中華民國「反攻大陸」的政策抱持消極的立場。在圍堵政策下，中華民國政府雖然維持國際舞臺上中國的代表權，但實際上美國政府與中華人民共和國之間則已進行大使級的會談，使臺灣的國際地位在外表安定的狀況下已埋下變動的因子。

　　民國四十七年 (1958) 八月二十三日，人民解放軍大舉砲轟金門，考驗《中美共同防禦條約》下，美國對金馬外島的立場。《中美共同防禦條約》原本明載適用範圍只有臺灣與澎湖，而不包括其他外島。八二三砲戰發生後，蔣中正總統透過與美國駐華大使莊萊德 (Everett F. Drumright) 就加強中華民國三軍部隊力量及協防金馬外島之態度進行協商。最後，美國亦認可金馬地區與臺灣密切關連，對金門防務採取實際的援助。

　　為因應中華人民共和國強烈的攻擊，砲戰發生後，美國國防部旋即發表第七艦隊在臺灣海域進入戰鬥態勢，協助我國軍隊進行補給、演習，並提供武力支援。在美方協助下，國軍可以在火力上與人民解放軍相抗衡，更持續在空戰中取得制空權。砲戰一直持續到次年一月，

---

❺　在國際外交上，大使代表國家元首，公使代表外交部。

人民解放軍實際上無法透過武力占領金門，也放棄占領國軍駐防的中國大陸沿海諸島的計畫。此後，除了小規模的武裝衝突外，大抵上以類似「單打雙不打」的方式，定期進行象徵性的火力交鋒。

　　基本上，美國透過《中美共同防禦條約》等方式，維護在臺灣的中華民國政府免於受到人民解放軍的直接武力威脅，但是，並不支持中華民國政府的「反攻大陸」政策。而在八二三砲戰發生後，美國國務卿杜勒斯 (John F. Dulles) 來臺與蔣中正總統會商，並於十月二十三日發表一份聯合公報，其中對於中華民國政府武力「反攻大陸」問題做了相當重要的宣示：「中華民國政府認為恢復大陸人民之自由乃其神聖使命，並相信達成此一使命之基礎，建立在中國人民之人心，而達成此一使命之主要途徑，則為實行孫中山先生之三民主義，而非憑藉武力。」此種「非憑藉武力」之說法出現於官方文件，引起各方關注，也引發對武力反攻大陸政策的可能性的懷疑。

　　民國四十八年 (1959) 十一月一日，美國參議院外交委員會發表著名的〈康隆報告〉，主張承認中華人民共和國，成立臺灣共和國，保留臺灣在聯合國的席位，並自金、馬撤軍，此一主張無異對中華民國政府在國際舞臺上所面臨的危機發出警訊。

　　次年，美國總統大選，透露了外交政策轉變的可能。甘迺迪 (John F. Kennedy) 的競選的重要幕僚鮑爾斯（Chester Bowles，後來出任美國副國務卿） 在 1960 年四月出版的 *Foreign Affairs* 發表 "The China Problem Reconsidered" 一文，表示「北京政府雖仍困難重重，然已穩定握有中國大陸」，以及「住在臺灣八百萬臺灣人與二百萬大陸人應有權利要求安全，獨立存在，和發展文化，翹然於共產勢力圈之外」的前提下，主張以 「獨立的中臺國 (An Independent Sino-Formosan Nation)」，受到矚目，《自由中國》也翻譯發表。

國際危機的漸次展開

甘迺迪就任總統後，針對中國政策的調整問題，和中華民國政府的外交折衝，曾經引起摩擦。民國五十年 (1961)，（外）蒙古申請加入聯合國，由於與茅利塔尼亞申請連動，也衝擊到中華民國政府宣示包括外蒙古在內的「一個中國」政策。蔣中正總統原本不接受葉公超等人的勸阻，決意在聯合國安理會行使否決權。如此一來，茅利塔尼亞的申請案也會受阻，影響非洲國家對中華民國政府在聯合國代表權的支持。後來，蔣中正總統透過蔣經國與美國中情局克萊恩協商，最後決定在安理會表決蒙古加入聯合國時，不出席行使否決權。另一方面，則取得甘迺迪總統承諾，蔣中正總統發電報向人在紐約的外交部長沈昌煥說明：我方最大目的在於「打破兩個中國陰影，確保聯合國席位，加強我政府為代表中國之惟一合法政府之地位」，而美國既已表現出改變「兩個中國」政策的決心與行動，則與「國家基本目的與保持中美國交關係」相較之下，「否決外蒙事小，只可作為手段」。

另一方面，為了維持我國在聯合國的外交空間，爭取美國的支持，駐美大使葉公超一直建議中央不可在蒙古加入聯合國案行使否決權。然而葉公超在未知悉中央政府與美方協商結果的狀況下，承擔了未否決蒙古加入聯合國的政治責任，被召回臺灣免去駐美大使之職務。

而由於國際情勢的改變，美國也改變在聯合國支持中華民國代表權的作法，不再採取「緩議」的方式，而在聯合國大會提案主張中國代表權問題是「重大問題」，必須要三分之二以上會員國支持，才能改變。

雖然如此，中華民國政府在國際外交舞臺仍持續受到挫折，其中失去法國的邦交，是 1960 年代中期的重大挫敗。民國五十三年

(1964) 一月二十七日，由於戴高樂總統 (Charles de Gaulle) 主政的法國政府宣布與中華人民共和國政府建交，並表示願意與中華民國政府維持邦交。中華民國外交部一方面，再次重申向法國政府提出嚴重抗議，並堅拒「兩個中國」的立場，另一方面則接受美國的建議，採取不主動斷交的方式。不過，法國政府在中華民國政府未主動提出斷交之後，轉而主動通知我國外交部，「俟北京外交代表抵達巴黎，法國政府將視彼等為中國之代表，故而中華民國之外交代表將失去其存在之理由。」且確認此舉為「法國政府擬與中華民國斷絕外交關係之意圖及準備，通知中華民國政府」後，中華民國政府遂進行斷交、撤館的行動。

不過，冷戰架構下的圍堵政策仍是美國外交的主流，因此雖然官方提出部分改變美國與中華民國關係的看法，但是情勢上中華民國在國際舞臺的地位，在美國的支持下仍然未曾發生改變，直到民國六十年 (1971) 尼克森 (Richard Nixon) 宣布訪問中國大陸才使得原有的架構面臨崩解。

美國尼克森總統不僅宣布訪問中國大陸，而且在中華民國的聯合國席位連年遭到中華人民共和國挑戰之時，提出新的方案：一方面讓中華民國可以在聯合國保有會員國的地位，一方面則由中華人民共和國取得聯合國常任理事國的席次。不過美國立場的鬆動卻使其政策難以貫徹，此外，蔣中正總統仍然希望保有安理會的席次，且指示外交使節只能消極表示理解他們支持美國的提案，卻不願積極爭取支持，讓步得太晚，且讓步得太少，情勢更不可為。民國六十年 (1971)，雖然我國代表團宣布退出聯合國，但是，此舉並未被聯合國接受，聯合國大會通過阿爾巴尼亞的提案（第二七五八號決議案），由中華人民共和國繼承／取代中華民國在聯合國的所有地位及權利。

由於失去聯合國的席次，中華民國在國際舞臺遭遇的困境隨之而

來，各主要國家紛紛承認中華人民共和國，並與其建交，僅有美國當時仍採取較為堅定支持的立場，但是美國既然決定承認中華人民共和國有權取得聯合國常任理事國的地位，則美國與中華人民共和國官方關係的改變也已浮上檯面。

當時美國多少基於與中華人民共和國採取友善的政策，希望拉攏其與美國的外交關係，甚至與蘇聯對抗，因而美國政府自尼克森以下即積極尋求與中華人民共和國建交，建立正常化關係。而在官方關係的變動上，美國先在北京成立官方代表處，使美國政府與中華民國及中華人民共和國皆維持官方的關係。進而民國六十七年 (1978) 十二月十五日，卡特總統宣布次年一月一日與中華人民共和國建交。而在美國國會立法下，美國政府以《臺灣關係法》規範與臺灣基本往來的架構。失去了美國的支持，中華民國在國際舞臺上的生存空間更受到打壓，相繼退出國際貨幣基金會 (IMF) 及世界銀行。

美國的《臺灣關係法》與三個公報外交架構

如前所述，美國對中國及臺灣的外交政策，在 1970 年代出現重大轉折。而美國與中華人民共和國間簽署的三個公報，包括民國六十一年 (1972) 的《上海公報》、六十八年 (1979) 的《建交公報》和七十一年 (1982) 的《八一七公報》。在《上海公報》中，中華人民共和國政府表示：堅決反對任何旨在製造「一中一臺」、「一個中國、兩個政府」、「兩個中國」、「臺灣獨立」和鼓吹「臺灣地位未定論」的活動。換言之，縱使主張「一個中國」而認同中華民國政府是合法政府，也是其反對的對象。相對的，美國則表示：認識到 (acknowledge) 海峽兩岸所有的中國人都堅持一個中國，臺灣是中國的一部分，並強調臺灣

問題必須和平解決。《建交公報》則在六十八年一月一日生效，美國承
認「中華人民共和國政府是中國的唯一合法政府」，對於中華人民共和
國主張「只有一個中國，臺灣是中國的一部分」，美方則在英文版延續
使用 acknowledge（中文版則和之前不同，使用「承認」）。

　　由於《臺灣關係法》規定美國政府必須「提供防禦性武器給臺灣
人民」，又表明「維持美國的能力，以抵抗任何訴諸武力、或使用其他
方式高壓手段，而危及臺灣人民安全及社會經濟制度的行動」。因此，
中華人民共和國遂於民國七十一年 (1982) 與雷根 (Ronald Reagan) 政
府洽商有關美國臺灣政策的內容，與簽署了《八一七公報》。美國表
示：向臺灣出售的武器在性能和數量上將不超過中美建交後近幾年供
應的水平；準備逐步減少它對臺灣的武器出售；經過一段時間最終得
到解決。不過，臺灣問題必須和平解決是美國簽署此一公報的重要前
提，在此之前國務院通知 AIT 駐臺處長的李潔明 (James R. Lilley)：美
方逐步減少對臺軍售的意願，取決於中華人民共和國和平解決兩岸分
歧的持續承諾。

　　因此，《八一七公報》簽署時，雷根總統則向臺灣表達「六項保
證」：⑴未同意設定停止軍售臺灣的時間表；⑵未同意就軍售臺灣一
事，事先與中華人民共和國協商；⑶不會在臺中間擔任斡旋的角色；
⑷不會修訂《臺灣關係法》；⑸不會改變美國對於臺灣主權的立場；⑹
不會迫使臺中間進行談判❻。

　　而這也是美國透過三個公報與《臺灣關係法》，處理其「一個中
國」政策的重要內涵。

---

❻　陳文賢等，《臺灣全志·卷七·外交志·外交政策篇》，頁 43。

重返國際舞臺的努力

　　美國不再承認中華民國政府後，中共政權企圖使我方淪為其地方政府，大力打壓，臺灣不僅難以參加重要的國際組織，邦交國數目也不易增加。蔣經國時代推動「彈性外交」，大抵上仍抱持「一個中國」的政策，外交困局突破有限。

　　民國七十七年 (1988)，李登輝總統為突破外交上的孤立，確保我國的國際人格，改採「務實外交」的策略，放棄「漢賊不兩立」的思考。當年先由張繼正率團參加接納中華人民共和國的亞銀年會，次年再派郭婉容率團參加在北京舉行的亞銀年會，並在演說中抗議亞銀將我國改名「中國臺北」。

　　此後，以臺灣的經濟實力，更積極參與國際社會，主要包括：成為「亞太經合會」(APEC) 與「世界貿易組織」的會員，我國總統代表及經濟部長有機會在國際舞臺上與各國領袖會商。其次則是積極進行建立正式外交關係的努力，確保邦交國。同時總統、副總統、行政院長等政府高層首長多次出訪邦交國，提升我國與其他國家的實質關係。雖然目前我國受困於國際情勢，外交困境一時不易突破，但我國仍積極尋求參與國際社會的機會。

　　至於如何參加最重要的國際組織聯合國，也是受大矚目的課題，臺灣從民國八十二年 (1993) 李登輝總統任內開始推動參與聯合國案，持續爭取國際社會認同並支持我國參與聯合國體系，並透過友邦在聯合國安理會及大會發言支持。陳水扁接任總統後，除繼續推動此一政策外，民國九十六年 (2007) 第一次以臺灣名義申請加入聯合國，委由友邦駐聯合國代為遞交，但聯合國祕書長潘基文「拒絕受理」，退回信

函，並表示：聯合國遵行「一個中國」政策及二七五八號決議，「臺灣是中華人民共和國的一部分」。其後，美國、日本、加拿大、澳洲、紐西蘭駐聯合國代表團陸續向聯合國祕書處表示異議和關切，潘基文在回覆美國大使時表示，以後用詞將更為審慎，並不再使用「臺灣是中國一部分」的說法❼。次年，臺灣政黨再輪替，馬英九總統採取外交休兵政策，不再積極推動此一政策。

　　而在國人赴外國參訪方面，民國九十四年 (2005) 由取得日本政府同意國人前往「免簽證」開始，陸續有許多國家採取相類的措施，國人能夠免辦簽證入境歐、美等超過一百個國家。

臺海兩岸關係的演變

　　由於中華民國在國際舞臺的生存空間受到空前的打擊，相對的中華人民共和國則取得了在國際舞臺上有利的地位，因而不再將武裝統一列為其對臺的主要政策，改而以和平統戰的方式，希望完成由其主導下的所謂中國統一，臺灣海峽兩岸關係的互動也進入新的紀元。

　　雖然如此，自從民國三十八年 (1949)「中華人民共和國」在北京成立以後，中共政權便以中國唯一合法的政權自居。其對臺海兩岸的基本立場一貫是以「統一臺灣」為目的，不同的只是強調「武力」或是「和平」的手段而已。因此，如何使中華民國政府的國際空間進一步受到打壓，甚至使中華民國政府在國際舞臺上淪為其一部分的地方政府，始終是中共政權外交戰的終極目的。而無論是強調武力或是和平的手段，它基本上也不排斥和平或武力手段的宣傳。

---

❼　http://www.taiwanncf.org.tw/media/nforum/20111023.htm，2016/9/5 瀏覽。

在此情形下，中共政權無論其主張如何改變，姿態強硬或是溫和，將中華民國政府視同其治下的地方政府，則是其基本立場。在此一原則不變下，它的立場表面上似乎很具彈性。

一國兩制及三通

民國六十八年 (1979) 一月，是中共政權十幾年來對臺政策基調形成的關鍵時刻。首先，中共政權的全國人大常委會發表所謂的〈告臺灣同胞書〉，倡議兩岸之間的三通（通商、通航、通郵）四流（經濟交流、文化交流、科技交流、體育交流）。同年十月，鄧小平表示承認臺灣是地方政府，並認為臺灣社會制度、軍隊都可以保留，也可以擁有廣泛的自治權，成為「中華人民共和國」下的特區。到了民國七十年 (1981)，中共政權的人大常委會委員長葉劍英，提出所謂的「葉九條」。其中除了更具體描述前述的主張外，並要求國、共兩黨進行黨對黨的談判，進行所謂的第三次國共合作。

民國七十三年 (1984)，鄧小平更明白提出「一國兩制」的主張。此一主張是透過中共政權與英國政府談判香港前途問題的過程中逐漸形成的，對中共政權而言，它不獨適用於香港，更希望適用於臺灣。而無論是三通四流或是一國兩制，其基本架構皆是以「中華人民共和國」作為「中國唯一政權代表」，而企圖將臺灣「香港化」。為達此一目的，中共政權除了宣示三通四流或一國兩制的訴求外，更積極打壓我國在國際上的地位，壓縮臺灣參與國際舞臺的空間。基本上此二種似乎不一致的行動，卻都是為了達成中共政權併吞臺灣的企圖之重要手段。

三不政策

　　面對中共的和談主張與實質的打壓，我國政府起初是以三不政策回應，反對官方的接觸與談判，並拒絕與中共政權妥協。就此而言，三不政策實際上有兩種不同的意義存在。首先在「動員戡亂時期」，中華民國政府將中共政權視為叛亂團體，因此拒絕承認中共政權的法律地位，甚至不承認其是一「政治實體」，而有此一回應。後來，縱使「動員戡亂時期」結束，由於中共政權的基本架構是以其為中央政府，而視我方為地方政府，因此，三不政策是對抗中共政權矮化我國政府的一種政策。加上國人的共識尚未形成，因此三不政策便沿襲下來。

　　其後，由於解嚴以後國內外情勢丕變，中共政權又採取種種優惠措施利誘臺商，期收「以民逼官」之效。而我國政府在「動員戡亂時期」終止後，對於中共政權的定位已然改變，因此三不政策的原則固然不變，其運用則更為彈性。目前，在國際場合只要國家的尊嚴得到一定的尊重，如亞太經合會或亞銀，我國官方並不排斥與中共官員或代表平等接觸。相對的，中共政權對此十分排斥，必欲將我方置於其地方政府的地位而後快。

開放探親

　　由於雙方武裝對抗的形勢，已有一定程度的緩和，而跟隨中華民國政府來臺的軍民，年紀又已逐漸老大，對於故鄉親友的狀況亦十分關心，在民主化的過程中，老兵返鄉探親成為一個人道訴求。因此，在民國七十六年 (1987) 開放臺灣住民前往中國大陸探親。以後，探親

的條件逐漸放寬，曾進入中國大陸的臺灣住民人數大增，臺海兩岸的
交流進入了新的階段。

　　而隨著臺灣住民進入中國大陸探親，如何處理中國大陸人民在中
華民國政府有效統治區域的權利、義務，乃至於如何規範臺海兩岸之
間的交流形式、範圍，以及彼此之間的定位問題，日益成為中華民國
政府的重要工作。

六四天安門事件的衝擊

　　中國大陸在鄧小平推動經濟改革以後，政治與經濟路線歧異、矛
盾逐漸出現，經濟改革造成城鄉差距、貧富差距日益明顯。而在嚴重
的通貨膨脹及民主的要求浮出檯面的時代背景下，民國七十八年
(1989) 北京發生了六四天安門事件。雖然此次鎮壓的行動，並沒有比
過去軍事的鎮壓嚴重，卻因為西方媒體記者得以在現場報導，透過大
眾傳播，震撼了民主世界。

　　由於對中共政權的血腥鎮壓不滿，西方民主國家紛紛對中共採取
軍事、政治、經濟各個層面的制裁或抵制行動，而臺灣也舉行一連串
的聲援行動。但是，就在西方先進國家與中國大陸的關係處於低潮之
時，雖然在動員戡亂體制之下，臺灣與中國大陸的間接貿易，以及臺
商赴中國大陸的投資行動，卻相反的乘此機會熱烈的展開。配合中共政
權的特別獎勵措施，臺灣與中國大陸的經貿關係，名義上固然是間接，
而且有時必須付出許多額外的成本，臺商的中國大陸熱仍逐漸加溫。

臺海兩岸關係規範的追求

　　面對臺海兩岸交流可能引發的問題，以及日趨熱絡的經貿關係，中華民國政府便努力建立一套兩岸關係的新規範，甚至為了避免大陸熱過熱，影響臺灣的產業升級，以及造成新的利益遊說團體等問題，進行政策面的思考與調整。

　　如前所述，民國八十年 (1991)「動員戡亂時期」結束後，臺海兩岸的關係，對中華民國政府而言，已經進入一個嶄新的時代。因此，為了在此一新的情勢下，規範臺海兩岸的關係，李登輝總統先在總統府內成立「國家統一委員會」，並且制定〈國家統一綱領〉。以臺海兩岸政治互動的情形，設計臺海兩岸交流的範圍與速度。希望能以維護臺灣地區的安全，以及臺灣住民的權益為前提，來處理兩岸關係的開展。最後並期望在民主、自由、均富制度下，以和平的方式來解決統一問題。

　　另一方面，配合「動員戡亂時期」的終止，主張臺灣海峽兩岸現階段是處於分裂、分治的狀態，認為中華民國政府與「中華人民共和國政府」是兩個對等的政治實體，「中華人民共和國」的主權則從未及於臺灣。而在臺灣的中華民國政府，有權利在國際上開創主權國家所應有的空間。

　　除此之外，在法律層面則以《憲法增修條文》作為依據，制定了《兩岸人民關係條例》，限制中國大陸人民在中華民國統治區域內的相關權利、義務事項。另一方面，也規範了臺灣住民在兩岸交流相關的法律保障及限制事項。

「江八點」與「李六條」

民國八十四年 (1995) 一月三十日，江澤民發表了所謂的 「江八點」，提出其處理臺灣與中國大陸問題的基本架構。強調在和平統一、一國兩制基本方針指引下，所建構的和平統一條件，一方面強調在一個中國的前提下，什麼問題都可以談。並且強調努力實現和平統一，提出所謂的中國人不打中國人。不過這些都是在一國兩制下所提出的主張，而江澤民也依然表示絕對不能承諾放棄武力。同年四月八日，李登輝總統在第三屆國統會第一次委員會召開之時，提出了著名的「李六條」，作為回應，相對於「江八點」以一個中國作為前提，企圖形成臺灣與中國之間的問題乃是中國內政問題的印象，李登輝總統則以原有的〈國統綱領〉作為架構，雖然一方面表示，未來仍然追求所謂的中國統一，不過他更強調必須以臺灣與中國大陸現實上屬於兩個互不隸屬的政治實體的事實作為前提，才有可能討論臺灣國家統一的可能方式，也在先承認互不隸屬的前提下，才有所謂一個中國意涵形成的可能。

臺灣追求國際空間、主權在民及中共政權的反應

在李登輝總統主政時期，中華民國政府以〈國家統一綱領〉，分階段定位兩岸關係與互動的程度。並且強調循序漸進的策略，以求得盡力維持臺灣安全與國家尊嚴的前提下，來推動兩岸關係。另一方面，也積極整備武力，力求在國際舞臺打開空間，以防制中共政權的併吞

策略。

　　民國八十四年 (1995)，透過國會外交的努力，李登輝總統得以私人的身分在六月赴美國訪問，並在母校康乃爾大學發表「民之所欲，長在我心」的演講。這是李登輝總統「元首出訪」外交的一大突破，也引起中共政權的強烈不滿，自七月起在中國東海及臺灣附近海域進行一連串武裝演習。而在次年三月臺灣即將舉行首次總統直接選舉之際，中共政權則展開一連串「文攻武嚇」，希望影響臺灣大選及總統當選人的未來政策。由於演習區域影響既有航路的飛航安全，迫使臺灣暫時關閉鄰近演習區域的航路。而美國則派遣兩個航空母艦戰鬥群到臺灣近海，以維持臺海情勢的穩定。

　　根據當時總統府國安會核心幕僚目前提供的資訊，可以了解此時中共政權高層與南京軍區和臺灣總統府高層曾經溝通演習的資訊，因此，李登輝總統提出「空包彈」及根據國安單位研擬應對的「十八套」對策，以安定民心。

經營大臺灣建設新中原理念的提出

　　國會全面改選及推動總統直選，民主化改革 「還權於民」 的結果，中華民國在臺灣的統治正當性基礎完全與中國大陸無關，主要建立在臺澎金馬的民意基礎之上。換言之，民主化與中華民國原本代表中國或是國家認同的 「國體」 是相剋的 。 不過 ， 在民國八十四年 (1995)、 八十五年 (1996) 臺灣內部仍有超過一半以上的公民認同自己是臺灣人也是中國人或只有中國人認同，而外部中華人民共和國也持續施壓。李登輝總統也透過公開的言論，爭取其改革在漢文化圈或是華人文化圈的支持。八十四年一月他先提出「經營大臺灣，建立臺灣

為新中原」，八十五年總統就職演講，再次提出了「經營大臺灣，建立新中原」的說法，在臺灣作為主體下，表示：「臺灣位於大陸文化與海洋文化的匯集點，近數十年來，因時局變化機緣，不但充分保存固有文化傳統，並且廣泛接觸西方民主、科學及現代工商業社會文化。再加上臺灣教育水準與發展程度，遠超越中國其他地區，勢必逐漸發揮文化主導功能，進而擔負起文化『新中原』的重任。」

「兩國論」的提出及後續

民國八十七年 (1998) 六月，美國總統柯林頓 (Bill Clinton) 訪問中國，提出「不支持『兩個中國』或『一中一臺』、不支持臺灣獨立、認為臺灣不應加入任何必須以國家名義才能加入的國際組織。」即所謂的「新三不」，而中華人民共和國更持續以「一個中國」架構試圖迫使李登輝總統讓步。另一方面，李登輝在德國柯爾總理 (Helmut Kohl) 的建議下，試圖尋求徵詢國際法學者針對臺灣地位問題，尋求解決可能。最後，則在國內組成小組進行相關法律問題的研議❽。

民國八十八年 (1999)，李登輝在終止動員戡亂及 《憲法增修條文》的基礎上，正式提出中華民國與中華人民共和國是「國與國關係，至少是特殊國與國關係」的兩國論主張，以求維繫中華民國的存立空間。至此雙方關係再次走向緊張，人民解放軍旋即於中國東南沿海展開大規模軍事演習，並透過中、港媒體發言恫嚇。同年十月一日為中華人民共和國建國五十週年，北京天安門廣場舉行盛大閱兵典禮，展示多項武器裝備，包括短、中、長程各式地對地戰術、戰略飛彈。

---

❽　這在當時新聞媒體即有報導，此係前國安核心幕僚張榮豐教授告知。

　　而為了強化「兩國論」的法效力，李登輝總統曾經希望透過修憲，使「兩國論」入憲。不過，當時美國持保留的態度，加上發生九二一大地震，因此並未推動。

　　為了因應國內外的情勢，並爭取大選的勝利，民進黨在民國八十八年五月通過「臺灣前途決議文」，表示：《臺灣前途決議文》宣稱，臺灣「事實上」已成為一個主權獨立的民主國家，「固然依目前憲法稱為中華民國，但與中華人民共和國互不隸屬，既是歷史事實，也是現實狀態」。並主張，「任何有關獨立現狀的更動」都必須經由臺灣全體住民以公民投票方式決定。而在次年民進黨贏得大選，陳水扁總統在就職演講時提出「四不一沒有」：「只要中共無意對臺動武，本人保證在任期之內，不會宣布獨立，不會更改國號，不會推動兩國論入憲，不會推動改變現狀的統獨議題公投，也沒有廢除〈國統綱領〉與國統會的問題」❾。

政黨輪替後的臺海兩岸關係與「九二共識」的問題

　　民國八十九年 (2000) 三月十八日，臺灣舉行第十屆總統大選，雖然中共政權再度試圖向臺灣選民施壓，民進黨候選人陳水扁當選，大出中共當局意料之外，當天晚間中共中央臺灣工作辦公室（中臺辦）、國務院臺灣事務辦公室（國臺辦）發表聲明，表示：「對臺灣新領導人我們將聽其言觀其行，對他將把兩岸關係引向何方，拭目以待。」此

---

❾　這些主張固然可能呼應美國政府當時的觀點，但也有其發展脈絡。如在大選前，一月陳水扁演講時提出了「陳七項」，其中第二項就包括了前三不。當選後，於四月和美國國會議員視訊時，又提出了不會舉行統獨公投。

後直至民國九十三年 (2004) 三月陳水扁連任第十一屆中華民國總統，雙方官方互動均無進一步之發展。不過，針對臺海兩岸的經貿關係，陳水扁總統變更李登輝總統的「戒急用忍」，採取「積極開放，有效管理」的政策，臺灣與中國的經貿關係更為緊密。為此，引起包括臺灣教授協會及部分傳統民進黨支持者的不滿，要求檢討經貿政策。

　相對的，中共政權對民間則更積極的以「政經合一」的思維，大力對臺灣施壓，從民國八十九年參加陳水扁總統就職典禮唱中華民國國歌的張惠妹遭到抵制，到民國九十三年對支持陳水扁或臺灣主權獨立的「綠色臺商」放話威脅、打壓，乃至雅典奧運連「中華臺北」的廣告都因中共政權施壓而被迫撤下。凡此皆說明臺灣在與中國大陸接觸的過程中，無法維持純粹的民間交流，中共政權不時企圖以政治力介入。而且，在國際舞臺縱使我方已一再退讓，連民間性質的活動，都時而受到中共政權的打壓，無法正常參與。

　民國九十四年 (2005) 中華人民共和國通過《反分裂國家法》，試圖以不惜破壞和平的態勢，阻止國際社會對臺灣的支持，藉此將其與臺灣關係國內問題化，迫使臺灣接受其解決臺灣問題的框架。然而，中華人民共和國以「一個中國」架構將臺灣視為地方政府，與臺灣主流民意的發展方向，差距甚大。次年，陳水扁總統原本傾向以廢除〈國統綱領〉、「國統會」的方式回應，而引起美國政府的關心及國民黨方面的批評❿。最後陳水扁總統決定國家統一委員會「終止運作」(cease to function)，行政院院會亦正式決議〈國統綱領〉「終止適用」(cease to apply)，並藉此表明反對《反分裂國家法》，國內亦出現反對、批評

---

❿　由於〈國統綱領〉也規定對中國大陸的開放限制，因此，主張進一步開放的國民黨執政後，並沒有明文恢復〈國統綱領〉的運作。

《反分裂國家法》的意見。而在國際上，主要支持中華人民共和國立場的是俄羅斯，而美國、日本及國際社會，大多反對《反分裂國家法》以非和平方式解決臺灣問題的主張。受此法的影響，歐盟也決議擱置開放軍售中華人民共和國。

民國八十九年 (2000)，陳水扁就任中華民國總統後，雖然任內曾經提出「一邊一國論」，或是主張正名、制憲的論點，但是整個施政主軸，則仍然站在在臺灣的中華民國政府的立場。換言之，以在臺灣的中華民國政府繼續存立為原則，透過交流、和平競爭等方式，希望能促使中國大陸更加自由化、民主化。就此而言，在臺灣的中華民國積極求生存，並不是只求偏安，反而是提供中國大陸政治往前發展的重要條件與動力來源，對中國大陸人民而言，也是有利的。只是中華人民共和國政府的政策，近年來對政治、社會的控制更為嚴厲。

政黨後續輪替後的臺海兩岸關係演變

民國九十七年 (2008) 第二次政黨輪替後，馬英九就任總統，傾向「一個中國，各自表述」的所謂「九二共識」立場，宣示「外交休兵」，一時之間臺海兩岸關係稍見和緩。然而，中華人民共和國政府仍未放棄打壓臺灣的外交空間。以臺灣參與「世界衛生組織」(WHA) 為例，雖然以觀察員身分參加世界衛生組織，但中共政權卻刻意要求臺灣是在其同意下才得以參加。換言之，中華人民共和國固然願意推動在其主導下，讓臺灣可以以觀察員有限的參加國際舞臺，但是中華人民共和國的「一個中國」則沒有實際討論的空間。在經貿及投資方面，馬英九總統對中國採取更開放的政策。包括開放空運直航、三通，開放觀光客來臺、人民幣兌換，放寬廠商投資中國上限，開放十二吋晶

圓廠赴中國生產，開放中資來臺，放寬中國配偶的配額，簽訂備忘錄 (MOU) 開放銀行赴中投資 ，以及簽訂 ECFA 及 《兩岸服務業貿易協議》等等。其中簽署 ECFA 和《兩岸服務業貿易協議》是否應該送立法院實質審議，已有爭議，而二者對臺灣經濟可能造成的影響，國人認知差異甚大，爭議不斷。其中《兩岸服務業貿易協議》在立法院審議的過程，引發爭議。社運及學生團體強力抗爭，並占領立法院，引發臺灣歷史規模最大、為期最長的太陽花運動。此一運動反對臺灣與中國大陸經貿體系進一步的連結，強調維持臺灣主體性的重要性，不僅擱置了「服貿」的推動，也影響了臺灣對中國經貿政策的後續發展。

　　民國一〇五年 (2016) 蔡英文總統就任後，因應前述情勢的發展，對中華人民共和國政府一再強推的「九二共識」，持保留的態度。中華人民共和國政府則採取政、經結合的方式施壓，除使雙方的對話機制倒退外，在中國大陸人民來臺觀光等政策上，也採取緊縮政策，部分臺灣相關產業也時而呼應其要求，要求我國政府讓步，避免衝擊加大。而政府除推動「新南向」政策外，也針對臺灣包括農產品在內的商品，協助開擴外銷市場。

　　另一方面 ，川普 (D. J. Trump) 總統上臺之後 ，推動貿易保護政策，影響國際經貿的發展。特別是民國一〇七年 (2018) 起，他從原本批評中美的貿易不對等關係，進而展開對中國的經貿制裁，引發了中美貿易戰。這不僅影響了出口到美國產業的供應鏈和相關產業在中國的投資，也左右臺商對外投資的布局。

國際情勢的變化

中華人民共和國經濟、軍事力量崛起，特別是習近平強化其對內部控制，並積極向外擴張的趨勢日漸明顯後，美國在歐巴馬 (Barack Obama) 總統執政後期，加強支持臺灣的政策。川普執政後，除了美國國會外，行政部門的政策對臺灣也較之前友善。民國一〇六年 (2017)，前述雷根總統任內向臺灣提出的六項保證，美國國會正式明文通過成為國會的決議。美國國會繼而通過的《2018 年國防授權法案》，要求強化雙方的軍事交流，研究軍艦互訪、交流的可能。一〇七年 (2018) 美國國會通過《臺灣旅行法》，再由川普總統簽署生效，以促進臺美之間高層官員互訪，影響臺美關係更大。本法是繼《臺灣關係法》之後，要求美國政府提升對臺關係的法律，主要包括：(1)允許美國各級政府官員（包括國安、軍方）前往臺灣，並與臺灣對等部會首長會面。(2)允許臺灣高層官員入境美國，與包括國務院與國防部官員在內的美國官員會面。在某種意義上，這是美國法律提高美國與臺灣互動的官方性質。

此後，一〇九年 (2020) 三月頒布的《臺灣友邦國際保護及加強倡議法》（俗稱《臺北法》），除希望擴大美臺邦交活動範圍，並推動其他國家或國際組織鞏固對臺灣正式及非正式關係。同年年底，美國國會通過《2021 年綜合撥款法》時納入被稱為《2019 年臺灣保證法》的法案條文，支持對臺軍售常態化以協助臺灣提升自我防衛能力，支持臺灣有意義參與國際組織，要求國務卿應針對國務院指導對臺關係包括「對臺交往準則」等文件進行檢視並更新準則。

而中華人民共和國推動對外擴張的「一帶一路」政策引起部分國

家的反彈後，其強化在香港的統治政策，特別是香港自一〇八年 (2019) 三月十五日因為反對《逃犯條例修訂草案》開始的「反送中運動」，則越演越烈，不僅治安人員強力施暴，甚至「一國兩制」的制度瀕臨解體，引起全球注目。相對的，提供了對臺灣較為友善的國際空間。

臺灣人民認同的發展

　　雖然如此，長期以來臺灣內部國家定位爭議的問題，也在臺灣自由化、民主化改革之後，正式成為重要的政治問題。1980 年代，國會全面改選及住民自決成為黨外運動及民進黨成立（民國七十五年）後的政治訴求基調。民國八十一年 (1992) 修改《刑法》一百條，終結了「言論叛亂」的白色恐怖後，既是中國人也是臺灣人認同仍是相對多數的主張。根據當年對二十歲以上住民的調查占了 46.4%，只認為自己是中國人的占了 25.5%，而認為自己只是臺灣人的占了 17.6%❶。由於戰後來自中國大陸新移民約占臺灣住民總人口不到 15% 的比例，換言之，也有為數可觀的戰前臺灣住民及其後代此時只認同自己是中國人，連中國（中華民國）國民位階下的臺灣人認同都不具備。

　　此後隨著臺灣民主的深化，三種不同的認同中，認為自己只是臺灣人的比率呈現持續上升的趨勢，認為自己只是中國人的比率下降趨勢最為明顯，而既是中國人也是臺灣人認同下降趨勢則較為緩慢。大抵上民國八十四年 (1995) 認為自己只是臺灣人的比率超過只是中國人的認同，而從九十年 (2001) 開始拉近與認為自己既是中國人也是臺

---

❶　以下所有調查數據引用自國立政治大學選舉研究中心重要政治態度分布趨勢圖，http://esc.nccu.edu.tw/app/news.php?Sn=166，2015.11.24 瀏覽。

灣人的比率，而在九十七年 (2008) 超越了認為自己既是中國人也是臺
灣人的比率。九十八年，認為自己只是臺灣人的比率超過一半。不過，
九十七年國民黨的馬英九當選總統，政黨再輪替。換言之，認同自己
只是臺灣人並不等同反對「九二共識」。

　　民國一〇三年 (2014) 三月由於對馬英九政權過度向中國傾斜，社
會抱持疑慮的服貿協議審議過程又引發程序爭議，民意反彈爆發了太
陽花運動。可能在這個背景影響下，只是臺灣人認同突破六成，達到
60.6%，既是中國人也是臺灣人認同持續下滑到 32.5%，只認為自己是
中國人的占了 3.5%。同年八月，中國人大常委會通過決議，限縮民國
一〇六年 (2017) 特首普選，九月底到十二月中，香港持續進行了大規
模的「雨傘運動」，要求真普選，而在強勢的鎮壓下失敗。十二月國民
黨在地方選舉大敗，政黨再輪替的氛圍逐漸成為趨勢。一〇五年
(2016) 民進黨蔡英文當選總統，也首次在立法院掌握過半的優勢。不
過，只是臺灣人認同的比率從一〇四年緩步下滑，一〇七年 (2018) 占
臺灣民眾的 54.5%，既是中國人也是臺灣人認同的比率相對緩步回升，
占 38.2%。而年底的地方選舉，民進黨大敗，甚至影響蔡英文總統的
連任看好度。

　　不過，香港自民國一〇八年 (2019) 三月十五日因為反對《逃犯條
例修訂草案》開始的「反送中運動」，則越演越烈，不僅治安人員強力
施暴，甚至「一國兩制」的制度瀕臨解體，引起全球注目，臺灣社會
也深受衝擊。在此氛圍下，蔡英文總統領導的民進黨政府支持度明顯
好轉。一〇九年 (2020) 蔡英文總統在高民意支持下連任。臺灣住民認
為自己只是臺灣人的比率達到空前的 64.3%，既是中國人也是臺灣人
認同則下滑到 29.9%，只認為自己是中國人的只占了 2.7%。這或許是
臺灣住民的認同受到香港局勢變動，乃至受到中華人民共和國對香港

政策的衝擊所致。

　　當然，認為自己只是臺灣人比率的提升，與臺灣國民意識的成長有一定的關係，但是兩者的比率則有相當的落差。這固然是為數可觀的臺灣住民考量中國可能對臺施壓的結果，不過，在國際政治氛圍改變的時代，未來究竟如何發展，有待進一步觀察。

　　基本上，臺灣在自由民主體制之下，人民的意志是決定未來國家發展之合法性的基礎。未來如何透過自由民主機制的運作，以溝通互動形成人民的共識，將是解決爭議的合理方法與途徑。

中共政權要求的不合時宜與問題

　　相對於中華民國一連串有關於中國大陸政策的調整與友善的措施，「中華人民共和國」則以前述的「一國兩制」為基調，並以「中華人民共和國」作為「中國唯一合法政府」的「一個中國」前提，完全抹殺我國政府在國際舞臺上的生存、活動空間，必欲使我國政府淪為地方政府而後甘。

　　縱使臺灣兩千三百萬住民享受其所安排的所謂「一國兩制」式的「高度自治」，而中共政權亦能信守諾言，其體制下臺灣住民的生活方式或基本人權，都比不上既有的一切。更何況在中共政權的構想中，「一國兩制」也只是過渡的安排，最後臺灣終究必須接受社會主義的體制。更不必說，前述近年來中華人民共和國在香港推動的高壓政策，使香港原本的「一國兩制」架構幾乎無法維持，也從根柢破壞了香港原本的法治與自由。就此而言，中共政權的基本要求，根本不符合臺灣住民的利益與意願，中華民國政府及臺灣住民對此並沒有接受的可能。

　　整體而言，我國政府先求國家生存，繼而等待、促使中國大陸和

平演變，是臺灣海峽兩岸人民均蒙其利的務實作法。如果中華人民共和國硬要假借所謂的「民族大義」之名，行併吞臺灣之實，則不僅我國政府與臺灣二千三百萬人民不能接受，對於中國大陸人民而言，也未必有利。

　　特別是臺灣作為華人文化圈的第一個民主國家，在自由化、民主化的指標，都已經與先進民主國家並駕齊驅，甚至有部分的超越。這說明其他華人文化區的國家，透過自由民主思想的引進，與民主憲政體制的建立，也可以發展出合乎普世標準的自由民主制度。就此而言，若是我國政府被矮化、併吞，則中共政權的外在良性刺激，又減少了一項，並不利中國大陸朝向自由民主發展。

習　題

1. 中共政權對臺政策的基本訴求為何？與國統綱領的主張又有何不同？
2. 六四天安門事件後，臺商資本在中國大陸擴張的原因為何？

參考資料

一、書　目

丁庭宇、馬康莊（主編），《臺灣社會變遷的經驗——一個新興的工業社會》，臺北：巨流圖書公司，1986。

二二八民間研究小組（編），《二二八學術研討會論文集(1991)》，臺北：二二八民間研究小組，1992。

中央研究院中國文哲研究所籌備處（編），《中國現代文學國際研討會論文集：民族國家論述——從晚清、五四到日據時代臺灣新文學》，臺北：中央研究院中國文哲研究所籌備處，1995。

中央研究院近代史研究所（編），《清季自強運動研討會論文集》，臺北：中央研究院近代史研究所，1988。

中村孝志，《荷蘭時代臺灣史研究（上卷）》，臺北：稻鄉出版社，1997。

尹章義，《臺灣開發史研究》，臺北：聯經出版事業公司，1989。

文馨瑩，《經濟奇蹟的背後：臺灣美援經驗的政經分析(1951～1965)》，臺北：自立晚報社文化出版部，1990。

王世慶，《清代臺灣社會經濟》，臺北：聯經出版事業公司，1994。

王泰升，《臺灣法律史的建立》，臺北：臺大法學叢書編輯委員會，1997。

王詩琅，《日本殖民體制下的臺灣》，臺北：眾文圖書公司，1980。

史明，《臺灣人四百年史》，臺北：蓬島文化公司，1980。

田弘茂（著），李晴暉、丁連財（譯），《大轉型——中華民國的政治和社會變遷》，臺北：時報文化出版事業公司，1989。

矢內原忠雄，《日本帝國主義下之臺灣》，臺北：吳三連臺灣史料基金會，2004。

伊原吉之助,《臺灣の政治改革年表・覺書 (1943～1987)》,奈良:帝塚山大學,1992。

安倍明義,《臺灣地名研究》,臺北:武陵出版社,1992。

行政院文化建設委員會(編),《臺灣地區美術發展回顧》,臺北:行政院文化建設委員會,1985。

行政院主計處(編),《中華民國統計年鑑》,臺北:行政院主計處,1998。

何華欽,《二二八歷史敘事權的爭奪及其社會效應:歷史的敘事分析》,臺中:私立東海大學社會學研究所碩士論文,1996。

吳文星,《日據時期臺灣社會領導階層之研究》,臺北:正中書局,1992。

吳玲宜,《臺灣前輩音樂家群相》,臺北:大呂出版社,1993。

吳密察,《臺灣近代史研究》,臺北:稻鄉出版社,1989。

吳密察,《臺灣通史》,臺北:時報文化出版事業公司,1997。

呂實強,《丁日昌與自強運動》,臺北:中央研究院近代史研究所,1972。

宋光宇(編),《臺灣經驗(一)──歷史經濟篇》,臺北:東大圖書公司,1993。

李壬癸,《宜蘭縣南島民族與語言》,宜蘭:宜蘭縣政府,1996。

李永熾(監修),薛化元(主編),《臺灣歷史年表:終戰篇(Ⅰ～Ⅲ)》,臺北:國家政策研究中心,1990,1991,1992。

李守孔,《中國近代史》,臺北:三民書局,1990。

李國祁,《中國現代化的區域研究:閩浙臺地區 (1860～1916)》,臺北:中央研究院近代史研究所,1982。

李敏勇,《戰後臺灣文學反思》,臺北:自立晚報社文化出版部,1994。

李欽賢,《臺灣美術歷程》,臺北:自立晚報社文化出版部,1992。

李筱峰,《林茂生・陳炘和他們的時代》,臺北:玉山社,1996。

李筱峰,《島嶼新胎記──從終戰到二二八》,臺北:自立晚報社文化出版部,1993。

李筱峰，《臺灣民主運動四○年》，臺北：自立晚報社文化出版部，1987。

李筱峰，《臺灣戰後初期的民意代表》，臺北：自立晚報社文化出版部，1986。

李筱峰、劉峰松，《臺灣歷史閱覽》，臺北：自立晚報社文化出版部，1994。

沈秀華，《查某人的二二八：政治寡婦的故事》，臺北：玉山社，1997。

周婉窈，《日據時代的臺灣議會設置請願運動》，臺北：自立晚報社文化出版部，1989。

周婉窈，《臺灣歷史圖說》，臺北：中央研究院臺灣史研究所籌備處，1997。

周憲文，《臺灣經濟史》，臺北：開明書店，1980。

林文瑛、王震武，《教育改革的臺灣經驗——國民教育的政策及行政措施分析》，臺北：業強出版社，1996。

林文瑛、王震武，《臺灣教育的管制、規範或扭曲——「鬆綁原則」整合研究》，臺北：行政院教育改革審議委員會，1996。

林玉体，《臺灣教育面貌四○年》，臺北：自立晚報社文化出版部，1991。

林美容，《臺灣人的社會與信仰》，臺北：自立晚報社文化出版部，1993。

林書揚，《二‧二八到五○年代白色恐怖》，臺北：時報文化出版事業公司，1992。

林偉盛，《羅漢腳——清代臺灣社會與分類械鬥》，臺北：自立晚報社文化出版部，1993。

林惺嶽，《臺灣美術風雲四○年》，臺北：自立晚報社文化出版部，1987。

林瑞明，《臺灣文學的本土觀察》，臺北：允晨文化事業出版社，1996。

林瑞明，《臺灣文學的歷史考察》，臺北：允晨文化事業出版社，1996。

林瑞明，《戰後臺灣文學的再編成》，臺北：吳三連基金會，1996。

林滿紅，《茶、糖、樟腦業與臺灣之社會經濟變遷 (1860～1895)》，臺北：聯經出版事業公司，1997。

林鐘雄，《臺灣經濟發展四○年》，臺北：自立晚報社文化出版部，1987。

思痛子，《臺海思慟錄》，臺北：臺灣銀行經濟研究室，1957～1961。

洪棄生，《瀛海偕亡記》，臺北：臺灣銀行經濟研究室，1957～1961。

胡春惠、林能士、廖風德（編著），《中國現代史》，臺北：中華電視公司教學部，1994。

茅家琦（主編），《臺灣三十年》，鄭州：河南人民出版社，1988。

若林正丈、劉進慶、松永正義（編），《臺灣百科》，臺北：克寧出版社，1995。

若林正丈（著），洪金珠、許佩賢（譯），《臺灣——分裂國家與民主化》，臺北：月旦出版社，1994。

若林正丈（著），洪郁如等（譯），《戰後台灣政治史：中華民國台灣化的歷程》，臺北：台灣大學出版中心，2014。

孫邦正，《六十年來的中國教育》，臺北：正中書局，1971。

孫得雄（編著），《人口教育》，臺北：三民書局，1985。

徐正光、蕭新煌（編），《臺灣的國家與社會》，臺北：巨流圖書公司，1995。

徐南號，《臺灣教育史》，臺北：師大書苑，1993。

翁佳音，《臺灣漢人武裝抗日史研究(1895～1902)》，臺北：臺灣大學出版委員會，1986。

翁佳音、薛化元等，《萬里鄉志》，臺北：萬里鄉公所，1997。

馬之驌，《雷震與蔣介石》，臺北：自立晚報社文化出版部，1992。

馬若孟（著），陳其南、陳秋坤（編譯），《臺灣農村社會經濟發展》，臺北：牧童出版社，1972。

涂照彥（著），李明俊（譯），《日本帝國主義下的臺灣》，臺北：人間出版社，1993。

尉天驄，《民族與鄉土》，臺北：遠景出版社，1981。

張忠棟，《胡適・雷震・殷海光》，臺北：自立晚報社文化出版部，1990。

張炎憲、李筱峰、戴寶村，《臺灣史論文精選（上、下）》，臺北：玉山社，
　　1996。

張炎憲、陳美蓉、楊雅慧（編），《二二八事件研究論文集》，臺北：吳三連
　　臺灣史料基金會，1998。

張炎憲、陳美蓉、黎中光（編），《臺灣近百年史論文集》，臺北：吳三連臺
　　灣史料基金會，1996。

張茂桂等，《族群關係與國家認同》，臺北：業強出版社，1993。

張清溪、許嘉棟、劉鶯釧、吳聰敏，《經濟學——理論與實際》，臺北：翰
　　蘆圖書出版公司總經銷，1995。

張勝彥，《清代臺灣廳縣制度之研究》，臺北：華世出版社，1993。

張勝彥等著，《臺灣開發史》，臺北：空中大學，1996。

教育部（編），《教育法令》，臺北：正中書局，1967。

曹永和，《臺灣早期歷史研究》，臺北：聯經出版事業公司，1979。

盛竹如，《螢光幕前》，臺北：新新聞，1995。

許雪姬，《日據時期臺灣社會之研究》，國科會編號：NSC81-0301-H001-
　　006，臺北：行政院國科會科資中心，1993。

許雪姬，《北京的辮子：清代臺灣的官僚體系》，臺北：自立晚報社文化出
　　版部，1993。

許雪姬，《清代臺灣的綠營》，臺北：中央研究院近代史研究所，1987。

許雪姬，《滿大人的最後二十年》，臺北：自立晚報社文化出版部，1993。

許雪姬，《龍井林家的歷史》，臺北：中央研究院近代史研究所，1990。

許嘉猷，《社會階層化與社會流動》，臺北：三民書局，1986。

許福明，《中國國民黨的改造 (1950～1952)》，臺北：正中書局，1986。

連溫卿（著），張炎憲、翁佳音（編校），《臺灣政治運動史》，臺北：稻鄉
　　出版社，1998。

連橫，《臺灣通史》，臺北：文海出版社，1980。

郭廷以,《中華民國史事日誌》,臺北:中央研究院近代史研究所,1985。

郭廷以,《臺灣史事概說》,臺北:正中書局,1954。

郭廷以,《近代中國史綱》,香港:中文大學,1980。

陳其南,《臺灣的傳統中國社會》,臺北:允晨文化事業出版社,1987。

陳芳明(主編),《二二八事件學術論文集》,臺北:前衛出版社,1988。

陳芳明,《殖民地臺灣:左翼政治運動史論》,臺北:麥田出版社,1998。

陳芳明,《蔣渭川和他的時代》,臺北:前衛出版社,1996。

陳俐甫,《日治時期臺灣政治運動之研究》,臺北:稻鄉出版社,1996。

陳秋坤,《清代臺灣土著地權:官僚、漢佃與岸裡社人的土地變遷
　　(1700～1895)》,臺北:中央研究院近代史研究所,1994。

陳郁秀,《臺灣音樂閱覽》,臺北:玉山社,1997。

陳紹馨,《臺灣的人口變遷與社會變遷》,臺北:聯經出版事業公司,1979。

彭明敏、黃昭堂(著),蔡秋雄(譯),《臺灣在國際法上的地位》,臺北:
　　玉山社,1995。

彭瑞金,《臺灣新文學四十年》,臺北:自立晚報社文化出版部,1997。

彭瑞金,《臺灣新文學運動四十年》,臺北:自立晚報社文化出版部,1991。

彭懷恩,《臺灣政治變遷四十年》,臺北:自立晚報社文化出版部,1987。

黃秀政,《臺灣史研究》,臺北:臺灣學生書局,1992。

黃秀政,《臺灣民報與近代臺灣民族運動(1920～1932)》,臺北:現代潮出
　　版社,1977。

黃秀政,《臺灣割讓與乙未抗日運動》,臺北:臺灣商務印書館,1992。

黃宗樂(總編),《臺灣法制一百年論文集》,臺北:臺灣法學會,1996。

黃俊傑,《戰後臺灣的轉型及其展望》,臺北:正中書局,1995。

黃昭堂(著),黃英哲(譯),《臺灣總督府》,臺北:自由時代,1989。

黃富三(主編),《臺灣史研究一百年:回顧與研究》,臺北:中央研究院臺
　　灣史研究所籌備處,1997。

黃富三，《霧峰林家的中挫》，臺北：自立晚報社文化出版部，1992。

黃富三，《霧峰林家的興起》，臺北：自立晚報社文化出版部，1987。

楊國樞、葉啟政（編），《臺灣的社會問題》，臺北：巨流圖書公司，1991。

楊碧川，《日據時代臺灣人反抗史》，臺北：稻鄉出版社，1988。

楊翠，《日據時期臺灣婦女解放運動之研究——以「臺灣民報」為分析場域 (1920～1932)》，臺中：私立東海大學歷史研究所碩士論文，1991。

葉石濤，《一個臺灣老朽作家的五〇年代》，臺北：前衛出版社，1991。

葉石濤，《臺灣鄉土作家論集》，臺北：遠景出版社，1979。

葉石濤，《臺灣文學史綱》，高雄：文學界雜誌社，1987。

臺大四六事件資料蒐集小組（編），《臺大「四六」事件考察——四六事件資料蒐集小組總結報告》，臺北：臺大四六事件資料蒐集小組，1997。

臺灣銀行經濟研究室（主編），《臺灣經濟史（1～11集）》，臺北：臺灣銀行經濟研究室，1954～1974。

趙既昌，《美援的運用》，臺北：聯經出版事業公司，1985。

劉妮玲，《清代臺灣民變研究》，臺北：國立臺灣師範大學歷史研究所碩士論文，1983。

劉益昌，《臺灣的史前文化與遺址》，臺中：臺灣省文獻委員會、臺灣史蹟源流研究會，1996。

劉益昌，《臺灣的考古遺址》，臺北：臺北縣立文化中心，1992。

劉進慶，《臺灣戰後經濟分析》，臺北：人間出版社，1992。

劉進慶、涂照彥、隅谷三喜男（著），雷慧英、吳偉健、耿景華（譯），《臺灣之經濟——典型 NIES 之成就與問題》，臺北：人間出版社，1995。

劉寧顏（總纂），《重修臺灣省通志》，南投：臺灣省文獻委員會，1989。

蔡宏進，《臺灣農業與農村生活的變遷》，臺北：中華民國農民團體幹部聯合訓練協會，1997。

蔡勇美、章英華（主編），《臺灣的都市社會》，臺北：巨流圖書公司，

1997。

蔡培火等,《臺灣民族運動史》,臺北:自立晚報社文化出版部,1971。

鄭牧心(鄭梓),《臺灣議會政治四〇年》,臺北:自立晚報社文化出版部,
　　1987。

鄭梓,《戰後臺灣的接收與重建——臺灣現代史論集》,臺北:新化圖書公
　　司,1994。

盧修一,《日據時代臺灣共產黨史 (1928～1932)》,臺北:前衛出版社,
　　1990。

蕭國和,《臺灣農業興衰四〇年》,臺北:自立晚報社文化出版部,1987。

蕭新煌等,《解剖臺灣經濟》,臺北:前衛出版社,1992。

賴澤涵(主編),《臺灣光復初期歷史》,臺北:中央研究院中山人文社會科
　　學研究所,1993。

賴澤涵(總主筆),《「二二八事件」研究報告》,臺北:時報文化出版事業
　　公司,1994。

賴澤涵、馬若孟、魏萼(合著),羅珞珈(譯),《悲劇性的開端——臺灣二
　　二八事變》,臺北:時報文化出版事業公司,1993。

戴炎輝,《清代臺灣之鄉治》,臺北:聯經出版事業公司,1992。

戴國輝,《臺灣史研究:回顧與探索》,臺北:遠流出版公司,1987。

戴國輝(著),魏廷朝(譯),《臺灣總體相:人間・歷史・心性》,臺北:
　　遠流出版公司,1989。

戴國輝,《愛憎二・二八:神話與史實:解開歷史之謎》,臺北:遠流出版
　　公司,1992。

戴寶村,《近代臺灣港口市鎮之發展:清末至日據時期》,臺北:國立臺灣
　　師範大學歷史研究所博士論文,1988。

薛化元,《「自由中國」與民主憲政——1950 年代臺灣思想史的一個考察》,
　　臺北:稻鄉出版社,1996。

薛化元,《民主憲政與民族主義的辯證發展——張君勱思想研究》,臺北:
　稻鄉出版社,1993。

薛化元,《民主的浪漫之路:雷震傳》,臺北:遠流出版公司,2020。

薛化元、李福鐘、潘光哲 (編著),《中國現代史》,臺北:三民書局,
　2013。

薛化元等,《戰後臺灣人權史》,臺北:國家人權紀念館籌備處,2003。

薛化元、楊秀菁、蘇瑞鏘,《戰後臺灣人權發展史》,板橋:稻鄉出版社,
　2015。

薛化元、楊秀菁、黃仁姿,《臺灣論自由的過去與現在》,臺北:允晨文化,
　2021。

簡炯仁,《臺灣民眾黨》,臺北:稻鄉出版社,1989。

二、論　文

毛知礪,〈臺灣戒嚴初期民主政論的初探 (1949〜1960)——以雷震與「自由
　中國」半月刊為例〉,《國立政治大學歷史學報》,13 期,1996:4,頁
　107〜133。

王世慶,〈日據初期臺灣之降筆會與戒煙運動〉,《臺灣文獻》,37 卷 4 期,
　1986:12,頁 111〜152。

王世慶,〈皇民化運動前的臺灣社會生活改善運動:以海山地區為例
　(1914〜1937)〉,《思與言》,29 卷 4 期,1991:12,頁 5〜63。

王世慶,〈從清代臺灣農田水利的開發看農村社會關係〉,《臺灣文獻》,36
　卷 2 期,1985:6,頁 107〜150。

王甫昌,〈光復後臺灣漢人族群通婚的原因與形式初探〉,《中央研究院民族
　學研究所集刊》,76 期,1994:4,頁 43〜96。

王甫昌,〈族群同化與動員臺灣民眾政黨支持之分析〉,《中央研究院民族學
　研究所集刊》,77 期,1994:6,頁 1〜34。

王明珂，〈集體歷史記憶與族群認同〉，《當代》，91 期，1993：11，頁 6～19。

王明珂，〈過去的結構——關於族群本質與認同變遷的探討〉，《新史學》，5 卷 3 期，1994：9，頁 119～140。

王塗發，〈臺灣的經濟危機與出路〉，《現代學術研究專刊》，16 期，2008：12，頁 142～156。

王塗發、李圭之，〈臺灣經濟「中國化」的危機與突破策略〉，《現代學術研究專刊》，15 期，2007：12，頁 231～274。

史英，〈之子之資，悠遊幽優——談資優教育、森林小學以及其他〉，《人本教育札記》，27 期，1991：9，頁 12～19。

瓦歷斯·尤幹，〈從灰燼中重建——由臺灣原住民族群標幟談起〉，《中國論壇》，32 卷 9 期，1992：6，頁 39～43。

江宜樺，〈自由民主體制下的國家認同〉，《臺灣社會研究》，25 期，1997：3，頁 83～121。

吳乃德，〈省籍意識、政治支持和國家認同——臺灣族群政治理論的初探〉，《國家政策（動態分析）》雙週刊，32 期，1992：4，頁 1～3。

吳文星，〈一九二〇年代在臺「華僑」的社會運動〉，《思與言》，29 卷 1 期，1991：3，頁 45～80。

吳介民，〈鄉土文學中的社會想像〉，收入於李丁讚編著，《公共領域在台灣：困境與契機》，台北：桂冠，2004，頁 299～355。

吳密察，〈臺灣人的夢與二二八事件——臺灣的脫殖民地化〉，《當代》，87 期，1993：7，頁 30～49。

呂實強，〈綜論劉銘傳的歷史功績〉，《歷史月刊》，96 期，1996：1，頁 26～31。

呂實強，〈論洋務運動的本質〉，《中央研究院近代史研究所集刊》，20 期，1991：6，頁 71～89。

李國祁，〈清代臺灣社會的轉型——內地化的解釋〉，《歷史月刊》，107 期，1996：12，頁 58～66。

李國祁，〈清季臺灣的政治近代化——開山撫番與建省 (1875～1894)〉，《中華文化復興月刊》，8 卷 12 期，1975：8，頁 4～16。

李福鐘，〈「解放臺灣」與臺海危機〉，《現代學術專刊》，專刊 8，1997：7，頁 247～248。

李遠哲，〈美和實用並不矛盾〉，《天下》雜誌，特刊 16，1996：11，頁 92～94、96。

周志宏，〈修憲與地方自治的地殼變動〉，《月旦法學》，26 期，1997：6，頁 38～48。

林向愷，〈全球化與臺灣面臨的經濟問題〉，《新世紀智庫論壇》，44 期，2008：12，頁 23～30。

林滿紅，〈有關日據時期臺灣經濟史的四種誤解〉，《臺灣社會研究》，23 期，1996：7，頁 147～157。

林滿紅，〈界定臺灣主權歸屬的國際法——簽訂於五十年前的「中日和約」〉，《近代中國》，148 期，2002：4，頁 63～72。

林滿紅，〈銀與鴉片的流通及銀貴錢賤現象的區域分布 (1808～1854)——世界經濟對近代中國空間方面之一影響〉，《中央研究院近代史研究所集刊》，22 期（上），1993：6，頁 89～135。

邵宗海，〈中華民國總統民選後，海峽兩岸的政策與對策評析〉，《國立政治大學學報》，74 期，1997：4，頁 157～179。

邱貴芬，〈是後殖民，不是後現代——再談臺灣身份／認同政治〉，《中外文學》，23 卷 11 期，1995：4，頁 141～147。

邱貴芬，〈族國建構與當代臺灣女性小說的認同政治〉，《思與言》，34 卷 3 期，1996：9，頁 79～112。

施正鋒，〈族群關係與民族國家的建構〉，《法政學報》，7 期，1997：1，頁

19～47。

施添福，〈清代臺竹塹地區的土牛溝和區域發展──一個歷史地理學的研究〉，收入於張炎憲、李筱峰、戴寶村編著，《臺灣史論文精選（上）》，臺北：玉山社，1996，頁 157～219。

孫大川，〈夾縫中的族群建構──泛原住民意識與臺灣族群問題的互動〉，《山海文化》雙月刊，12 期，1996：2，頁 91～106。

徐正光、蕭新煌，〈客家族群的「語言問題」──臺北地區的調查分析〉，《民族學研究所資料彙編》，10 期，1995：10，頁 1～40。

翁佳音，〈地方會議‧贌社與王田〉，《臺灣文獻》，51 卷 3 期，2000：9，頁 263～282。

翁佳音，〈被遺忘的臺灣原住民史──Quata（大肚番王）初考〉，《臺灣風物》，42 卷 4 期，1992：12，頁 145～188。

張佑宗，〈族群衝突與民主鞏固──臺灣民族國家政策與民主政策的政治邏輯〉，《選舉研究》，3 卷 1 期，1996：5，頁 179～202。

張炎憲，〈二二八民眾史觀的建立──基隆二二八事件的悲情〉，《臺灣史料研究》，3 期，1994：2，頁 9～14。

張茂桂，〈漢人民族主義與原住民運動〉，《山海文化》雙月刊，8 期，1995：1，頁 68～70。

張茂桂、蕭蘋，〈「族群」議題的新聞詮釋──兼論報紙與公共領域問題〉，《臺大新聞論壇》，1 卷 1 期，1994 年春，頁 98～122。

曹永和，〈環中國海域交流史上的臺灣與日本〉，《臺灣史論文精選（上）》，臺北：玉山社，1996，頁 103～135。

許雪姬，〈日據時期的臺灣華僑〉，《歷史月刊》，88 期，1995：5，頁 33～68。

許雪姬，〈臺灣中華總會館與日據時期的臺灣華僑 (1927～1937)〉，《史聯雜誌》，22 期，1993：6，頁 67～94。

許雪姬，〈臺灣光復初期的語文問題〉，《思與言》，29 卷 4 期，1991：12，
　　頁 155～184。

許達然，〈械鬥和清朝臺灣社會 (1683～1895)〉，《臺灣社會研究》，23 期，
　　1996：7，頁 1～81。

陳少廷，〈評中共對臺灣二二八事件的解釋〉，《現代學術研究》，2 期，
　　1990：5，頁 31～48。

陳其南，〈土著化與內地化：論清代臺灣漢人社會的發展模式〉，《中國海洋
　　發展史論文集 （一）》，臺北：中央研究院中山人文社會科學研究所，
　　1995，頁 335～366。

陳明通，〈臺灣地區政商關係之演變〉，《國家政策（動態分析）》雙週刊，
　　37 期，1992：6，頁 3～5。

陳芳明，〈七〇年代臺灣文學史導論：一個史觀的問題〉，《現代學術研究》，
　　4 期，1991：5，頁 37～48。

陳芳明，〈百年來的臺灣文學與臺灣風格──臺灣新文學運動史導論〉，《中
　　外文學》，23 卷 9 期，1995：2，頁 44～55。

陳麗瑛，〈臺灣對中國投資現況及影響評估〉，《經濟情勢暨評論》，10 卷 4
　　期，2004：12，頁 129～145。

彭小妍，〈臺灣七〇年代鄉土文學論戰〉，收入於宋光宇編，《臺灣經驗
　　（二）》，臺北：東大圖書公司，1994，頁 65～89。

黃秀政，〈光緒乙未臺灣中南部抗日運動研究〉，《中興大學歷史學報》，1
　　期，1991：2，頁 175～221。

黃秀政，〈論清廷朝野的反割臺言論〉，《歷史月刊》，88 期，1995：5，頁
　　34～41。

楊家宜，〈「二二八」的官方說法〉，《中國論壇》，31 卷 5 期，1991：2，頁
　　45～56。

詹素娟，〈族群歷史研究的「常」與「變」──以平埔研究為中心〉，《新史

學》，6 卷 4 期，1995：12，頁 127～163。

詹素娟，〈詮釋與建構之間——當代「平埔現象」的解讀〉，《思與言》，34
　　卷 3 期，1996：9，頁 45～78。

劉還月，〈自傲的血統、自卑的民族——試析臺灣客家族群與信仰的弱小情
　　結〉，《民俗曲藝》，71 期，1991：5，頁 162～173。

蕭新煌，〈一九八〇年代末期臺灣的農民運動：事實與解釋〉，《中央研究院
　　民族學研究所集刊》，70 期，1991：3，頁 67～93。

蕭新煌，〈解讀臺灣中小企業家與大企業家的創業過程〉，《中國社會學刊》，
　　16 期，1992：12，頁 139～167。

蕭新煌，〈轉型、再生、衝突與正位：戰後五十年臺灣社會變遷的回顧與展
　　望〉，《勞工之友》，540 期，1995：12，頁 12～14。

蕭新煌、張景旭，〈臺灣社會福利的社會基礎：階級與福利理念的類型分
　　析〉，《社區發展季刊》，70 期，1995：6，頁 6～32。

賴澤涵，〈二二八事件與當代臺灣的發展〉，《當代》，34 期，1989：2，頁
　　80～93。

戴國輝（著），洪仁（譯），〈日本殖民地支配與臺灣籍民〉，《人與社會》，
　　2 卷 3 期，1984：10，頁 14～23。

薛化元，〈開港貿易與清末臺灣經濟社會變遷的探討 (1860～1895)〉，《臺灣
　　風物》，33 卷 4 期，1983：12，頁 1～24。

薛化元，〈臺灣自由主義對國家定位思考的歷史探討——以雷震及「自由中
　　國」為例〉，《臺灣風物》，48 卷 1 期，1998：3，頁 41～62。

譚康榮，〈兩性社會經濟地位的差序層級〉，《中央研究院民族學研究所集
　　刊》，78 期，1995：4，頁 131～150。

三、網路資料

http://news.ltn.com.tw/news/life/breakingnews/1216708

http://beta.nmp.gov.tw/enews/no292/page_01.html

http://www.cna.com.tw/news/firstnews/201501290395−1.aspx

http://news.ltn.com.tw/news/life/paper/955005

http://www.taiwanus.net/history/1/26.htm

http://taiwanpedia.culture.tw/web/content?ID=3604

http://www.taiwanncf.org.tw/media/nforum/20111023.htm

http://esc.nccu.edu.tw/app/news.php?Sn=166

四、圖片出處

1, 4, 9：本局拍攝；2, 3：劉益昌，《臺灣的史前文化與遺跡》（南投：臺灣省文獻委員會、臺灣史蹟源流研究會，1996），頁49、54；6：Wellcome Collection；37：Special Collections & College Archives, Skillman Library, Lafayette College；44：立法院議政博物館；46：財團法人陳澄波文化基金會

國家圖書館出版品預行編目資料

臺灣開發史／薛化元編著.－－增訂七版一刷.－－臺
北市：三民，2022
　　面；　　公分
參考書目：面
ISBN 978-957-14-7417-5 （平裝）
1.臺灣開發史

733.22　　　　　　　　　　　　111002998

臺灣開發史

編 著 者	薛化元
發 行 人	劉振強
出 版 者	三民書局股份有限公司
地　　址	臺北市復興北路 386 號 (復北門市) 臺北市重慶南路一段 61 號 (重南門市)
電　　話	(02)25006600
網　　址	三民網路書店 https://www.sanmin.com.tw
出版日期	初版一刷 1999 年 7 月 增訂六版一刷 2017 年 1 月 增訂六版二刷 2022 年 1 月 增訂七版一刷 2022 年 5 月
書籍編號	S670040
I S B N	978-957-14-7417-5

三民書局